P. COMMELIN

MITOLOGIA GREGA E ROMANA

TEXTO INTEGRAL
EDIÇÃO ESPECIAL DE 118 ANOS

GARNIER
DESDE 1844

GARNIER
DESDE 1844

Fundador: **Baptiste-Louis Garnier**

Copyright desta tradução © IBC - Instituto Brasileiro De Cultura, 2024

Título original: Mythologie grecque et romaine
Reservados todos os direitos desta tradução e produção, pela lei 9.610 de 19.2.1998.

1ª Impressão 2025

Presidente: Paulo Roberto Houch
MTB 0083982/SP

Coordenação Editorial: Priscilla Sipans
Coordenação de Arte: Rubens Martim (capa)
Revisão: Mirella Moreno
Apoio de Revisão: Camila Silva, Guilherme Aquino, Vitor Prates, Leonan Mariano e Lilian Rozati
Fotos: Wikimedia Commons e Shutterstock (páginas 29 e 32)

Vendas: Tel.: (11) 3393-7727 (comercial2@editoraonline.com.br)

Foi feito o depósito legal.
Impresso na China

Dados Internacionais de Catalogação na Publicação (CIP)
de acordo com ISBD

C734m	Commelin, Pierre
	Mitologia Grega e Romana - Série Ouro / Pierre Commelin. – Barueri : Editora Garnier, 2024.
	304 p. ; 15,1cm x 23cm.
	ISBN: 978-65-84956-79-7
	1. Mitologia. 2. Mitologia Grega e Romana. I. Título.
2024-3044	CDD 292.13
	CDU 292

Elaborado por Elaborado por Vagner Rodolfo da Silva - CRB-8/9410

IBC — Instituto Brasileiro de Cultura LTDA
CNPJ 04.207.648/0001-94
Avenida Juruá, 762 — Alphaville Industrial
CEP. 06455-010 — Barueri/SP
www.editoraonline.com.br

SUMÁRIO

INTRODUÇÃO DO AUTOR 5

AS ORIGENS 11

O OLIMPO 21

OS DEUSES SUBOLÍMPICOS 73

DIVINDADES DO MAR E DAS ÁGUAS 91

AS MONTANHAS, OS BOSQUES E AS
DIVINDADES CAMPESTRES 117

DIVINDADES DO CAMPO E DA CIDADE
PECULIARES A ROMA 133

OS DEUSES DA PÁTRIA, DA FAMÍLIA E DA VIDA HUMANA 139

O MUNDO INFERIOR 149

TEMPOS HEROICOS - CRENÇAS POPULARES 167

LEGENDAS TEBANAS 169

OS LABDÁCIDAS 189

LENDAS ATENIENSES 197

LENDAS ETÓLIAS 209

LENDAS TESSALIANAS 211

LENDAS ARGIVAS 224

OS PELÓPIDAS 230

OS TINDÁRIDAS 232

OS ÁTRIDAS 237

OUTROS HERÓIS GREGOS DA GUERRA DE TROIA 241

HERÓIS TROIANOS DA GUERRA DE TROIA 255

EMIGRAÇÃO TROIANA 264

LENDAS POPULARES 268

ALGUMAS DIVINDADES ALEGÓRICAS 278

OS ORÁCULOS 290

AS CERIMÔNIAS E OS JOGOS 297

INTRODUÇÃO DO AUTOR

Esta obra se dirige sobretudo às pessoas desejosas de conhecer a Mitologia tradicional dos gregos e dos latinos. Não foi intento nosso fazer uma obra de erudição, coisa de resto mais fastidiosa do que útil, se se levam em conta os diferentes trabalhos desse gênero que, desde alguns anos, têm aparecido. Convém acrescentar que tais obras quase não se leem; e nós, ao contrário, desejamos ser lidos, dando a este livro um caráter de utilidade.

A Mitologia é evidentemente uma série de mentiras. Essas mentiras, porém, foram objeto de crença durante longos séculos. No espírito dos gregos e dos latinos tiveram o valor de dogmas e realidades. Assim, inspiraram os homens, sustentaram instituições às vezes muito respeitáveis, sugeriram aos artistas, aos poetas e aos literatos a ideia de criações e mesmo de admiráveis obras-primas. Julgamos, pois, um dever respeitá-las aqui e reproduzi-las na sua inteira simplicidade, sem pedantismo e sem comentário, com suas estranhas, maravilhosas minúcias, sem nos preocuparmos com sua inverossimilhança ou suas contradições.

Em questão de fé, a humanidade se deixa guiar não só pela sua razão, mas pelo desejo, pela necessidade de conhecer a razão dos seres e das coisas. As doutrinas filosóficas não conseguiram satisfazê-la: tantas são as maravilhas que saltam sob os seus olhos, que ela vai em busca da causa. Antes de tudo, dirige-se à Ciência; mas, como a Ciência é incapaz de instruí-la com uma explicação cabal ou satisfatória, ela se dirige ao seu próprio coração e à sua imaginação.

Diz-se — e compreende-se — que na infância dos povos tudo são crenças e dogmas de fé. Mas na idade madura, depois que a Ciência parece ter desvendado um grande número de mistérios da Natureza, a humanidade pode se gabar de evoluir em plena luz? Não há, ainda, no mundo uma infinidade de cantos tenebrosos? Admitindo mesmo que todos os segredos na natureza visível e palpável tivessem sido revelados, não permanecerá ainda esse mundo metafísico, invisível e intangível sobre o qual a Ciência tem tão pouco domínio, e que a Filosofia ainda não pôde esclarecer nem penetrar, apesar dos seus esforços?

A Antiguidade, cujos conhecimentos científicos eram tão imperfeitos, tão rudimentares, colocou uma divindade em toda parte onde, para ela, só havia mistério. É isto, em parte, que explica o grande número de deuses, mas ainda há mais. Tudo quanto causou a admiração, o espanto, o medo ou o horror aos primeiros homens tomou a seus olhos um caráter divino. Para a humanidade primitiva, a divindade representa tudo quanto excede a concepção humana. Deus não é só o ser absoluto, perfeito, onipotente, soberanamente generoso e bom, mas também o ser extraordinário, monstruoso, prodígio ao mesmo tempo, de força, de malevolência e de maldade. E não são apenas os seres animados que, aos olhos da humanidade das idades primitivas, se acham revestidos desse caráter divino; divinas também são as coisas. Em uma palavra, não é a divindade que penetra as coisas, mas as coisas mesmas que são realmente a divindade. Uma alma divina, espalhada por todo este mundo, divide-se em uma infinidade de almas igualmente divinas, repartidas de todos os lados entre a diversidade das criaturas, de tal arte que as virtudes, as mais abstratas paixões do homem têm também privilégio de ser impregnadas de marca sobrenatural, de trazer o selo divino, e de revestir, com uma fisionomia particular, as insígnias e os atributos da divindade.

Estudar a Mitologia é iniciar-se na concepção de um mundo primitivo, percebido em uma meia-claridade, ou antes, em uma penumbra misteriosa, durante longos anos. Não ver neste estudo senão as aberrações de espíritos gastos ou supersticiosos é, sem dúvida, julgar só pelas aparências, em compensação, ver nisso apenas alegorias transparentes, procurar a explicação de todos esses mitos, de todas essas fábulas, de todas essas lendas, na observação do mundo físico, é ultrapassar sem fundamento os limites da realidade. Nessa longa enumeração de crenças mitológicas, aceitas pelos povos antigos, a imaginação e fantasia têm uma grande parte. Os séculos e as gerações aumentaram o número dos seus deuses, dos seus heróis, das suas maravilhas e dos milagres.

Aos dados longínquos, mesmo do Egito e da Ásia, Grécia e Roma acrescentavam os produtos da sua imaginação. As imagens dos deuses apresentam-se aos nossos olhos sob tão diferentes aspectos, que às vezes é de uma extrema dificuldade descrever-lhes o tipo mais universalmente conhecido, pois, os seus traços têm sido modificados entre as mãos de muitos artistas e pelo capricho de muitos escritores que deles se têm ocupado.

De alguns anos para cá, está em moda em Literatura designar as divindades gregas pela sua denominação helênica. Trata-se simplesmente de um escrúpulo de exatidão mitológica, ou é um alarde de erudição? Não ousamos dar a nossa opinião. Mas, qualquer que seja o nome pelo qual sejam designados os deuses da fábula, não há um só que exprima universalidade dos seus atributos, um só que dê uma ideia exata do que era a mesma divindade na Grécia e em Roma. Sem dúvida, a nomenclatura grega tem a vantagem de ser bastante precisa quando se trata de interpretar as obras artísticas e literárias dos gregos; incontestavelmente, nomes tais como Ireus, Hera, Hefesto, Ares, Héracles e outros, não surpreenderiam nem confundiriam o leitor ou o ouvinte advertido, mas é preciso reconhecer e confessar que esses nomes pouco exprimem para o público francês e não teriam maior expressão para o povo romano. Acrescentemos, ainda, que, para o ouvido francês, mesmo não sendo bárbaros, tais nomes são às vezes desprovidos de harmonia. A erudição e o pedantismo batalharão inutilmente: o público francês se obstinará sempre em empregar, na linguagem usual, os nomes romanos de Júpiter, Juno, Apolo, Marte, Hércules, que nos são familiares. Acaso temos culpa de que Roma, e não a Grécia, tenha conquistado as Gálias?

Somos um povo latino pela língua quando não pela origem, malgrado a nossa vontade e a despeito dos sábios, são as palavras latinas que acodem aos nossos lábios, e foi Roma que, antes de todos, nos ensinou os nomes e os atributos dos seus deuses. É verdade que ela se apropriou da maior parte das divindades da Grécia. Mas introduzindo-as na sua vida, no seu culto e nos seus costumes, designou-as por nomes que permaneceram.

Que Roma tenha confundido as suas divindades nacionais ou tradicionais com as dos gregos, apoderando-se delas, já é outra questão. Ademais, na própria Grécia, cada divindade não tinha, em todas as cidades, em todas as regiões, o mesmo caráter nem os mesmos atributos. Assim, pois, e propriamente falando, não é cometer uma heresia mitológica designar os deuses de Homero e de Hesíodo, à maneira de Virgílio e de Horácio, isto é, por nomes puramente e essencialmente latinos. Nós nos decidimos por este último partido. Quer isto dizer que não se deva fazer nem uma distinção entre a Mitologia grega e a Mitologia latina? Não é este o nosso pensamento. Mas a Mitologia de que nos ocupamos aqui é aquela que permite compreender, interpretar as obras, os monumentos, os escritos de duas civilizações, cuja influência se fez — e ainda se faz —, felizmente, sentir nos nossos trabalhos artísticos e literários.

Para explicar e apreciar o gênio de Atenas e o de Roma, é necessário possuir ao menos algumas noções de Mitologia. Quantas passagens ficariam inexplicadas nos autores mais célebres, sem o conhecimento dessas noções! Quantos moços se detêm, já não dizemos em Homero, Hesíodo, Píndaro, mas em Ovídio, Virgílio, Horácio, mesmo em um grande número de autores franceses, ante dificuldades que residem em uma alusão, uma comparação, uma reminiscência mitológica!

Não ignoramos que, em Literatura, a Mitologia é algo abandonado. Já teve, porém, o seu período de renascimento e de proteção, deixou vestígios na nossa língua, e permanece para sempre como um tesouro de ideias sedutoras e de esplêndidos quadros. Hoje, nas exposições de pintura e de escultura, as divindades antigas contam, ainda, entre os artistas, muitos adeptos ou fiéis prosélitos. Por muito tempo ainda o pincel e o buril tentarão reproduzir, sob a inspiração das musas e das graças, as ações, as atitudes, a fisionomia, o andar dos deuses e dos heróis. No domínio da Arte, a História não conseguiria avantajar-se sobre a fábula, por maravilhosa, sublime, inspiradora que seja a realidade, é, entretanto, limitada na sua esfera, enquanto que não há barreiras nem medida nos trabalhos da imaginação e do sentimento. Por isso, por grande que seja a parte da verdade histórica, aos olhos do artista e do poeta jamais terá a amplitude, a fecundidade, o prestígio da ficção.

Que nos sejam perdoadas essas considerações. Não eram, decerto, indispensáveis, como exórdio a esta obra; em todo caso, não deixarão de indicar nossas intenções e nosso objetivo.

Publicando esta Mitologia, não esquecemos que ela é destinada aos estudos, não só da mocidade, como dos artistas e das pessoas da sociedade. O nosso esforço será visto, não só de edificar o leitor sobre tudo quanto comporta a fábula, mas também de nunca surpreendê-lo ou suscetibilizá-lo pela indiscrição de uma imagem ou a inconveniência de uma expressão.

A dificuldade do nosso trabalho não consistia, evidentemente, na procura de documentos novos. Não se tratava de compulsar os arquivos, nem de remover o solo para exumar as divindades desconhecidas. A

Mitologia da Grécia e de Roma compõe-se de fatos e de lendas que fazem parte do domínio público; encontram-se em toda parte espalhados em livros que todo mundo conhece. As sábias investigações do antiquário poderão esclarecer, modificar alguma minudência, mas nada mudarão no conjunto das tradições fundadas pelos poetas e desde então consagradas pelo tempo.

Aplicamo-nos, pois, a coordenar materiais que abundam, a dispor as diferentes partes da nossa obra, de maneira a apresentarmos ao leitor uma espécie de quadro.

Logo no princípio, expomos as crenças relativas à gênese do mundo e dos deuses. Em seguida, depois de termos passado em revista sucessivamente as divindades do Olimpo, as do Ar, da Terra, do Mar e dos Infernos, contamos as lendas heroicas, classificando-as, tanto quanto possível, pelas regiões, ou agrupando-as em torno de expedições fabulosas de grande celebridade.

Esperamos que nos perdoe o fato de nos termos deixado arrastar a certas repetições. Todas essas lendas mitológicas são ligadas umas às outras, e é difícil separá-las, narrá-las isoladamente, sem reproduzir particularidades comuns. Pensamos, de resto, que se uma Mitologia, como uma História, pode ser o objeto de uma leitura seguida, fica, depois da leitura, com um verdadeiro repertório onde cada artigo deve fornecer esclarecimentos completos.

É fácil reconhecer que todas as numerosas gravuras e os desenhos com que esta obra está ilustrada e enriquecida têm um caráter de autenticidade. Uns, tirados de monumentos antigos, têm o valor de indiscutíveis documentos; outros, reproduções de admiráveis obras-primas, darão uma ideia de como a escultura e a arte, em geral, encontram fontes nas inspirações dos poetas e nas concepções religiosas da Mitologia[1].

---

1 Algumas imagens presentes nesta edição foram substituídas para garantir a qualidade visual desta publicação, tendo em vista o aprimoramento da experiência do leitor. (N. do E.)

AS ORIGENS

O Caos

O estado primordial, primitivo do mundo é o Caos. Era, segundo os poetas, uma matéria existente desde toda a eternidade, sob uma forma vaga, indefinível, indescritível, na qual se confundiam os princípios de todos os seres particulares. O Caos era, ao mesmo tempo, uma divindade, por assim dizer, rudimentar, capaz, porém, de fecundidade. Gerou primeiro a Noite, e depois o Érebo.

A Noite

A Noite, deusa das Trevas, filha do Caos, é, de fato, a mais antiga das divindades. Certos poetas a consideram filha do Céu e da Terra; Hesíodo dá-lhe um lugar entre os Titãs e o nome de "mãe dos deuses", porque sempre se acreditou que a Noite e as trevas haviam precedido todas as coisas. Desposou Érebo, seu irmão, de quem teve o Éter e o Dia. Mas sozinha, sem unir-se a nenhuma outra divindade, engendrara o inevitável e inflexível Destino, a Parca negra, a Morte, o Sono, a legião dos Sonhos, Momo, a Miséria, as Hespérides, guardadoras dos pomos de ouro, as desapiedadas Parcas, a terrível Nêmesis, a Fraude, a Concupiscência, a triste Velhice e a obstinada Discórdia; em uma palavra, tudo quanto havia de doloroso na vida passava por ser obra da Noite. Algumas vezes lhe dão os nomes gregos de Eufroné e Eulália, isto é, "mãe do bom conselho". Há quem marque o seu império ao norte do Ponto Euxino, no país dos cimérios; mas geralmente ele é colocado na parte da Espanha, a Hespéria, quer dizer, região da tarde, perto das Colunas de Hércules, limites do mundo conhecido dos antigos.

A maior parte dos povos da Itália via a Noite como uma deusa; mas os habitantes da Bréscia dela tinham feito um deus, chamado "Noctulius" ou "Nocturnus". O mocho que se vê aos pés desse deus, segurando um facho derrubado que ele se esforça por apagar, anuncia aquele que é o inimigo do dia.

Nos monumentos antigos vê-se a deusa Noite, ora com um manto volante, recamado de estrelas, por cima de sua cabeça, ou com um outro manto azul e archote derrubado, ora representada por uma mulher nua, com longas asas de morcego e uma tocha na mão. Representam-na também coroada de papoulas e envolta num grande manto negro,

A Noite, escultura de Thorvaldsen.

estrelado. Às vezes, num carro arrastado por dois cavalos pretos ou por dois mochos, a deusa cobre a cabeça com um vasto véu semeado de estrelas. Muito frequentemente, colocam-na no Tártaro, entre o Sono e a Morte, seus dois filhos. Algumas vezes, um menino a precede, empunhando uma tocha, imagem do crepúsculo. Os romanos não a punham em carro, mas a representavam ociosa e adormecida.

A escultura retratada acima, segundo Thorwaldsen, representa a Noite adormecida, voando no espaço com o Éter e o Dia.

O Érebo

Érebo, filho do Caos, irmão e esposo da Noite, pai do Éter e do Dia, foi metamorfoseado em rio e precipitado nos Infernos, por ter socorrido os Titãs.

É tido como parte do inferno, ou como o próprio inferno. Pela palavra Éter, os gregos compreendiam os Céus, separados dos corpos luminosos. O vocábulo dia é feminino em grego (*hemera*). Dizia-se que o Éter e o Dia foram o pai e a mãe do Céu. Essas estranhas uniões significam somente que a Noite existia antes da criação, que a Terra estava perdida na obscuridade que a cobria: mas que a luz, penetrando através do Éter, havia aclarado o universo.

Em linguagem menos mitológica, pode-se simplesmente dizer que a Noite e o Caos precederam a criação dos céus e da luz.

Eros e Ânteros

Foi pela intervenção de um poder divino, eterno como os elementos do próprio Caos, pela intervenção manifesta de um deus que, sem ser propriamente o amor, tem, entretanto, alguma conformidade com ele, que o Caos, a Noite, o Érebo puderam se unir e procriar. Em grego, ou melhor, anterior a toda Antiguidade, esse deus antigo chama-se *Eros*. É ele que inspira ou produz esta invisível e muitas vezes inexplicável simpatia entre os seres, para uni-los e procriar de novo. O poder de Eros se estende para além da natureza viva e animada: ele aproxima, une, mistura, multiplica, varia as espécies de animais, de vegetais, de minerais, de líquidos, de fluidos, em uma palavra, de toda a criação. Eros é, pois, o deus da união, da afinidade universal; nenhum outro ser pode furtar-se à sua influência ou à sua força: Eros é invencível.

Entretanto, tem como adversário no mundo divino Ânteros, isto é, a antipatia, a aversão. Essa divindade tem todos os atributos opostos aos do deus Eros: separa, desune, desagrega. Tão salutar, tão forte e poderoso, talvez como Eros, Ânteros impede que se confundam os seres de natureza dessemelhante; se algumas vezes semeia em torno de si a discórdia e o ódio, se prejudica a afinidade dos elementos, ao menos a hostilidade que cria entre eles contém cada um nos limites marcados, e assim a Natureza não pode cair novamente no caos.

O Destino

O Destino é uma divindade cega, inexorável, nascida da Noite e do Caos. Todas as outras divindades lhe estavam submetidas. Os Céus, a Terra, o Mar e os Infernos estavam sob seu império: nada podia mudar o que ele tivesse resolvido; em resumo, o Destino era, ele mesmo, esta fatalidade, segundo a qual tudo acontecia no mundo. Júpiter, o mais poderoso dos deuses, não pode aplacar o Destino, nem a favor dos outros deuses, nem a favor dos homens.

As leis do Destino eram escritas desde toda a eternidade, em um lugar onde os deuses podiam consultá-las. Seus ministros eram as três Parcas, eram elas encarregadas de executar suas ordens. Representam-no tendo sob os pés o globo terrestre, e agarrando nas mãos a urna que encerra a sorte dos mortais. Dão-lhe também uma coroa recamada de estrelas, e um cetro, símbolo do seu poder soberano. Para fazer entender que ele não variava, os antigos o representavam por uma roda que prende uma cadeia. No alto da roda está uma grande pedra, e embaixo duas cornucópias com pontas de flechas.

Em Homero, o destino de Aquiles e de Heitor é pesado na balança de Júpiter, e como a sorte do último o arrebata, sua morte é decretada, e Apolo retira o apoio que lhe dispensara até então.

São as leis cegas do Destino que tornaram culpados tantos mortais, apesar do seu desejo de permanecer virtuosos: em Ésquilo, por exemplo, Agamenon, Clitemnestra, Jocasta, Édipo, Etéocles, Polinice e outros não podem subtrair-se à sua sorte.

Só os oráculos podiam entrever e revelar aqui em baixo o que estava escrito no livro do Destino.

A Terra (em grego, Gaia)

A Terra, mãe universal de todos os seres, nasceu imediatamente depois do Caos. Desposou Urano, ou o Céu, foi a mãe dos deuses e dos gigantes, dos bens e dos males, das virtudes e dos vícios. Fazem-na unir-se com o Tártaro e o Ponto, ou o mar, que a fizeram produzir os monstros que encerram todos os elementos. A Terra é, às vezes, tomada pela Natureza. Tinha vários nomes: Titeia, Ópis, Télus, Vesta e mesmo Cibele.

Dizia-se que o homem nascera da Terra embebida de água e aquecida pelos raios do sol; assim, sua natureza participa de todos os elementos, e quando morre, sua mãe venerável o recolhe e o guarda no seu seio. Na Mitologia, muitas vezes é considerado entre os filhos da Terra; geralmente, quando não se sabia a origem, quer de um homem, quer de um povo célebre, chamavam-lhe filho da Terra.

Algumas vezes, a Terra é representada pela figura de uma mulher sentada num rochedo; as alegorias modernas descrevem-na sob os traços de uma venerável matrona, sentada sobre um globo, e que, coroada de torres, empunha uma cornucópia cheia de frutos. Algumas vezes, ela é coroada de flores, tendo ao seu lado o boi que lavra a terra, o carneiro que se ceva e o mesmo leão que se vê também aos pés de Cibele. Em um quadro de Lebrun, é personificada por uma mulher que faz jorrar o leite dos seus seios, ao tempo que se desembaraça do seu manto, do qual surge uma nuvem de pássaros que revoa nos ares.

Télus

Télus, deusa da terra, muitas vezes tomada pela própria Terra, é chamada pelos poetas de "a mãe dos deuses". Representa o solo fértil, e também o fundamento sobre o qual repousam os elementos que se geram entre si. Faziam-na mulher do Sol ou do Céu, porque é a um e a outro que ela deve sua fertilidade. Era representada como uma mulher corpulenta, com uma grande quantidade de peitos. Frequentemente confundem Télus e Terra com Cibele. Antes de estar Apolo de posse do oráculo de Delfos, era Télus que ali mantinha seus oráculos; mas em tudo estava de meias com Netuno. Depois, Télus cedeu os seus direitos a Têmis, e esta a Apolo.

Urano ou Celo (em grego, Ouranós)

Urano ou Celo, o Céu, era filho do Éter e do Dia. Segundo Hesíodo, era antes filho do Éter e da Terra. De qualquer maneira, desposou Titeia, isto é, a Terra ou Vesta, que, neste caso, é distinta de Vesta, deusa do fogo e da virgindade. Diz-se que Urano teve quarenta e cinco filhos de várias mulheres, sendo que destes, dezoito eram de Titeia; os principais foram Titã, Saturno e Oceano. Estes últimos se revoltaram contra seu pai e o impossibilitaram de ter filhos. Urano morreu, ou de mágoa, ou da mutilação de que tinha sido vítima.

O que caracteriza as divindades das primeiras idades mitológicas é um brutal egoísmo aliado a uma desapiedada crueldade. Urano tomara aversão a todos os seus filhos: desde seu nascimento, encerrava-os em um abismo e não os deixava ver o dia. Foi isso que motivou a revolta. Saturno, que sucedeu a seu pai, Urano, foi tão cruel como ele.

Titeia

Titeia, a antiga Vesta, mulher de Urano, foi a mãe dos Titãs, nome que significa "filhos de Titeia" ou "da Terra". Além de Titã propriamente dito, Saturno e Oceano, teve ela Hipérion, Jápeto, Tia, Reia (ou Cibele), Têmis, Mnemósine, Febe, Tétis, Brontes, Estéropes, Argeu, Coto, Briareu e Giges. Com Tártaro teve o gigante Tífon que se distinguiu na guerra contra os deuses.

Saturno (em grego, Cronos)

Filho segundo de Urano e da antiga Vesta, ou do Céu e da Terra, Saturno, depois de haver destronado o pai, obteve de seu irmão primogênito, Titã, a graça de reinar em seu lugar. Mas Titã impôs uma condição: a de Saturno fazer morrer toda a sua posteridade masculina, a fim de que a sucessão ao trono fosse reservada aos seus próprios filhos. Saturno desposou Reia, de quem teve muitos filhos, muitos dos quais devorou avidamente, conforme combinara com seu irmão. Sabendo, aliás, que um dia, ele próprio seria derrubado do trono por um dos seus filhos, exigia que sua esposa lhe entregasse os recém-nascidos. Entretanto, Reia conseguiu salvar Júpiter. Este, quando grande, declarou guerra a seu pai, venceu-o, e depois de o haver tratado como o fora Urano por seus filhos, o expulsou do céu. Assim, a dinastia de Saturno continuou em prejuízo da de Titã.

Saturno teve, ainda, mais três filhos com Reia, os quais Reia conseguiu salvar com a mesma habilidade: Júpiter, Netuno e Plutão, e uma filha, Juno, irmã gêmea e esposa de Júpiter. Alguns autores, ao número das filhas de Saturno e Reia, acrescentam Vesta, deusa do fogo, e Ceres, deusa das searas. De resto, Saturno teve com muitas outras mulheres um grande número de filhos, como, por exemplo, o centauro Quíron, filho da ninfa Fílira, e outros.

Conta-se que Saturno, destronado por seu filho Júpiter, reduzido à condição de simples mortal, veio a refugiar-se na Itália, no Lácio, onde reuniu os homens ferozes, esparsos nas montanhas, e lhes deu leis. Seu reinado foi a Idade de Ouro, sendo os seus pacíficos súditos governados com doçura. Foi restabelecida a igualdade das condições; ninguém estava a serviço de um outro; ninguém possuía nada de próprio; todas as coisas eram comuns, como se todo mundo tivesse tido a mesma herança. Era para relembrar esses tempos felizes que se celebravam em Roma as Saturnais.

Essas festas, cuja instituição remontava a um passado muito além da fundação da cidade, consistiam sobretudo em representar a igualdade que reinava primitivamente entre os homens. Começavam no dia 16 de dezembro de cada ano; a princípio, só duravam um dia, mas ordenou o Imperador Augusto que durariam três; mais tarde, Calígula acrescentou-lhes um quarto dia. Durante essas festas, suspendia-se o poder dos senhores sobre os escravos, e tinham estes o direito de falar e de agir com toda liberdade. Então, tudo era prazer, tudo era alegria; nos tribunais e nas escolas havia férias; era proibido empreender uma guerra, executar um criminoso ou exercer outra arte além da culinária; trocavam-se presentes e davam-se suntuosos banquetes. Ademais, todos os habitantes da cidade cessavam suas atividades: toda a população se dirigia ao Monte Aventino para respirar o ar do campo. Os escravos podiam criticar os defeitos dos seus senhores, pregar-lhes peças, e estes os serviam à mesa, sem se preocuparem com as iguarias e as porções.

Em grego, Saturno é designado pelo nome de Cronos, que quer dizer Tempo. A alegoria é transparente nessa fábula de Saturno. Este deus, que devora os filhos, não é, diz Cícero, senão o próprio Tempo, o Tempo que não se sacia dos anos e que consome todos aqueles que passam. A fim de contê-lo, Júpiter o acorrentou, isto é, submeteu-o ao curso dos astros, que são como seus laços.

Os cartagineses ofereciam a Saturno sacrifícios humanos; as vítimas eram crianças recém-nascidas. Nesses sacrifícios, as flautas, os tímpanos, os tambores faziam um ruído tão grande que não se podiam ouvir os gritos da criança imolada.

Em Roma, o templo elevado a esse deus na rampa do Capitólio foi o depósito do tesouro público, pelo motivo de que, no tempo de Saturno, isto é, na Idade de Ouro, não se cometia nenhum furto. A sua estátua estava amarrada com cadeias que só se tiravam em dezembro, época das Saturnais.

Saturno era geralmente representado como um velho curvado ao peso dos anos, erguendo na mão uma foice para mostrar que preside o tempo. Em muitos monumentos, é representado com um véu, sem dúvida porque os tempos são obscuros e cobertos de um segredo impenetrável.

Saturno, com um globo sobre a cabeça, é considerado como sendo o planeta deste nome. Numa gravura, que se diz ser etrusca, é representado com asas, a foice pousada sobre um globo; é assim que representamos sempre o Tempo.

O dia de Saturno é o sábado, do latim *Saturni dies*, em francês, *samedi*, e em inglês, *Saturday*.

Reia (ou Cibele)

Saturno, se bem que pai dos três principais deuses, Júpiter, Netuno e Plutão, não teve entre os poetas o título de "pai dos deuses", talvez devido à crueldade que exerceu sobre os filhos, enquanto que Reia, sua esposa, era chamada de "a mãe dos deuses", "a grande mãe", e era venerada com esses nomes.

Os diferentes nomes pelos quais é designada a mãe de Júpiter exprimiam, sem dúvida, atributos diversos da mesma pessoa. Realmente, esta deusa, por qualquer dos muitos nomes que se designe, é sempre a Terra, mãe comum de todos os seres. Reia, ou Cibele, era filha de Titeu e do Céu, irmã dos Titãs, esposa de Saturno. As fábulas de Reia e Cibele se confundem. Nos poetas, há mesmo frequente confusão entre estas duas deusas e a antiga Vesta, esposa de Urano. Entretanto, é o nome de Cibele que, nas cerimônias do culto e nas crenças religiosas dos povos, parece ter sido a mais honrada. Eis o que se contava de Cibele:

Filha do Céu e da Terra, por conseguinte, a própria Terra. Cibele, mulher de Saturno, era chamada "a boa deusa", "a mãe dos deuses", por ser mãe de Júpiter, de Juno, de Netuno, de Plutão e da maior parte dos deuses de primeira ordem. Logo depois de nascer, sua mãe a expôs em uma floresta, onde animais ferozes dela tomaram conta e alimentaram-na. Enamorou-se de Átis, jovem e formoso frígio, a quem confiou o cuidado do seu culto, sob a condição de que ele não violaria o seu voto de castidade. Atis esqueceu o juramento, desposando a ninfa Sangáride, e Cibele o puniu na pessoa de sua rival, que fez morrer. Átis experimentou uma profunda mágoa. Num acesso de delírio, o desgraçado se mutilou; e ia enforcar-se, quando Cibele, movida por uma compaixão tardia, mudou-o em pinheiro.

Gravura em bronze de Reia Sílvia, por Heinrich Aldegrever (1502 - ?).

O culto de Cibele tornou-se célebre na Frígia, de onde foi levado a Creta. Foi introduzido em Roma na época da Segunda Guerra Púnica. O simulacro da "boa deusa", uma grande pedra por muito tempo conservada em Pessino, foi colocada no templo da Vitória, no Monte Palatino. Foi um dos penhores da estabilidade do Império, e se instituiu uma festa, com combates simulados, em honra de Cibele. Seus mistérios, tão licenciosos como os de Baco, eram celebrados com um confuso ruído de oboés e címbalos; os sacrificadores davam uivos.

Sacrificavam-lhe uma porca, pela sua fertilidade, um touro ou uma cabra, e os sacerdotes, durante esses sacrifícios, sentados, tocavam a terra com a mão. O buxo e o pinheiro lhe eram consagrados, o primeiro por ser a madeira de que se faziam as flautas, instrumentos empregados em suas festas, e o segundo por causa do desgraçado Átis a quem Cibele tanto amara. Seus sacerdotes eram os cabiros, os coribantes, os curetes, os dáctilos do Monte Ida, os galos, os semíviros e os telquinos, quase todos geralmente eunucos, em memória de Átis.

Representava-se Cibele com os traços e o garbo de uma mulher robusta. Trazia uma coroa de carvalho, árvore que havia alimentado os primeiros homens. As torres sobre a cabeça representam as cidades que estão sob a sua proteção, e a chave em sua mão indica os tesouros que o seio da terra esconde no inverno e oferece no estio. É conduzida num carro puxado por leões. Seu carro é o símbolo da Terra que se balança e rola no espaço; os leões demonstram que nada, por mais feroz, deixará de ser domado pela ternura maternal, ou por outra, e que não há solo rebelde que não seja fecundado pela indústria. Suas vestes são matizadas, mas sobretudo de verde, alusão aos ornatos da Natureza. O tambor que está a seu lado figura o globo terrestre; os címbalos, os gestos violentos dos seus sacerdotes indicam a atividade dos lavradores e o ruído dos instrumentos da agricultura.

Alguns poetas supuseram que Cibele era a filha de Méon e Díndima, rei e rainha da Frígia. Seu pai, tendo percebido que ela amava Átis, fez que este e suas mulheres morressem e lançou os seus corpos em um monturo. Cibele ficou inconsolável.

Ópis

Ópis, a mesma que Cibele e Reia, ou ainda a Terra, é representada como uma venerável matrona que estende a mão direita oferecendo socorro, e que com a esquerda dá pão ao pobre. Era também considerada como a deusa das riquezas. Seu nome quer dizer socorro, auxílio, assistência.

Não há que se admirar ver a Terra tantas vezes personificada sob denominações diferentes. Fonte inesgotável de riquezas, mãe fecunda de todos os bens, ela se oferecia à adoração dos povos sob vários aspectos, conforme o clima e a região; daí, as múltiplas lendas e os seus inumeráveis símbolos.

O OLIMPO

As divindades anteriores a Júpiter pertencem às idades mitológicas mais longínquas, e por bem dizer, às origens do mundo. Suas histórias, ou antes, suas lendas, são assinaladas por uma certa confusão, sua fisionomia participa ainda do caos. A partir do reinado de Júpiter, as personalidades divinas se acentuam mais nitidamente. Se algumas vezes os deuses têm ainda atributos ou funções semelhantes, se muitos dentre eles são a mesma pessoa sob nomes diferentes, seus traços são mais distintos e seu papel, mais bem definido.

Antes de Júpiter, o Caos se esclarece, faz-se o Dia, o Céu e a Terra se unem, a divindade se manifesta de qualquer maneira e por toda parte, mas o mundo divino não reside em nenhum lugar determinado. O filho e sucessor de Saturno constitui e organiza a ordem divina. Desde o começo do seu reinado, mas não sem combate, os Titãs, filhos da Terra, vão desaparecer, a partilha do mundo se fará na sua família, a abóbada celeste, às vezes velada de nuvens, às vezes resplandecente de azul, de fogos e de luz, sustentará o palácio misterioso do soberano senhor, pai dos deuses e dos homens. Esse palácio é o Olimpo ou o Empíreo.

Da sua morada erguida bem acima das regiões terrestres, nos extremos confins do éter, no espaço invisível, Júpiter preside as evoluções do mundo, observa os povos, provê as necessidades dos homens, assiste às suas rivalidades, toma parte nas suas discórdias, persegue e pune os culpados, vela pela proteção da inocência, em resumo, desempenha-se dos deveres de um rei supremo. Convoca os outros deuses, reúne-os no Olimpo, em sua corte e sob seu cetro.

Estabelece-se entre todas as divindades um trato incessante, elas se dignam de se aproximar dos mortais, de se unir com eles; reciprocamente, os mortais generosos aspiram às honras do Olimpo, e por suas ações heroicas, esforçam-se por obter dos deuses a imortalidade.

Os poetas colocaram a morada de Júpiter e da maior parte dos deuses no cimo do Monte Olimpo, o mais alto da Grécia, às vezes perdido entre nuvens.

Chamavam-se olímpicos os doze principais deuses: Júpiter, Netuno, Plutão, Marte, Vulcano, Apolo, Juno, Vesta, Minerva, Ceres, Diana e Vênus.

Júpiter (em grego, Zeus)

Júpiter, dizem os poetas, é o pai, o rei dos deuses e dos homens; reina no Olimpo, e, com um movimento de sua cabeça, agita o universo. Era o filho de Reia e de Saturno, que devorava seus filhos à proporção que nasciam. Já Vesta, sua filha mais velha, Ceres, Plutão e Netuno tinham sido devorados, quando Reia, querendo salvar o seu filho, refugiou-se em Creta, no antro de Dicteu, onde deu à luz, ao mesmo tempo, a Júpiter e Juno. Esta foi devorada por Saturno. Quanto ao jovem Júpiter, Reia o fez alimentar por Adrasteia e Ida, duas ninfas de Creta, que eram chamadas "As Melissas"; além disso, Reia o recomendou aos curetes, antigos habitantes do país. Entretanto, para enganar seu marido, Reia fê-lo devorar uma pedra enfaixada. As duas Melissas alimentaram Júpiter com o leite da cabra Amalteia e com o mel do Monte Ida de Creta.

Adolescente, ele se associou à deusa Métis, isto é, a Prudência. Foi por conselho de Métis que ele fez com que Saturno tomasse uma beberagem,

Júpiter, gravura de F. Piranesi.

cujo efeito foi de fazê-lo vomitar, em primeiro lugar, a pedra que engolira, e, depois, os filhos que estavam no seu seio.

Com o auxílio de seus irmãos, Netuno e Plutão, Júpiter resolveu primeiro destronar seu pai e banir os Titãs, este ramo rival que punha obstáculos à sua realeza. Assim lhes declara guerra, bem como a Saturno. Predisse-lhe a Terra uma vitória completa, se conseguisse libertar alguns dos Titãs encarcerados por seu pai no Tártaro, e os persuadir a combater por ele, coisa que empreendeu e conseguiu depois de haver matado Campe, o carcereiro, que mantinha a guarda dos Titãs nos Infernos.

Foi então que os Ciclopes deram a Júpiter o trovão, o relâmpago e o raio, um capacete a Plutão, e a Netuno um tridente. Com essas armas, os três irmãos venceram Saturno, expulsaram-no do trono e da sociedade dos deuses, depois de o haverem feito sofrer cruéis torturas. Os Titãs que haviam auxiliado Saturno a combater foram precipitados nas profundidades do Tártaro, sob a guarda dos Gigantes.

Depois dessa vitória, os três irmãos, vendo-se senhores do mundo, partilharam-no entre si: Júpiter teve o céu; Netuno, o mar; e Plutão, os Infernos. Mas à guerra dos Titãs sucedeu a revolta dos Gigantes, filhos do Céu e da Terra. De um tamanho monstruoso e de uma força proporcionada, tinham eles as pernas e os pés em forma de serpente, e alguns com cem braços e cinquenta cabeças. Resolvidos a destronar Júpiter, amontoaram o Ossa sobre o Pelion, e o Olimpo sobre o Ossa, de onde tentaram escalar o céu. Lançavam contra os deuses rochedos, dos quais os que caíam no mar formavam ilhas, e montanhas os que rolavam em terra.

Júpiter estava muito inquieto porque um antigo oráculo anunciava que os Gigantes seriam invencíveis, a menos que os deuses pedissem o socorro de um mortal. Tendo proibido Aurora, a Lua e o Sol de descobrir os seus desígnios, antecipou-se ele à Terra, que procurava proteger seus filhos; e pelo conselho de Palas, ou Minerva, fez vir Hércules que, de acordo com os outros deuses, o ajudou a exterminar os Gigantes Encélado, Polibotes, Alcioneu, Porfírion, os dois Aloídas, Efialtes e Oto, Êurito, Clito, Tício, Palas, Hipólito, Agrio, Taon e o terrível Tífon que ele, só, deu mais trabalho aos deuses que todos os outros.

Depois de os haver derrotado, Júpiter precipitou-os no fundo do Tártaro, ou, segundo outros poetas, enterrou-os vivos em países diferentes. Encélado foi enterrado sob o Monte Etna. É ele cujo hálito abrasado, diz Virgílio, exala os fogos, que lança o vulcão; quando tenta voltar-se, faz tremer a Sicília, e um espesso fumo obscurece a atmosfera. Polibotes foi sepultado sob a Ilha de Lango; Oto na de Cândia; e Tífon na de Ísquia.

Segundo Hesíodo, Júpiter foi casado sete vezes; desposou sucessivamente Métis, Têmis, Eurínome, Ceres, Mnemósine, Latona e Juno, sua irmã, que foi a última das suas mulheres.

Tomou-se também de amor por um grande número de simples mortais, e de umas e de outras lhe nasceram muitos filhos, que foram colocados entre os deuses e semideuses. Sua autoridade suprema, reconhecida por todos os habitantes do céu e da terra, foi, entretanto, mais de uma vez contrariada por Juno, sua esposa. Esta deusa ousou mesmo urdir contra ele uma conspiração dos deuses. Graças ao concurso de Tétis e à intervenção do terrível gigante Briareu, essa conspiração foi prontamente sufocada, e o Olimpo reentrou na eterna obediência.

Entre as divindades, Júpiter ocupava sempre o primeiro lugar, e o seu culto era o mais solene e o mais universalmente espalhado. Seus três mais famosos oráculos eram os de Dodona, da Líbia e de Trofônio. As vítimas que mais comumente lhe imolavam eram a cabra, a ovelha e o touro branco, do qual se tivera o cuidado de dourar os chifres. Não lhe sacrificavam vítimas humanas: muitas vezes, as populações se contentavam em lhe oferecer farinha, sal e incenso. A águia, que paira no alto dos céus e fende como o raio sobre sua presa, era a sua ave favorita.

A quinta-feira, dia da semana, era-lhe consagrada (*Jovis dies*, em latim). Na fábula, o nome de Júpiter precede o de muitos outros deuses, mesmo reis: Júpiter-Hámon na Líbia, Júpiter-Serápis no Egito, Júpiter-Bel na Assíria, Júpiter-Ápis, rei de Argos, Júpiter-Astério, rei de Creta, e outros.

Júpiter é geralmente representado sob a figura de um homem majestoso, com barba, abundante cabeleira, sentado em um trono. Com a mão direita, segura o raio que é representado de duas maneiras, ou por um tição flamejante de duas pontas, ou por uma máquina pontiaguda dos dois lados e armada de duas flechas; com a mão esquerda sustém uma Vitória; a seus pés, com as asas desdobradas, se acha a águia que rapta Ganimedes. A parte superior do corpo está nua; e a inferior, coberta.

Mas esta maneira de representá-lo não era uniforme. A imaginação dos artistas modificava sua imagem ou sua estátua, conforme as circunstâncias e a região em que Júpiter era venerado. Os cretenses o representavam sem orelhas, para mostrar a sua imparcialidade; em compensação, os lacedemônios davam-lhe quatro, para provar que ele ouvia todas as preces. Ao lado de Júpiter, veem-se muitas vezes a Justiça, as Graças e as Horas.

A estátua de Júpiter, por Fídias, era de ouro e marfim: o deus aparecia assentado sobre um trono, tendo na cabeça uma coroa de oliveira, segurando com a mão esquerda uma Vitória, também de ouro e marfim, ornada de faixas e coroada. Na direita empunhava um cetro, sobre cuja extremidade repousava uma águia resplandecendo ao fulgor de toda espécie de metais. O trono do deus era incrustado de ouro e pedrarias: o marfim e o ébano davam-lhe, pelo seu contraste, uma agradável variedade. Aos quatro cantos havia quatro Vitórias, que pareciam dar as mãos para dançar, e duas outras aos pés de Júpiter. No ponto mais elevado do trono, sobre a cabeça do deus, foram colocadas, de um lado as Graças, do outro as Horas, uma e outras como filhas de Júpiter.

Juno (em grego, Hera)

Juno era filha de Saturno e de Reia, irmã de Júpiter, de Netuno e Plutão, de Ceres e de Vesta. Foi criada, segundo Homero, pelo Oceano e por Tétis; outros dizem que foram as Horas que cuidaram da sua educação. Ela desposou Júpiter, seu irmão gêmeo. Suas núpcias se celebraram em Creta, no território dos cnossianos, perto do Rio Tereno. Para tornar estas bodas mais solenes, Júpiter ordenou a Mercúrio que convidasse todos os deuses, todos os homens e todos os animais. Todos compareceram, exceto a ninfa Quelone, bastante temerária para não fazer caso desse casamento, e que foi transformada em tartaruga.

Júpiter e Juno não viviam em boa inteligência: continuamente estalavam discórdias entre eles. Juno foi mais de uma vez maltratada por seu esposo, por causa do seu humor rabugento. Uma vez, Júpiter chegou a suspendê-la entre o Céu e a Terra com uma cadeia de ouro, e a pôr-lhe

A divindade Juno, venerada como a deusa protetora do amor e do casamento. Escultura por Joseph Nollekens.

uma bigorna em cada pé. Vulcano, seu filho, tendo querido soltá-la de lá, foi, com um pontapé, atirado do céu à terra, de cabeça para baixo.

As infidelidades de Júpiter em favor das belas mortais excitaram e justificam muitas vezes o ciúme e o ódio de Juno. Por sua parte, essa irascível deusa teve intrigas amorosas, principalmente com o gigante Eurimedonte. Conspirou com Netuno e Minerva para destronar Júpiter e o envolveu em laços. Mas Tétis, a Nereida, conduziu o formidável Briareu em socorro de Júpiter: bastou a presença do gigante para impedir que os conspiradores continuassem nos seus desígnios.

Juno perseguiu todas as concubinas de Júpiter e todas as crianças nascidas dos seus ilegítimos amores: Hércules, Io, Europa, Semele, Plateia, e outros. Diz-se que ela sentia profunda aversão pelas mulheres inconstantes e culpáveis. Teve vários filhos: Hebe, Vulcano, Marte, Tífon, Ilítia e Argeu.

Na Guerra de Troia, fez causa comum com Minerva, pelos gregos contra os troianos, os quais não cessou de perseguir com o seu ódio, mesmo depois de destruída a cidade. Na *Ilíada,* ela toma a semelhança de Estentor, um dos chefes gregos, cuja voz, mais sonora que o bronze e mais forte que a de cinquenta homens robustos reunidos, servia de trombeta no exército.

Como se dava a cada deus alguma atribuição particular, Juno era encarregada da partilha dos reinos, dos impérios e das riquezas; foi também o que ela ofereceu ao pastor Páris se este quisesse conferir-lhe o prêmio de beleza. Dizia-se que tinha um cuidado particular pelos atavios e ornatos das mulheres: é por isso que nas estátuas, os seus cabelos apareciam tão elegantemente arranjados. Presidia as núpcias, os casamentos e os partos. Então, e segundo o caso, era invocada sob os nomes de Pronuba, Juga, Lucina e outros. Também presidia a moeda, de onde vem o seu nome de Moneta. O culto de Juno era quase tão solene e difundido quanto o de Júpiter. Ela inspirava uma veneração misturada de receio. Era principalmente em Argos, Samos e Cartago que era venerada.

Em Argos, via-se sobre um trono a estátua dessa deusa, de grandeza extraordinária, toda de ouro e marfim: sobre a cabeça, uma coroa, em cima da qual estavam as Graças e as Horas. Com uma das mãos segurava uma romã, com a outra um cetro, em cuja extremidade estava um cuco, pássaro amado da deusa.

Em Samos, a estátua de Juno tinha também uma coroa: chamavam-lhe "Juno, a Rainha"; estava coberta com um grande véu da cabeça aos pés.

Em Lanuvium, na Itália, a Juno tutelar trazia uma pele de cabra, um dardo, um pequeno broquel e escarpins recurvados em ponta para a frente.

Ordinariamente, é representada por uma majestosa matrona, algumas vezes com um cetro na mão, ou uma coroa cheia de raios na cabeça; a seus pés está um pavão, sua ave favorita. O gavião e o ganso também lhe eram consagrados; algumas vezes estavam juntos das suas estátuas.

Não lhe sacrificavam vacas porque, durante a guerra dos gigantes e dos deuses, ela se ocultara no Egito sob essa forma. O dictamo, a papoula e a romã lhe eram ofertados; essas plantas ornavam seus altares e imagens. Era sempre uma ovelhinha a vítima sacrificada em sua honra. Não obstante, no primeiro dia de cada mês, imolava-se para ela uma porca. As sacerdotisas de Juno eram universalmente respeitadas.

As querelas de Juno e de Júpiter são apenas, diz-se, uma alegoria; representam as perturbações do ar ou do céu. Assim, Juno seria a imagem da atmosfera tantas vezes agitada, escura e ameaçadora. Quanto a Júpiter, parecia personificar o éter puro, a serenidade do firmamento, além das nuvens e dos astros. De resto, uma expressão da língua latina parece justificar essa concepção. Assim como dizemos "passar a noite *à la belle étoile*", isto é, ao ar livre, os latinos diziam "passar a noite sob Júpiter". Na mesma língua, o nome desse deus é poeticamente empregado no sentido de chuva, fenômeno tão inexplicável como o raio, para os antigos.

Minerva ou Palas (em grego, Atena)

Minerva, filha de Júpiter, era a deusa da sabedoria, da guerra, das ciências e das artes. Júpiter, depois de haver devorado Métis (ou a Prudência), sentindo uma grande dor de cabeça, recorreu a Vulcano que, com um golpe de machado, fendeu-lhe o crânio. Do seu cérebro saiu Minerva, inteiramente armada, e já em idade que lhe permitiu socorrer seu pai na guerra dos gigantes, na qual se distinguiu pela coragem. Um dos traços mais famosos da história de Minerva é sua diferença com Netuno para dar seu nome à cidade de Atenas. Os doze grandes deuses, escolhidos para árbitros, decidiram que aquele dos dois que produzisse a coisa mais útil à cidade lhe daria seu nome. Netuno, de uma pancada do tridente, fez sair da terra um cavalo; Minerva, uma oliveira, o que lhe assegurou a vitória.

A casta Minerva permaneceu virgem; entretanto, não receou disputar o prêmio de beleza com Juno e Vênus. A fim de arrebatá-lo às suas rivais, ela ofereceu a seu juiz, Páris, o saber e a virtude. Suas ofertas foram vãs, e ficou muito despeitada.

Esta deusa era a filha privilegiada do senhor do Olimpo, que lhe concedeu muitas das suas supremas prerrogativas. Ela dava o espírito de profecia, prolongava a seu bel-prazer os dias dos mortais, obtinha a felicidade depois da morte; tudo o que ela autorizava com um sinal de cabeça era irrevogável; tudo o que prometia, cumpria-se infalivelmente. Ora conduz Ulisses em suas viagens, ora se digna a ensinar às filhas de

Peça que representa a divindade Minerva em um trono com lança.

Pândaro a arte de se sobressair nos trabalhos próprios de mulheres, a representar flores e combates em obras de tapeçaria. Foi ela, ainda, que, com suas mãos, embelezou o manto de Juno. É ela, enfim, quem faz construir o navio dos Argonautas, segundo seu desenho, e que coloca na popa o pau falante, cortado na floresta de Dodona, o qual dirigia a rota, advertindo perigos, indicando os meios de os evitar. Sob esta linguagem figurada é fácil reconhecer o leme do navio.

Muitas cidades se colocaram sob a proteção de Minerva. Mas, entre todas, a cidade favorecida pela deusa foi Atenas, à qual dera o seu nome. Aí, o seu culto era perpetuamente honrado, tinha ali seus altares, suas mais belas estátuas, suas festas solenes, e, sobretudo, um templo de uma notável arquitetura, o templo da Virgem, o Pártenon. Esse templo, reconstruído sob Péricles, tinha cem pés em todos os sentidos. A estátua, de ouro e marfim, de uma altura de trinta e nove pés, era obra de Fídias.

Durante as Panateneias, festas solenes de Minerva, todos os povos da Ática acorriam a Atenas. Essas festas, a princípio, não duravam senão um dia, duração que mais tarde se prolongou. Distinguiam-se as Grandes e as Pequenas Panateneias; as primeiras se celebravam de cinco em cinco anos, e as outras anualmente. Nessas festas, disputavam-se três espécies de prêmios: os de corrida, os de luta e os de poesia ou música. Nas Grandes Panateneias, passeava em Atenas um navio ornado de *peplum*, ou véu de Minerva, obra-prima de bordado executado pelas damas atenienses.

Nas suas estátuas e imagens, dão-lhe uma beleza simples, descuidada, modesta, um ar grave, marcado de nobreza, de força e de majestade. Tem, geralmente, um capacete na cabeça, uma lança em uma das mãos, um broquel na outra, e um escudo sobre o peito. Na maior parte das vezes, a deusa está sentada; mas, quando de pé, tem sempre, com atitude resoluta de uma guerreira, o ar meditativo e o olhar volvido para as altas concepções.

Os animais consagrados a Minerva eram o mocho e o dragão. Eram sacrificadas a ela grandes vítimas; assim, nas grandes Panateneias, cada tribo da Ática lhe imolava um boi, cuja carne era, em seguida, distribuída ao povo pelos sacrificadores.

Habitualmente consideram-se Minerva (Atena) e Palas como a mesma divindade. Os gregos associam os dois nomes: Palas e Atena. Entretanto, segundo certos poetas, essas duas divindades não podiam ser confundidas. Palas, chamada Tritônia "de olhos verde-gaio", filha de Tritão, fora encarregada da educação de Minerva. Ambas se apraziam nos exercícios das armas. Um dia, elas se desafiaram e se bateram. Minerva seria ferida, se Júpiter não tivesse posto o escudo diante de sua filha; Palas ficou aterrorizada, e enquanto recuava olhando para a égide, Minerva feriu-a mortalmente. Veio-lhe, depois, uma profunda mágoa, e para se consolar fez esculpir uma imagem de Palas, tendo o escudo sobre o peito. Consta que é essa imagem ou estátua que mais tarde ficou sendo o famoso Paládio de Troia.

Em Homero, Minerva cobre as espáduas com o imortal escudo, onde está gravada a cabeça da górgona Medusa, cercada de serpentes e da qual pendem filas de franjas de ouro. Ao redor desse escudo estavam o Terror, a Dissensão, a Força, a Guerra, entre outros. Toma-se geralmente o escudo pela couraça de Minerva, mais raramente pelo seu broquel. As únicas divindades que levam o escudo são Minerva, Marte e Júpiter. O de Júpiter era feito com a pele da cabra Amalteia, sua ama de leite.

Vesta (em grego, Héstia)

Convém não confundir a antiga Vesta, isto é, Titeia, ou a Terra, mulher de Urano, com a virgem Vesta, deusa do fogo ou o próprio fogo, porque os gregos lhe chamavam Héstia, palavra que significa "fogão da casa". Entretanto, entre os poetas, muitas vezes essas duas divindades parecem ser confundidas.

Vesta, deusa do fogo, tinha um culto que na Ásia e na Grécia remontava à mais alta Antiguidade. Era ela venerada em Troia, muito tempo antes da ruína dessa cidade, e se crê que foi Eneias quem trouxe para a Itália seu culto e seu símbolo: ele a tinha entre os seus deuses penates.

Os gregos começavam e acabavam todos os seus sacrifícios prestando honras a Vesta, e a invocavam em primeiro lugar antes de todos os outros deuses. Em Corinto, existia um templo de Vesta, mas sem nenhuma estátua; via-se apenas, no centro desse templo, um altar para os sacrifícios que se faziam à deusa. Também havia outros altares seus em diversos templos consagrados a outros deuses, como em Delfos, em Atenas, em Tênedos, em Argos, em Mileto, em Éfeso e outros.

Seu culto consistia principalmente em alimentar o fogo que lhe era consagrado e cuidar para que ele não se apagasse.

Em Roma, Numa Pompílio fez construir para Vesta um templo em forma de globo, imagem do universo. Era no meio desse templo que se alimentava o fogo sagrado com tanto mais vigilância quanto ele era visto como o penhor do império do mundo. Se esse fogo viesse a se extinguir, não se devia reacendê-lo senão pelos raios do sol, por meio de uma espécie de espelho. Mesmo que o fogo não se extinguisse, era renovado todos os anos, no primeiro dia de março.

Em Roma, como na Grécia, Vesta, a virgem, não tinha outra imagem ou símbolo além do fogo sagrado. Uma das maneiras de representá-la era com vestes de matrona, com estola, segurando na mão um facho ou uma lâmpada, ou uma pátera, vaso de duas asas, chamado "capedúncula", algumas vezes também um palácio ou uma pequena Vitória. Às vezes, no lugar da pátera, ela segura uma haste, flecha sem ferro, ou uma cornucópia. Nas medalhas e monumentos, os títulos que lhe dão são Vesta, a santa, a eterna, a feliz, a antiga, Vesta, a mãe, e outros.

Vesta. Estátua localizada publicamente do lado de fora do Museu Chimei, em Taiwan.

    Entre os romanos, o fogo sagrado de Vesta era guardado e alimentado por jovens virgens, as vestais. Essas donzelas eram escolhidas entre as maiores famílias de Roma, na idade de seis a dez anos, e ficavam ao serviço da deusa durante um período de vinte a trinta anos. Voltavam, depois, ao seio da sociedade romana, com permissão de contrair matrimônio. Mas, durante o sacerdócio, as vestais que deixassem o fogo se apagar eram severamente e mesmo cruelmente punidas: aquela que violasse o seu voto de virgindade era condenada à morte, às vezes enterrada viva.

Em compensação a todos esses rigores, as vestais eram objeto de um respeito universal: como os altos dignitários, eram precedidas por um litor, e só dependiam do colégio dos pontífices; eram muitas vezes chamadas para apaziguar as dissensões nas famílias: eram-lhe confiados os segredos dos particulares e algumas vezes os do Estado. Foi entre as suas mãos que o Imperador Augusto depôs o seu testamento; depois de sua morte, elas o levaram ao senado romano.

Tinham a cabeça circundada por frisos de lã branca, que lhes caíam graciosamente sobre as espáduas e de cada lado do peito. Suas vestes eram de grande simplicidade, mas não desprovidas de elegância. Por cima de um vestido branco, levavam uma espécie de roquete da mesma cor. O manto, que era de púrpura, escondia-lhes uma espádua e deixava a outra seminua. A princípio, cortavam os cabelos; mais tarde, porém, usaram toda a cabeleira. Quando o luxo se espalhou em Roma, as vestais eram vistas a passear em suntuosa liteira, mesmo em carro magnífico, com um numeroso séquito de mulheres e de escravos.

Latona

Latona, filha de Titão Céus, segundo Hesíodo, filha de Saturno, segundo Homero, foi amada por Júpiter. Juno, ciumenta da rival, fez persegui-la pela serpente Píton e obteve da Terra a promessa de não lhe dar abrigo. No último período da gravidez, percorria ela o mundo, procurando um asilo. Netuno apiedou-se da sua sorte, e com um golpe do seu tridente, fez sair do mar a Ilha de Delos. Momentaneamente transformada em codorniz por Júpiter, refugia-se em Delos onde dá à luz Apolo e Diana, à sombra de uma oliveira ou de uma palmeira. A ilha, a princípio flutuante, foi mais tarde fixada por Apolo no meio das Cícladas, estas formando, por assim dizer, um círculo ao redor dela.

Latona era principalmente venerada em Delos e Argos. Como Juno ou Lucina, presidia o nascimento dos homens, e as mães, nas suas angústias e sofrimentos, dirigiam-lhe invocações.

Apolo (ou Febo)

Filho de Júpiter e de Latona, irmão gêmeo de Diana, Apolo ou Febo[2] nasceu na ilha flutuante de Delos, que a partir desse momento se tornou estável e imóvel, pela vontade do jovem deus, ou pelo favor de Netuno. Desde a adolescência, tomou a sua aljava e as terríveis flechas e vingou sua mãe da serpente Píton, que tão obstinadamente a perseguira. A serpente foi morta, esfolada, e a sua pele serviu para cobrir a trípode sobre a qual se sentava a pitonisa de Delfos, para proferir seus oráculos.

De uma face radiante de beleza, com uma cabeleira loira que lhe caía em anéis graciosos sobre os ombros, de um talhe alto e desenvolvido, de uma atitude e de um andar sedutores, Apolo amou a ninfa Corônis, que o tornou pai de Esculápio. Esse filho de Apolo, que se sobressai na Medicina, tendo usado dos segredos de sua arte para ressuscitar Hipólito, sem o consentimento dos deuses, foi fulminado por Júpiter. Apolo, furioso, trespassou com as flechas os ciclopes que haviam forjado o raio. Essa vingança, considerada como um atentado, o fez ser expulso do Olimpo. Exilado do céu, condenado a viver na Terra, refugiou-se na casa de Admeto, rei da Tessália, cujos rebanhos guardava. Tal era o encanto que exercia em torno de si nos campos, tão numerosos os divertimentos com que embelezava a vida bucólica, que os próprios deuses ficaram com ciúme dos pastores.

Durante seu exílio, cantava e tocava lira; Pã, com sua flauta, ousou rivalizar com ele diante de Midas, rei da Frígia, designado como árbitro. Midas, amigo de Pã, pronunciou-se em seu favor; então Apolo, para castigá-lo de tão estúpido julgamento, fez-lhe crescer orelhas de asno. O sátiro Mársias, outro tocador de flauta, tendo querido competir com Apolo, sob a condição de que o vencido se entregaria incondicionalmente ao vencedor, foi vencido pelo deus, que o fez esfolar vivo. Um dia, Mercúrio lhe furta o seu rebanho, e Apolo passa do serviço de Admeto para o de Laomedonte, filho de Ilo e pai de Príamo.

Apolo ajudou Netuno a construir as muralhas de Troia, e não tendo os deuses recebido de Laomedonte nenhum salário, puniu essa ingratidão castigando o povo com uma peste que causou imensos estragos. Errou ainda algum tempo pela terra; amou Dafne, filha do Rio Peneu, que,

---

2   Ocasionalmente, em grego, observa-se a associação dos nomes Foibos e Apolo. (N. do R.)

esquivando-se ao seu amor, foi metamorfoseada em loureiro; também amou Clítia, que, vendo-se abandonada por sua irmã, Leucótoe, consumiu-se de dor e transformou-se em heliotrópio; e, finalmente, Clímene, que de Apolo teve muitos filhos, dos quais o mais célebre é Faetonte.

Jacinto, filho de Ámiclos e de Diomeda, foi também amado por Apolo. Zéfiro, outros dizem Bóreas, que o amava também, indignado pela preferência que o jovem dava ao deus das musas, quis se vingar. Um dia em que Apolo e Jacinto brincavam juntos, esse vento soprou com violência, desviou o disco que Apolo atirava, e o dirigiu contra Jacinto, atingindo-o na fronte e prostrando-o morto. O deus tentou todos os recursos da sua arte para fazer voltar a si o jovem adolescente, tão ternamente amado; esforços e cuidados inúteis. Então, transformou-o em uma flor, o jacinto,

Apolo Belvedere, escultura em mármore que representa o deus grego, é parte do acervo dos Museus Vaticanos, na Itália.

sobre cujas folhas inscreveu as duas primeiras letras do seu nome: *ai, ai*, que, em grego, são, ao mesmo tempo, a expressão de dor.

Júpiter, enfim, deixou-se abrandar, restabeleceu Apolo em todos os direitos da divindade, restituiu-lhe todos os seus atributos e o encarregou de espalhar a luz no universo. Como sua irmã Diana, teve diferentes nomes: no Céu chamavam-no Febo, da palavra grega *foibos*, "luz e vida", porque conduzia o carro do sol; na Terra e nos Infernos, seu nome era Apolo. Muitas vezes ele é designado por sobrenomes que lembram ora os seus atributos, ora seus templos privilegiados, ora suas façanhas, ora seus atrativos físicos, ou mesmo o local de seu nascimento.

Apolo é o deus da música, da poesia, da eloquência, da medicina, dos augúrios e das artes. Preside os concertos das nove musas; digna-se de habitar com elas os Montes Parnaso, Hélicon, Piero, às margens do Hipocrene e do Permesso. Ele não inventou a lira, recebeu-a de Mercúrio; mas como era inexcedível em tocá-la, encantava, com seus harmoniosos acordes, os festins e as reuniões dos deuses. Gozou de uma eterna mocidade, possui o dom dos oráculos e inspira as pitonisas, ou as suas sacerdotisas, em Delos, Tênedos, Clário, Pátara, sobretudo em Delfos, e também em Cumes, na Itália.

Seu templo de Delfos era incontestavelmente o mais belo, o mais rico e o mais célebre. Acorria gente de todas as partes para consultar o oráculo. Em Roma, o Imperador Augusto, que se julgava obrigado para com Apolo, por causa da sua vitória de Ácio[3], no seu palácio do Monte Palatino, elevou-lhe um templo com um pórtico, e ali colocou uma biblioteca.

A esse deus eram consagrados, entre os animais, o galo, o gavião, a gralha, o grilo, o cisne, a cigarra; entre as árvores, o loureiro, em lembrança de Dafne, e do qual ele fez a recompensa dos poetas, depois a oliveira e a palmeira; entre os arbustos e as flores, o lótus, o mirto, o zimbro, o jacinto, o girassol, o heliotrópio, e outros mais. As pessoas que chegavam à puberdade consagravam a ele a cabeleira no seu templo.

Representam-no sempre moço e sem barba porque o sol não envelhece. O arco e as flechas que traz simbolizam os raios solares; a lira, a harmonia dos céus; às vezes lhe dão um broquel que indica a proteção

---

3   Batalha na qual Marco Antônio e Cleópatra triunfaram, solidificando sua posição para que ele se tornasse o primeiro imperador romano. (N. do R.)

que concede aos homens. Usa uma cabeleira flutuante e muitas vezes uma coroa de loureiro, de mirto ou de oliveira. Suas flechas são algumas vezes terríveis e maléficas porque, em certos casos, o ardor do sol produz miasmas mefíticos e pestilentos, mas geralmente o seu efeito é salutar. Assim como o seu filho Esculápio, é venerado como o deus da Medicina. Não é ele, como sol, quem aquece a Natureza, vivifica todos os seres, faz germinar, crescer e florescer essas numerosas plantas, cuja virtude é um remédio ou um encanto para tantos males?

Nos monumentos, Apolo, *profeta*, está vestido com uma longa túnica, traje característico dos sacerdotes que divulgavam seus oráculos; *médico*, tem a seus pés uma serpente; *caçador*, apresenta-se como um jovem, vestido de leve clâmide que deixa perceber o flanco nu; está armado de um arco, e tem um pé levantado, na atitude de corrida. Sua mais notável estátua, talvez a mais célebre que nos resta da Antiguidade, é o Apolo de Belvedere. O artista lhe compôs uma figura e atitude ideais: o deus acaba de perseguir a serpente Píton, atingiu-a na sua rápida carreira, e o seu arco temível deu-lhe um golpe mortal. Firme do seu poder, refulgindo de uma alegria nobremente contida, seu olhar augusto se voltou para o infinito, bem para além da sua vitória; o desdém paira em seus lábios, a indignação entumece suas narinas e sobe aos olhos, mas estampa-se em sua fronte uma calma inalterável, e seu olhar está cheio de doçura.

Uma das maiores estátuas de Apolo foi o "colosso de Rodes": diz-se que tinha setenta cúbitos[4] de altura, e era toda de bronze.

Diana (em grego, Ártemis)

Diana, ou Ártemis, filha de Latona e de Júpiter, irmã gêmea de Apolo, nasceu em Delos, vindo ao mundo alguns momentos antes de seu irmão. Testemunha das dores maternais de Latona, concebeu tal aversão pelo casamento, que pediu e obteve de Júpiter o favor de guardar uma virgindade perpétua, assim como Minerva, sua irmã. É por essa razão que as duas deusas receberam do oráculo de Apolo o nome de "Virgens Brancas". O próprio Júpiter armou-a de arco e flechas e a fez rainha dos bosques. Deu-lhe como cortejo sessenta ninfas, chamadas "oceânides", e mais outras vinte chamadas "asias", das quais exigia ela uma inviolável castidade.

---

4   A unidade de um cúbito corresponde a 66 centímetros. (N. do R.)

Com esse numeroso e gracioso cortejo, ela se entrega à caça, sua ocupação favorita. Todas as suas ninfas são grandes e belas, mas a deusa as sobrepuja em talhe e em beleza. Como Apolo, seu irmão, tem diferentes nomes: na terra, é Diana ou Ártemis; no Céu, a Lua ou Febe; nos Infernos, Hécate. Além desses, tinha muitos sobrenomes, conforme as qualidades que lhe atribuíam, as regiões que parecia favorecer, os templos em que era honrada.

Quando Apolo, isto é, o Sol, desaparece no horizonte, Diana, isto é, a Lua, resplandece nos céus e espalha discretamente sua luz nas profundidades misteriosas da noite. Essas duas divindades têm funções, não idênticas, mas parecidas: alternativamente aclaram o mundo; daí o seu caráter de fraternidade. Apolo é celebrado, de preferência, pelos rapazes; Diana, pelos coros de donzelas.

Essa deusa é grave, severa, cruel e mesmo vingativa. Procede sem piedade contra todos os que provocaram seu ressentimento. Não hesita em lhes destruir as colheitas, em devastar seus rebanhos, em semear a epidemia ao seu redor, em humilhar, em fazer mesmo perecer os seus filhos. A pedido de Latona, sua mãe, ela se une a Apolo, para atravessar com as

Ártemis e a Corça, escultura do século II d.C. atribuída ao escultor Léocharès, exposta no Museu do Louvre, na França.

suas flechas todos os filhos da desgraçada Níobe. Trata suas ninfas com o mesmo rigor, se elas se esquecem de seu dever.

Um dia, Actéon, numa caçada, surpreendeu-a no banho: ela lhe atira água no rosto; e imediatamente é transformado em veado e devorado por seus cães. Em outra vez, num acesso de ciúme, mata cruelmente Órion a flechadas, a que ela ama e que se deixou raptar por Aurora. Ópis, companheiro de Diana, não teve sorte mais feliz.

Virgem implacável, Diana se apaixonou, entretanto, pela beleza de Endímion. Esse neto de Júpiter tinha obtido do senhor do Olimpo o singular favor de dormir um sono perpétuo. Sempre jovem, sem nunca sofrer os insultos da velhice nem da morte, Endímion dormia numa gruta do Monte Latmos, em Cário. Era lá que Diana ou a Lua ia visitá-lo todas as noites.

A corça e o javali lhe eram particularmente consagrados. Ofereciam-lhe em sacrifícios os primeiros frutos da terra, bois, carneiros, veados brancos e às vezes também vítimas humanas. Sabe-se que o sacrifício de Ifigênia inspirou mais de um poeta trágico. Em Táurida, todos os náufragos dessa costa eram imolados a Diana, ou atirados num precipício em honra sua. Na Cilícia, tinha um templo, onde os adoradores caminhavam sobre carvões ardentes.

Seu templo mais célebre era incontestavelmente o de Éfeso. Durante duzentos e vinte anos, toda a Ásia concorreu para construí-lo, orná-lo e enriquecê-lo. As imensas riquezas que continha foram, sem dúvida, a causa das diversas revoltas que o abalaram. Pensa-se que foi destruído e reconstruído sete vezes. Entretanto, a História não menciona senão dois incêndios nesse templo: o primeiro ateado pelas Amazonas, e o segundo por Eróstrato, na mesma noite em que nasceu Alexandre. Foi inteiramente destruído no ano 263, sob o reinado do Imperador Galiano.

As estátuas de Diana de Éfeso são bastante conhecidas: o corpo da deusa é ordinariamente dividido por cintas, de sorte que ela aparece, por assim dizer, como enfaixada. Traz na cabeça uma torre com muitos andares; leões em cada braço, e no peito e estômago grande número de seios. Toda a parte baixa do corpo está semeada de vários animais, bois ou touros, veados, esfinges, abelhas, insetos e outros. Veem-se mesmo árvores e diferentes plantas, todas símbolos da Natureza e de suas incontáveis produções.

Em outras partes, representaram-na algumas vezes com três cabeças; a primeira de cavalo, a segunda de mulher ou de ovelha nova, e a terceira de um cão, ou ainda as de um touro, um cão e um leão.

Essas diversas representações da deusa parecem relacionar-se com um culto primitivo, de origem asiática, misturado com tradições egípcias. Na arte grega propriamente dita, é sobretudo a casta Diana, a Diana caçadora, amante dos bosques e das montanhas, a deusa orgulhosa e altiva, a resplandecente rainha das noites, que a escultura e a gravura mais representaram.

Ela é vista com roupas de caça, os cabelos amarrados para trás, o vestido arregaçado com uma segunda cintura, a aljava ao ombro, um cão a seu lado, e um arco retesado com o qual arremessa uma flecha. Tem as pernas como os pés nus, e o seio direito descoberto. Algumas vezes está calçada com borzeguins. Muitas vezes, na sua fronte, resplandece um crescente símbolo da Lua. Representavam-na caçando, ou no banho, ou repousando das canseiras da caça. Os poetas cantam-na, ora num carro tirado por corças ou por veados brancos, ora montada ela mesma sobre um veado, ora correndo a pé com o seu cão, e sempre cercada das ninfas, como ela armadas de arcos e flechas.

Abaixo, a estátua *Diana com a Corça*, obra de Jean Goujon.

A estátua de *Diana com a Corça* está presente atualmente no Museu do Louvre, em Paris.

Ceres (em grego, Deméter)

Ceres, filha de Saturno e de Ópis, ou de Vesta, ou de Cibele, ensinou aos homens a arte de cultivar a terra, de semear, de colher o trigo, e com ele fabricar o pão, o que a fez ser vista como a deusa da Agricultura. Júpiter, seu irmão, apaixonado por sua beleza, teve com ela Perséfone ou Prosérpina. Foi também amada por Netuno, e para escapar à sua perseguição, transformou-se em égua; o deus, que percebeu esse ardil, metamorfoseou-se em cavalo; dos amores de Netuno nasceu-lhe o cavalo Árion.

Envergonhada com a violência de Netuno, ela pôs luto e se escondeu em uma gruta, onde ficou tanto tempo que o mundo estava em perigo de morrer de fome, porque, durante sua ausência, a terra ficara estéril. Enfim, Pã, estando caçando na Arcádia, descobriu o seu retiro, informou-o a Júpiter, o qual, por intervenção das parcas, apaziguou-a e devolveu-a ao mundo privado dos seus benefícios.

Os figalianos, na Arcádia, ergueram-lhe uma estátua de pau, cuja cabeça era a de uma égua, com a crina da qual saíam dragões. Era chamada a "Ceres Negra". Tendo-se queimado incidentalmente essa estátua, os figalianos negligenciaram o culto de Ceres e foram castigados por uma horrível penúria que não cessou senão quando, a conselho de um oráculo, a estátua foi reconstituída.

Tendo Plutão raptado Prosérpina, Ceres, inconsolável, queixou-se a Júpiter; mas, pouco satisfeita com a resposta, pôs-se ela mesma à procura de sua filha. Contam uns que subiu a um carro, puxado por dragões alados, e que erguia na mão um archote iluminado com o fogo do Etna; dizem outros que ia a pé, de um lado para outro, de país em país. Depois de ter corrido durante todo o dia, acendia o facho e continuava sua corrida durante a noite.

Ceres parou primeiro em Elêusis. Nos campos vizinhos dessa cidade, via-se uma pedra, sobre a qual a deusa se tinha assentado, acabrunhada de dor, e que se chamava "pedra triste". Mostrava-se também um poço, em cuja borda ela repousara. Em Atenas, foi acolhida por Céleo e, reconhecida à sua hospitalidade, ensinou ao seu filho Triptólemo a arte da agricultura. Além disso, deu-lhe um carro puxado por dois dragões, enviou-o pelo mundo para restabelecer a lavoura, e para isso deu-lhe uma provisão de trigo. Depois foi recebida por Hipótoo e sua mulher, Meganira, e recusou o vinho que eles lhes ofereciam, por não convir à sua tristeza e ao seu luto.

Passando à Lícia, transformou em rãs os camponeses que haviam turvado a água de uma fonte onde ela queria saciar a sede. Um fato idêntico é atribuído por certos poetas à deusa Latona. Finalmente, depois de haver percorrido o mundo sem saber nada a respeito da filha, voltou à Sicília, onde a ninfa Aretusa a informou de que Prosérpina era mulher de Plutão e rainha dos Infernos.

Na Sicília, todos os anos, em comemoração à partida de Ceres para as suas longas viagens, os insulares, vizinhos do Etna, corriam durante a noite, com fachos iluminados, soltando grandes gritos.

Na Grécia, as Demétrias, Cereais (ou festas de Ceres) eram numerosas. As mais curiosas eram certamente aquelas em que os adoradores da deusa se fustigavam mutuamente com chicotes feitos de casca de árvores. Atenas tinha duas festas solenes em honra de Ceres, uma chamada Eleusínia, a outra Temosforia. Dizia-se que tinham sido instituídas por Triptólemo. Imolavam-se porcos, por causa dos estragos que causavam aos bens da terra, e faziam-lhe libações de vinho doce.

Mais tarde, essas festas foram introduzidas em Roma: eram celebradas pelas damas romanas, vestidas de branco. Mesmo os homens, simples espectadores, vestiam-se de branco. Havia a crença de que essas festas, para serem agradáveis à deusa, não deviam ser celebradas por gente de luto. Foi por essa razão que foram omitidas no ano da batalha de Canas[5].

Além do porco, da porca ou da ovelhinha, Ceres aceitava, também, o carneiro como vítima. Nas suas solenidades, as grinaldas eram de mirto ou de narciso; mas as flores eram interditas, porque foi colhendo-as que Prosérpina foi raptada por Plutão. Só a papoula lhe era consagrada, não só porque cresce no meio dos trigais, mas porque Júpiter fez com que Ceres a comesse para lhe dar sono e, por conseguinte, uma trégua à sua dor.

Em Creta, na Sicília, na Lacedemônia e em muitas outras cidades do Peloponeso, celebravam-se periodicamente as Eleusínias, ou Mistérios

---

5 No momento em que Aníbal Barca, de Cartago, alcançou uma vitória devastadora sobre os romanos, durante as Guerras Púnicas. (N. do R.)

de Ceres. São, porém, os mistérios de Elêusis os mais notáveis. Daí passaram a Roma, onde subsistiram até o reinado de Teodósio. Esses mistérios eram divididos em grandes e pequenos. Os pequenos eram uma preparação para os grandes; celebravam-se perto de Atenas, às margens do Ilisso. Eles conferiam uma espécie de noviciado. Depois de certo tempo, mais ou menos longo, o noviço era iniciado nos grandes mistérios, no templo de Elêusis, durante a noite. Quatro ministros presidiam as cerimônias de iniciação. O primeiro era o hierofante, ou o que revela as coisas sagradas; o segundo, dodonque ou chefe dos lampadóforos; o terceiro, ou hierocérice, ou chefe dos arautos sagrados; o quarto, o assistente do altar, cuja vestimenta alegórica representava a lua. O arconte-rei de Atenas era o superintendente das festas de Elêusis. Os ministros subalternos eram muito numerosos e distribuídos em várias classes, segundo a importância de suas misteriosas funções. As festas de Elêusis duravam nove dias, cada ano, no mês de setembro. Durante esses nove dias, fechavam-se os tribunais.

Estátua de Ceres presente no Museu Pio-Clementino, na Itália.

Os atenienses faziam iniciar seus filhos nos mistérios de Elêusis desde o berço. Era proibido, mesmo às mulheres, fazer-se conduzir ao templo sobre qualquer veículo. Os iniciados se consideravam como colocados sob a tutela e a proteção de Ceres; faziam-nos esperar uma felicidade sem limites.

Nesses mistérios, as cerimônias eram sem dúvida emblemáticas: supõe-se que tinham analogia unicamente com as evoluções dos astros, com a sucessão das estações e com a marcha do Sol. Sendo o silêncio religiosamente observado pelos iniciados, fica-se restrito a meras hipóteses.

Ceres é habitualmente representada sob o aspecto de uma bela mulher, de talhe majestoso e tez rosada; tem os olhos lânguidos, e os cabelos louros caem desordenadamente sobre seus ombros.

Além de uma coroa de espigas de trigo, usa um diadema muito elevado. Às vezes é coroada por uma grinalda de espigas ou de papoulas, símbolo da fecundidade. Tem o peito forte e os seios opulentos; segura com a mão direita um feixe de espigas, e com a esquerda uma tocha ardente. Seu vestido lhe cai até os pés, e muitas vezes leva um véu atirado para trás. Às vezes representam-na com um cetro ou uma foice: duas criancinhas junto a seu seio, tendo, cada uma, uma cornucópia, indicam que ela é a nutriz do gênero humano. Traz um vestido amarelo, cor dos trigos maduros.

Aqui ela é representada na atitude triunfante da deusa das searas. Está inteiramente vestida, símbolo da Terra que oculta aos olhos a sua força fecunda e não deixa ver senão seus produtos. Com a mão direita prende o véu sobre o ombro esquerdo; com a outra, aperta contra si um ramalhete dos campos; a coroa de espigas está colocada sobre a cabeleira artisticamente disposta, e levanta ao céu um olhar satisfeito com expressão de reconhecimento para com os outros deuses que a secundaram.

Seu carro é atrelado a leões ou serpentes. Nos monumentos é geralmente chamada *Magna Mater*, *Mater Maxima* (Grande Mãe, Maior das Mães); é também conhecida por Ceres Deserta (Ceres abandonada), ou Tedifera (porta-facho), Tesmoforas ou Legífera (legisladora) porque se atribuía a essa deusa a invenção das leis. Por seus atributos lembra ela a Ísis egípcia.

Vulcano (em grego, Hefesto)

Vulcano era filho de Júpiter e de Juno ou, segundo alguns mitólogos, de Juno só, com o auxílio do vento. Envergonhada de ter posto no mundo um filho tão disforme, a deusa o precipitou no mar, a fim de que ficasse eternamente escondido nos abismos. Foi, porém, recolhido pela bela Tétis e Eurínome, filhas do Oceano. Durante nove anos, cercado por seus cuidados, viveu numa gruta profunda, ocupado em fabricar-lhes brincos, broches, colares, anéis e braceletes. Entretanto, o mar escondia-o sob as suas ondas, tão bem que ninguém, nem dos deuses, nem dos homens, conhecia o lugar de seu esconderijo, a não ser as duas divindades que o protegiam.

Vulcano, conservando, no fundo do coração, ressentimento contra sua mãe, por causa dessa injúria, fez uma cadeira de ouro com mola misteriosa, e a enviou ao céu. Juno admira uma cadeira tão preciosa, e não tendo nenhuma desconfiança, quer sentar-se nela; imediatamente fica presa como em uma armadilha. Ali ficaria muito tempo, se não fosse a intervenção de Baco, que embebedou Vulcano para obrigá-lo a soltar Juno. Essa aventura da mãe dos deuses excitou a hilaridade de todos os habitantes do Olimpo, pelo menos pelo que se depreende de Homero.

Em outra passagem, Homero conta que foi o próprio Júpiter quem precipitou Vulcano do alto do céu. No dia em que, para punir Juno por ter excitado uma tempestade que devia fazer perecer Hércules, Júpiter suspendeu-a no meio dos ares, Vulcano, por um sentimento de compaixão ou de piedade filial, veio em socorro de sua mãe. Pagou caro por esse movimento de bondade. Júpiter segurou-o pelos pés e atirou-o no espaço. Depois de haver rolado todo o dia nos ares, o desgraçado Vulcano caiu na Ilha de Lemnos, onde foi recolhido e tratado pelos habitantes. Nessa terrível queda, quebrou as duas pernas, e ficou coxo para sempre.

Entretanto, pela intervenção de Baco, Vulcano foi de novo chamado ao céu e recaiu nas graças de Júpiter, que o fez desposar a mais bela e a mais infiel de todas as deusas: Vênus, mãe do Amor.

Esse deus, tão feio, tão disforme, é de todos os habitantes do Olimpo o mais laborioso e ao mesmo tempo o mais industrioso. Era ele que, por diversão, fabricava mimos para as deusas, e que com os seus ciclopes, na Ilha de Lemnos, ou no Monte Etna, forjava os raios de Júpiter.

Teve a ideia engenhosa de fazer cadeiras que se dirigiam sozinhas à assembleia dos deuses. Ele não é somente o deus do fogo, mas também o do ferro, do bronze, da prata, do ouro, de todas as matérias fusíveis. Atribuíam-lhe todas as obras forjadas que passavam por maravilhas: o palácio do sol, as armas de Aquiles, as de Eneias, o cetro de Agamenon, o colar de Hermíona, a coroa de Ariadne, a rede invisível em que prendeu Marte e Vênus, e outras.

Esse deus tinha muitos templos em Roma, mas fora dos muros: dizia-se que o mais antigo fora erigido por Rômulo. Nos sacrifícios que lhe eram oferecidos, era costume fazer consumir pelo fogo toda a vítima, e de nada reservar para o festim sagrado; eram, pois, realmente holocaustos. A guarda dos seus templos era confiada a cães; o leão lhe era consagrado. Suas festas se celebravam no mês de agosto, isto é, durante os calores ardentes do estio. Em honra ao deus do fogo, ou antes, considerando o fogo como o próprio deus, o povo atirava vítimas em um braseiro, a fim de tornar propícia a divindade. Por ocasião de tais festas, que duravam oito dias consecutivos, havia corridas populares, em que os concorrentes conduziam uma tocha na mão. Aquele que era vencido dava o seu facho ao vencedor.

Eram considerados filhos de Vulcano todos aqueles que se distinguiram na arte de forjar metais. Os sobrenomes mais comuns que se dão a Vulcano ou Hefesto são Lêmnio (o Lemniano), Mulcíbero (o que maneja o ferro), Etneus (de Etna), Tárdipes (o que anda devagar), Junonígena (filho de Juno), Crisor (brilhante), Calopódion (que tem os pés tortos, cambalos, coxos), Anfígies (que coxeia dos dois pés) e outros.

Estátua do deus Vulcano por Democrito Gandolfi (1797 - 1874), presente nos portões da cidade de Milão, Itália.

Os antigos monumentos representam este deus barbado, com a cabeleira um pouco descuidada, meio coberto por uma veste que só lhe chega um pouco acima do joelho, trazendo um gorro redondo e pontudo. Com a mão direita, segura um martelo e com a esquerda as tenazes. Se bem que, segundo a fábula, fosse ele coxo, os artistas suprimiam esse defeito ou faziam apenas sensível. Assim apresentava-se ele de pé, mas sem nenhuma aparente deformidade.

Os poetas colocavam a morada habitual de Vulcano em uma das Ilhas Eólias, coberta de rochedos, cujo cimo vomita turbilhões de fumo e chama. Do nome dessa ilha, antigamente chamada Vulcânia, hoje Volcano, veio o nome "vulcão".

Mercúrio (em grego, Hermes)

Mercúrio era filho de Júpiter e de Maia, filha de Atlas. Os gregos chamavam-no Hermes, isto é, intérprete ou mensageiro. Seu nome latino vinha da palavra *merces*, mercadoria. Mensageiro dos deuses e particularmente de Júpiter, ele os servia com um zelo infatigável e sem escrúpulo, mesmo em empregos pouco honestos. Participava de todos os negócios, como ministro ou servidor. Era visto a ocupar-se da paz e da guerra, das querelas e dos amores dos deuses, do interior do Olimpo, dos interesses gerais do mundo, no céu, assim na Terra e no Inferno. Encarregava-se de fornecer e servir ambrosia à mesa dos imortais, presidia os jogos, as assembleias, escutava os discursos e respondia, ou por si, ou de acordo com as ordens recebidas. Conduzia aos Infernos as almas dos mortos com sua vareta divina ou seu caduceu; algumas vezes reconduzia-as à Terra. Não se podia morrer antes que ele tivesse inteiramente rompido os laços que unem a alma ao corpo.

Deus da eloquência e da arte do bem falar, era ele também dos viajantes, dos negociantes e mesmo dos gatunos. Embaixador plenipotenciário dos deuses, assistia aos tratados de aliança, sancionava-os, retificava-os, e não ficava estranho às declarações de guerra entre as cidades e os povos. Dia e noite, não cessava de vigiar, atento e alerta. Era, em uma palavra, o mais ocupado dos deuses e dos homens. Acompanhava e guardava Juno com toda perseverança, impedindo-a de urgir qualquer intriga. Era mandado por Júpiter para facilitar-lhe suas entradas entre os mais amáveis dos mortais, para transportar Castor e Pólux até Pale, para acompanhar o carro de Plutão que rapta Prosérpina; atirou-se do alto do

Olimpo e atravessou o espaço com a rapidez de um relâmpago. Foi a ele que os deuses confiaram a delicada missão de conduzir, diante do pastor Páris, as três deusas que disputavam entre si o prêmio da beleza.

Tantas funções, tantas atribuições diversas confiadas a Mercúrio davam-lhe uma importância considerável no conselho dos deuses. Por outro lado, os homens aumentavam suas qualidades divinas, atribuindo-lhes mil talentos industriosos. Não somente contribuía para o desenvolvimento do comércio e das artes, como também se dizia que fora ele quem, em primeiro lugar, formara uma língua exata e regular, quem inventara os primeiros caracteres da escritura, quem regulara a harmonia das frases, quem pusera nome a uma infinidade de coisas, quem instituíra práticas religiosas, quem multiplicara e fortalecera as relações sociais, quem ensinara o dever aos esposos e aos membros da mesma família. Ensinara também aos homens a luta e a dança, e, em geral, todos os exercícios do estádio que necessitam de força e graça. Finalmente, foi o inventor da lira, à qual deu três cordas, e que ficou sendo o instrumento de Apolo.

Suas qualidades são contrabalançadas por alguns defeitos. Seu gênio inquieto, sua conduta dolosa suscitaram-lhe mais de uma questão com os outros deuses. Júpiter mesmo, esquecendo um dia todos os serviços desse dedicado servidor, expulsou-o do céu, reduzindo-o à guarda de rebanhos na terra; isso ocorreu no tempo em que Apolo foi atingido pela mesma desgraça.

Leva-se à conta de Mercúrio um grande número de ladroeiras. Ainda criança, esse deus dos negociantes e dos ladrões furtou o tridente de Netuno, as flechas de Apolo, a espada de Marte e o cinto de Vênus. Roubou também os bois de Apolo; mas, em virtude de uma convenção pacífica, trocou-os pela sua lira. Esses furtos, alegorias bastante transparentes, indicam que Mercúrio, sem dúvida personificação de um mortal ilustre, era, ao mesmo tempo, hábil navegador, provecto atirador de arco, valente na guerra, elegante e gracioso em todas as artes, negociante consumado, permutando o agradável pelo útil.

Tornou-se culpado de um assassinato para proteger os amores de Júpiter.

Argos, filho de Arestor, tinha cem olhos, dos quais cinquenta ficavam abertos enquanto o sono adormecia os outros cinquenta. Juno confiou-lhe a guarda de Io, transformada em vaca; Mercúrio, porém, adormeceu ao som de sua flauta, o vigilante, e cortou-lhe a cabeça. Juno, desolada e iludida, tomou os olhos de Argos e os espalhou sobre a cauda do pavão. Outros contam que Argos foi por essa deusa metamorfoseado em pavão.

O culto de Mercúrio nada tinha de particular, senão que lhe ofereciam as línguas das vítimas, emblema da sua eloquência. Pelo mesmo motivo, ofereciam-lhe leite e mel. Imolavam-lhe vitelas e galos. Era especialmente venerado em Creta, país comercial, e em Cilene, na Élida, porque pensavam que tinha nascido no monte de mesmo nome, situado perto dessa cidade. Tinha ele também um oráculo em Acaia; depois de muitas cerimônias, falava-se na orelha do deus, para pedir o que se desejava. Em seguida, saía-se do templo, com as orelhas tapadas com as mãos, e as primeiras palavras que se ouvissem eram a resposta de Mercúrio.

Em Roma, os negociantes celebravam uma festa em sua honra, em 1º de maio, dia em que lhe dedicaram um templo no circo. Sacrificavam uma porca prenhe e se aspergiam com a água de certa fonte, à qual se atribuía uma virtude divina, rogando ao deus que protegesse o seu comércio e perdoasse as pequenas velhacarias.

Seu *ex-voto*, que os viajantes lhe ofertavam à volta de uma longa e penosa viagem, eram pés alados.

Como divindade tutelar, Mercúrio é geralmente representado com uma bolsa na mão. Em alguns monumentos, é representado com esta bolsa na mão esquerda, e na direita um ramo de oliveira e uma clava, símbolos, um de paz, útil ao comércio, o outro de força e de virtude, necessários ao tráfico. Como negociador dos deuses, traz na mão o caduceu, vareta mágica ou divina, emblema da paz. O caduceu é entrelaçado por duas serpentes, de sorte que a parte superior forma um arco; além disso, é superado por duas extremidades de asas. O deus tem asas no seu gorro, e algumas vezes nos pés, para mostrar a ligeireza de seu andar e a rapidez com que executa as ordens.

Geralmente é descrito como um jovem, belo de rosto, de um talhe desenvolto, ora nu, ora com um manto nos ombros, que apenas o cobre.

Usa muito frequentemente um chapéu chamado "petaso", que tem asas. É raro representá-lo sentado. Suas diferentes ocupações no Céu, na Terra e nos Infernos obrigavam-no a uma constante atividade. Em algumas pinturas, vê-se o deus com a metade do rosto clara e a outra metade negra e sombria: isso indica que ora está no Céu ou na Terra, ora nos Infernos, para onde conduz as almas dos mortos.

Quando o representavam com uma longa barba e cara de velho, davam-lhe um manto que lhe descia até os pés.

Mercúrio é — dizem — o pai do deus Pã, fruto dos seus amores com Penélope. Mas Penélope não foi a única mortal, nem a única deusa, honrada pelos seus favores; teve ainda como amantes, Acacális, filha de Minos; Herse, filha de Cécrope; Eupolêmia, filha de Mirmídon, que lhe deu muitos filhos; Antianira, mãe de Equíon; Prosérpina e a ninfa Lara, de quem nasceram os deuses Lares.

Hermes, sendo nome próprio de Mercúrio em grego, era dado a certas estátuas de mármore, e algumas vezes de bronze, sem braços e sem pés. Os atenienses, e seguindo seu exemplo, outros povos da Grécia, mesmo depois os romanos, colocavam hermes nas encruzilhadas das cidades e grandes estradas, porque Mercúrio presidia as viagens e os caminhos. Ordinariamente, Hermes é uma coluna com uma cabeça; tendo duas cabeças, uma é de Mercúrio reunida à de outra divindade.

A quarta-feira, dia da semana, é consagrada a ele. Vem da expressão latina *Mercurii dies*.

Estatueta em prata de Mercúrio com um galo. Faz parte do tesouro encontrado onde seria a cidade de Matisco, no Império Romano.

Marte (em grego, Ares)

Marte, ou Ares, isto é, o Bravo, era filho de Júpiter e de Juno. Os poetas latinos lhe dão outra origem. Enciumada de que Júpiter, sem sua participação, tivesse feito nascer Minerva, Juno, por sua vez, tinha querido conceber e procriar. A deusa Flora indicou-lhe uma flor que crescia nos campos de Ólen, na Acaia, cujo contato bastava para produzir tal maravilhoso efeito. Graças a essa flor, tornou-se a mãe de Marte. Fê-lo educar por Priapo, com quem aprendeu a dança e os outros exercícios corporais, prelúdios da guerra.

Os gregos sobrecarregaram a história de Marte com um certo número de aventuras.

Alirótio, filho de Netuno, tendo violentado Alcipe, filha de Marte, este vingou-a, matando o autor do crime. Netuno, desesperado com a morte do filho, levou Marte a julgamento perante os grandes deuses do Olimpo, que o obrigaram a defender sua causa, e tão bem o fez que foi absolvido. O julgamento realizou-se em uma colina de Atenas, chamada depois de "Areópago" (Colina de Marte), onde se estabeleceu o famoso tribunal ateniense.

Ascálafo, filho de Marte, que comandava os beócios no cerco de Troia, tendo sido morto, o deus correu pessoalmente, a vingá-lo, apesar de Júpiter ter proibido que os deuses tomassem parte na guerra, em favor ou contra os troianos. O rei do Olimpo teve um acesso de cólera, mas Minerva o acalmou, prometendo sustentar os gregos. Com efeito, instigou Diomedes a bater-se com Marte, que foi ferido no flanco pela lança do herói. Foi Minerva quem dirigiu o golpe. Marte, ao retirar a arma da ferida, deu um grito terrível e imediatamente remontou ao Olimpo, entre um turbilhão de poeira. Júpiter o repreendeu severamente, mas não deixou de ordenar ao médico dos deuses que curasse seu filho. Péon pôs sobre a ferida um bálsamo que curou sem dor porque em um deus não há nada que seja mortal.

Homero e Ovídio contaram os amores de Marte e Vênus. Marte tinha-se posto em guarda contra os olhos clarividentes de Febo, seu rival junto à bela deusa, e colocara Alectrion, seu favorito, como sentinela, mas, tendo esse adormecido, Febo percebeu os culpados e correu a prevenir Vulcano. O marido ultrajado envolveu-os em uma rede tão sólida quanto invisível, e tomou todos os deuses como testemunhas do seu crime e confusão. Marte castigou seu predileto, transformando-o em galo. Desde então, essa ave procura reparar o seu erro, anunciando com o canto o nascimento do astro do dia. Vulcano, a pedido de Netuno e sob a responsabilidade deste, desfez os maravilhosos laços. Os cativos, postos em liberdade, voaram logo, uns para a Trácia, sua terra natal, outros para Pafos, o retiro preferido.

Os poetas dão a Marte muitas mulheres e muitos filhos. Com Vênus teve dois: Deimos e Fobos (o Terror e o Medo), e uma filha, Hermíona, ou Harmonia, que se casou com Cadmo. De Reia, teve Rômulo e Remo; de Tebe, Evadne, mulher de Capaneu, um dos sete chefes tebanos; e de Pisene, Cicno, que montado no cavalo Árion, combateu contra Hércules e por este foi morto. Os antigos habitantes da Itália davam Néria como esposa de Marte.

Belona é tida como sua irmã ou sua mulher. Era ela quem atrelava e conduzia o seu carro; o Terror (Deimos) e o Medo (Fobos) a acompanhavam. Os poetas a descrevem no meio dos combates, correndo de um lado para outro, os cabelos esparsos, o fogo nos olhos, fazendo estalar nos ares o seu látego ensanguentado.

Como deus da guerra, Marte é sempre acompanhado da Vitória. Entretanto, não era sempre invencível.

Seu culto parece ter sido pouco espalhado na Grécia. Não se conhece um só templo elevado em sua honra e não se citam mais de duas ou três estátuas do deus, principalmente a de Esparta, que era ligada e amarrada, para que o deus não abandonasse os exércitos durante a guerra.

Em Roma, porém, era especialmente venerado. Desde o reinado de Numa, teve a serviço de seu culto e dos seus altares, um colégio de sacerdotes, escolhidos entre os patrícios. Esses sacerdotes chamados "sálios", eram prepostos à guarda de doze escudos sagrados, ou ancilos, dos quais se dizia que um tinha caído do céu. Todos os anos, por ocasião da festa do deus, os sálios, trazendo os broquéis, vestidos com uma túnica de púrpura, percorriam a cidade dançando e pulando.

Seu chefe marchava à frente, iniciava a dança e os outros imitavam-lhe os passos. Essa procissão solene terminava no templo do deus por um suntuoso e delicado festim. Entre os numerosos templos que Marte possuía em Roma, o mais célebre foi o que Augusto lhe dedicou, sob o nome de Marte Vingador. Ofereciam-lhe como vítimas o touro, o varrão, o carneiro e, mais raramente, o cavalo. O galo e o abutre eram-lhe consagrados. As senhoras romanas sacrificavam-lhe um galo no primeiro dia do mês, que tem o seu nome (março), e era por este mês que o ano romano começava até o tempo de Júlio César.

Os antigos sabinos o adoravam sob a efígie de uma lança (*Quiris*): daí provêm os nomes de Quirinus, dado a seu filho Rômulo, e o de "quirites", empregado para designar os cidadãos romanos.

Havia em Roma uma fonte venerada e especialmente consagrada a Marte. Nero banhou-se nela. Esse desdém pelas crenças populares só serviu para aumentar a aversão que se sentia pelo tirano. A datar desse dia, sua saúde, tendo-se enfraquecido, o povo não duvidou que, por seu sacrilégio, atraíra a vingança dos deuses.

Os antigos monumentos representam Marte de um modo bastante uniforme, sob a figura de um homem armado com um capacete, uma lança e um escudo; ora nu, ora com roupas de guerra, mesmo com um manto sobre os ombros. Algumas vezes traz toda a barba, mas geralmente se apresenta imberbe; outras vezes empunha o bastão de comando. Sobre o seu peito vê-se o escudo com a cabeça de Medusa. Ora está no seu carro, puxado por cavalos fogosos, ora a pé, sempre em atitude guerreira. Seu sobrenome *Gravidus* significa: "aquele que marcha a passos largos".

A terça-feira, dia da semana, era-lhe consagrada: *Martii dies*, em latim.

Escultura de Marte por Johann Baptist Straub (1704-1784), presente no Museu Nacional da Baviera, em Munique.

Vênus (em grego, Afrodite)

Vênus, ou Afrodite, é uma das divindades mais célebres da Antiguidade. Era ela quem presidia os prazeres do amor. Sobre sua origem, bem como sobre a de muitos outros deuses, os poetas não estão de acordo. A princípio, distinguiram-se duas Vênus: uma se formara da espuma do mar aquecido pelo sangue de Celo, ou Urano, que se lhe misturou, quando Saturno levantou sua mão sacrílega sobre seu pai. Acrescenta-se que dessa mistura nasceu a deusa, perto da Ilha de Chipre, dentro de uma madrepérola. Diz Homero que ela foi conduzida a essa ilha por Zéfiro, que a entregou entre as mãos das Horas, que se encarregaram de educá-la. Essa deusa assim concebida seria a verdadeira Afrodite, isto é, nascida na espuma, em grego, *afros*.

Tem-se dado, porém, a essa deusa uma origem menos bizarra, dizendo-se que ela nasceu de Júpiter e de Dioneia, filha de Netuno, e por consequência, sua prima-irmã.

Qualquer que seja a origem atribuída a Vênus pelos diferentes poetas, e ainda que muitas vezes o mesmo poeta se refira a ela diferentemente, têm eles sempre em vista a mesma Vênus, ao mesmo tempo *celeste* e *marinha*, deusa da beleza e dos prazeres, mãe dos Amores, das Graças, dos Jogos e dos Risos: é à mesma Vênus que atribuem todas as fábulas sobre essa divindade. Foi ela dada por Júpiter a Vulcano como esposa; suas escandalosas galanterias com Marte fizeram a hilaridade dos deuses. Ela amou apaixonadamente Adônis, foi mãe de Eros ou Cupido, ou ainda, o Amor; também o foi do piedoso Eneias, de um grande número de mortais, porque suas ligações com os habitantes do Céu, da Terra e do Mar foram incalculáveis, infinitas.

Elevaram-lhe templos na Ilha de Chipre, em Pafos, em Amatunte, na Ilha de Citera, entre outros lugares. Daí os seus nomes de Cipres, Páfia e Citereia. Também era chamada Dioneia, como sua mãe, Anadiômene, isto é, "saindo das águas". Possuía um cinto onde estavam encerradas as graças, os atrativos, o sorriso sedutor, o falar doce, o suspiro mais persuasivo, o silêncio expressivo e a eloquência dos olhos. Conta-se que Juno o pediu emprestado a Vênus, para reanimar a paixão de Júpiter e para atraí-lo à causa dos gregos contra os troianos.

Depois de sua aventura com Marte, primeiro retirou-se ela para Pafos, depois foi esconder-se nos bosques do Cáucaso. Todos os deuses, por muito tempo, em vão a procuraram. Uma velha lhes ensinou o lugar de seu esconderijo, e a deusa castigou-a, transformando-a em rochedo.

Nada é mais célebre do que a vitória alcançada por Vênus no julgamento de Páris, sobre Juno e Palas, apesar de suas duas rivais terem exigido dela que, antes de comparecer, tiraria o seu temível cinto. Vênus testemunhou perpetuamente o seu reconhecimento a Páris, a quem tornou possuidor da bela Helena, e aos troianos, que não cessou de proteger contra os gregos e a própria Juno.

O amor mais constante de Vênus foi o que experimentou pelo encantador jovem Adônis, filho de Mirra e de Ciniras. Mirra, sua mãe, fugindo à cólera paterna, refugiara-se na Arábia, onde os deuses a transformaram na árvore que dá a mirra. Tendo chegado a época do nascimento, a árvore se abriu para dar à luz a criança. Adônis foi recebido pelas ninfas, que o alimentaram nas grutas da vizinhança. Quando chegou à adolescência, passou-se à Fenícia. Vênus o viu, amou-o, e para segui-lo na caça nas florestas do Monte Líbano, abandonou a sua morada de Citera, de Amatunte e de Pafos, e desdenhou o amor dos deuses. Marte, ciumento e indignado com essa preferência dada a um simples mortal, metamorfoseou-se em um furioso javali, atirou-se sobre Adônis, e lhe fez na coxa uma ferida que lhe causou a morte. Vênus correra, porém tarde demais, em socorro do infortunado mancebo. Acabrunhada de dor, tomou nos braços o corpo de Adônis, e depois de o ter longamente chorado, transformou-o em uma anêmona, flor efêmera da primavera.

Outros contam que Adônis foi morto por um javali que Diana açulou contra ele, para vingar-se de Vênus, que causara a morte de Hipólito.

Adônis, ao descer aos Infernos, foi ainda amado por Prosérpina. Vênus queixou-se disso a Júpiter. O senhor dos deuses terminou o debate ordenando que Adônis ficasse livre quatro meses durante o ano, que esses quatro passaria com Vênus, e o resto com Prosérpina.

Sob o véu dessa fábula, pode-se reconhecer em Adônis a Natureza em suas diversas fases e diferentes aspectos. Na primavera, mostra-se bela e fecunda; no inverno, parece morto, mas logo reaparece com o mesmo esplendor e a mesma fecundidade.

Vênus está longe de ser sempre a deusa amável dos Risos e das Graças. Era muito vingativa e impiedosa em suas vinganças. Para punir o Sol (Febo) da indiscrição de haver advertido Vulcano sobre seu adultério com Marte, tornou-o infeliz em quase todos os amores. Perseguiu-o mesmo pelas armas, até os seus descendentes. Vingou-se da ferida que recebera de Diomedes diante de Troia, inspirando a Egialeia, sua mulher, paixão por outros homens. Castigou da mesma maneira a musa Clio, que havia censurado seu amor por Adônis, e a Hipólito, que desdenhara seus atrativos. Enfim, tendo-lhe feito Tíndaro uma estátua com cadeias nos pés, castigou-o com o impudor das suas filhas, Helena e Clitemnestra.

Seu filho, Cupido, é tão amável e tão cruel como sua mãe.

No culto de Vênus, tão espalhado na Grécia e no mundo antigo, misturam-se quase todas as práticas supersticiosas, as mais inocentes e as mais criminosas, as menos impuras e as mais desregradas. As homenagens que lhe são rendidas relacionam-se com a diversidade das suas origens e à opinião que a seu respeito tinham tido diferentes povos, em épocas diversas. Esse culto lembrava ao mesmo tempo o das divindades assírias e caldaicas, da Ísis egípcia e da Astarte dos fenícios.

Vênus presidia aos casamentos, aos nascimentos, mas particularmente à galanteria. Entre as flores, a rosa lhe é consagrada; entre os frutos, a maçã e a romã; entre as árvores, a murta; entre as aves, o cisne, o pardal e sobretudo o pombo. Sacrificavam-lhe o bode, o varrão, a lebre, e, raramente, vítimas grandes.

Representavam-na inteiramente nua ou seminua, jovem, bela, habitualmente sorridente, ora emergindo do seio das ondas, ereta, o pé sobre uma tartaruga, em uma concha, ou montada em um cavalo-marinho, com um cortejo de Tritões e de Nereidas; ora arrastada em um carro atrelado a dois pombos ou a dois cisnes. Os espartanos representavam-na toda armada, em lembrança de suas esposas que haviam pegado em armas para defender a cidade.

O pintor Apeles de Cós representara, em um admirável quadro, o nascimento de Vênus chamada Anadiômene, isto é, "a que sai do mar". Esse quadro foi consagrado à própria deusa pelo Imperador Augusto, e ainda existia na época do poeta latino Ausónio, que dele faz uma breve, mas viva descrição: "Vede", diz ele, "como esse excelente mestre exprimiu bem a água cheia de espuma que corre através das mãos e dos cabelos da deusa, sem lhe ocultar nenhuma das graças; também desde que Palas a percebeu, dirigiu essas palavras a Juno: 'Cedamos, cedamos! Oh, Juno! Cedamos a essa deusa que nasce, todo o prêmio da beleza'".

Há, de Vênus, um grande número de estátuas, e as mais belas e mais célebres são a *Vênus de Médicis*, que se acredita ser uma cópia de *Vênus de Cnido*, executada por Praxiteles; a *Vênus de Arles*, e a *Vênus de Milo*, descoberta em Milo pelo Conde Marcelus, em 1820.

Em uma medalha da Imperatriz Faustina, vê-se a imagem de Vênus mãe: segura uma maçã com a mão direita, e com a esquerda uma criança envolta em cueiros. Em outra medalha da mesma Imperatriz, vê-se a Vênus vitoriosa. Com suas carícias, a deusa se esforça em deter o deus Marte que parte para a guerra.

Uma das mais curiosas estátuas dessa deusa, variação da Vênus hermafrodita, era a *Vênus Barbata*. Estava em Roma e representava, na sua parte superior, um homem com cabeleira e barba abundantes, enquanto a parte inferior era de mulher. Essa singular estátua foi consagrada à deusa por ocasião de uma moléstia epidêmica, em consequência da qual as damas romanas perdiam os cabelos. Foi a Vênus que se atribuiu a cura.

Em muitos quadros modernos, essa divindade é representada sobre seu carro, conduzido por dois cisnes: usa uma coroa de rosas e uma cabeleira loira; nos olhos brilha a alegria, e paira o sorriso nos lábios; ao redor dela brincam dois pombos e mil pequenos amores.

A sexta-feira, dia da semana, lhe era consagrada: *Veneris dies*.

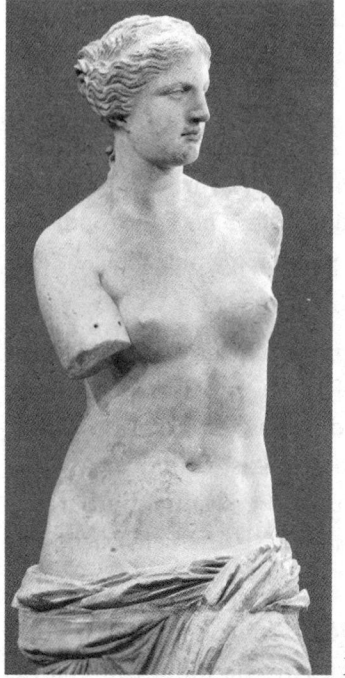

Vênus de Milo, presente no Museu do Louvre, em Paris.

Baco (em grego, Dioniso)

Baco, ou Dioniso, era filho de Júpiter e de Sêmele, princesa tebana, filha de Cadmo.

Juno, sempre ciumenta, e querendo fazer morrer ao mesmo tempo a mãe e a criança que ia nascer, foi procurar a princesa, disfarçada de Béroe, sua ama, e lhe aconselhou que exigisse de Júpiter a graça de apresentar-se diante dela em todo o aparato de sua glória. Sêmele seguiu esse pérfido conselho. Júpiter, depois de muita resistência, acedeu enfim ao pedido daquela que ele amava, e lhe apareceu em seguida no meio de raios e relâmpagos. O palácio pegou fogo, e Sêmele sucumbiu no meio das chamas. Entretanto, Juno foi iludida em sua expectativa. Por intermédio de Vulcano, Júpiter retirou Baco do incêndio. Mácris, filha de Aristeia, recebeu a criança em seus braços, e a entregou a Júpiter, que a pôs em sua coxa, onde a guardou o tempo necessário para que visse o dia.

Contam outros que as ninfas o retiraram do meio das cinzas maternas e se encarregaram de educá-lo. Seja como for, Baco passou toda a sua infância longe do Olimpo e dos olhos malévolos de Juno, nos campos de Nisa, cidade fabulosa da Arábia Feliz, ou talvez das Índias. Aí, sua tia Ino, por ordem de Júpiter, vigiou a sua primeira educação, com o auxílio das Híades, das Horas e das Ninfas, até que chegou à idade de ser confiado aos cuidados das Musas e de Sileno.

Quando cresceu, conquistou as Índias com um bando de homens e mulheres, conduzindo tirsos e tambores em vez de armas. Sua volta foi uma marcha triunfal, dia e noite. Em seguida, esteve no Egito, onde ensinou a agricultura e arte de extrair o mel; plantou a vinha e foi adorado como deus do vinho.

Puniu severamente todos quantos quiseram fazer oposição ao estabelecimento do seu culto. Em Tebas, Penteu, sucessor de Cadmo, foi espostejado pelas bacantes; as mineides, ou filhas de Minias, foram transformadas em morcegos. Eram três: Íris, Clímene, Alcítoe. Sustentando que Baco não era filho de Júpiter, continuaram a trabalhar durante as suas festas, e se recusaram a assistir à celebração das Orgias.

Baco triunfou sobre todos os inimigos e sobre todos os perigos a que o expunham as incessantes perseguições de Juno. Um dia, fugindo diante da implacável deusa, caiu prostrado de fadiga, e adormeceu. Uma serpente de duas cabeças o atacou, e o deus, ao despertar, matou-a de um golpe de porrete. Juno acabou por fazê-lo enlouquecer, e o obrigou a errar por uma grande parte do mundo. Foi primeiramente acolhido com benevolência por Proteu, rei do Egito, depois esteve na Frígia, onde, tendo sido admitido às expiações, foi iniciado nos mistérios de Cibele. Na Guerra dos Gigantes, transformou-se em leão, e combateu com raiva. Para animá-lo, Júpiter bradava-lhe sem cessar: "*Evoé*, coragem, meu filho".

Vindo à Ilha de Naxos, consolou e desposou Ariadne, abandonada por Teseu, e lhe deu a famosa coroa de ouro, obra-prima de Vulcano. Diz-se que foi Baco quem primeiro estabeleceu uma escola de Música; em sua honra foram feitas as primeiras representações teatrais.

Sileno, marido da sua ama de leite, e ao mesmo tempo seu preceptor, era filho de Mercúrio, ou de Pã, e de uma ninfa. De ordinário, representam-no com uma cabeça calva, com chifres, um grande nariz arrebitado, pequeno mas corpulento, o mais das vezes montado em um burro, e, como está sempre ébrio, mantém-se a custo sobre a sua montaria. Se está a pé, caminha com passos trôpegos, apoiado a um tirso[6], espécie de comprida azagaia. É facilmente reconhecido pela sua coroa de hera, pela taça que empunha, pelo ar jovial e mesmo um pouco folgazão.

Apesar de uma figura tão pouco lisonjeira, Sileno, quando não estava embriagado, era um grande sábio, capaz de dar ao seu divino discípulo lições de Filosofia.

Em uma écloga de Virgílio, os vapores do vinho não impedem esse estranho velho de expor sua doutrina sobre a formação do mundo.

O cortejo de Baco era muito numeroso. Sem contar Sileno e as bacantes, viam-se ninfas, sátiros, pastores, pastoras, e mesmo o deus Pã. Todos levavam o tirso enlaçado com folhagens, troncos de videira, coroas de hera, taças e cachos de uva. Baco abre a marcha, e todo o cortejo o segue, dando gritos e fazendo ressoar ruidosos instrumentos de música.

---

6   Bastão adornado de hera e ramos jovens de videira, tendo uma extremidade em formato de pinha; foi empregado por Baco e pelas bacantes. (N. do R.)

As bacantes ou mênades eram primitivamente as ninfas ou as mulheres que Baco tinha levado consigo para a conquista das Índias. Mais tarde, designaram-se por este nome as moças que, simulando um transporte báquico, celebravam as orgias ou festas de Baco, com posições estudadas, gritos e saltos desordenados. Tinham os olhos ferozes, a voz ameaçadora. A cabeleira esparsa flutuava sobre os ombros nus.

Baco é geralmente representado com cornos, símbolo da força e do poder, coroado de ramos de videira, de hera ou de figueira, sob a aparência de um jovem risonho e festivo. Em uma das mãos segura um cacho de uvas ou um chifre em forma de taça; com a outra, um tirso cercado de folhagens e de fitas. Tem olhos negros e, sobre as espáduas, a sua longa cabeleira loira, com reflexos dourados, cai em tranças ondeadas. Na maior parte das vezes, representam-no imberbe, sua mocidade sendo eterna como a de Apolo. Veste-se com um manto de púrpura.

Ora está sentado em um tonel, ora em um carro puxado por tigres ou panteras, algumas vezes por centauros, dos quais uns tocam a lira, outros a flauta. Nos monumentos mais antigos é representado com uma cabeça de touro; em algumas medalhas, pintam-no de pé, barbado, com uma túnica triunfal que desce até os pés. O Museu do Louvre, em Paris, possui várias estátuas de Baco, entre outras, a de *Baco em Repouso*.

Imolavam-lhe a pega porque o vinho solta a língua e torna os bebedores indiscretos; o bode e a lebre, porque comem os rebentos das videiras. Entre os pássaros fabulosos, a fênix lhe era consagrada; entre os quadrúpedes, a pantera; e entre as plantas, a vinha, a hera, o carvalho e o pinheiro.

Na Arcádia, tinha ele um templo, onde, diante dos seus altares, as donzelas eram cruelmente flageladas.

Às vezes é chamado Líber (livre), porque o deus do vinho liberta o espírito de qualquer cuidado; Evã, porque as suas sacerdotisas, durante as orgias, corriam de todos os lados gritando: "*Evoé*, Baco", termo derivado de uma palavra grega que significa "gritar", alusão aos gritos das bacantes e dos grandes bebedores. Tem ainda outros sobrenomes provenientes do seu país de origem ou dos efeitos da embriaguez: Niseu de Nisa; Lieu, que afugenta a mágoa; Bromio, barulhento, e outros.

As orgias ou bacanais eram primitivamente celebradas por mulheres, nos bosques, nas montanhas, entre os rochedos. Afetavam um caráter misterioso. Mais tarde, admitiram à sua celebração pessoas dos dois sexos. Muitas vezes ocorriam desordens ignominiosas. Em Atenas, as festas de Baco, as Dionisíacas, celebravam-se oficialmente com mais pompa do que em todo o resto da Grécia. Eram presididas pelo primeiro arconte. As principais cerimônias consistiam em procissões em que se conduziam tirsos, vasos cheios de vinho, coroas de pâmpano e os mais importantes atributos de Baco. Moças, chamadas "canéforas", levavam na cabeça cestas douradas, cheias de frutos, de onde se escapavam serpentes domesticadas que aterrorizavam os espectadores. Figuravam também no cortejo homens disfarçados de Sileno, Pã e sátiros, fazendo mil gestos bizarros, mil cabriolas, simulando assim as loucuras da embriaguez. Distinguiam-se as Grandes e as Pequenas Dionisíacas: aquelas se celebravam em fevereiro, estas no outono. Por ocasião dessas festas, não só se instituíram corridas, lutas, divertimentos, como também concursos de poesia e de representações dramáticas[7].

Em Roma, celebravam-se, em honra de Baco ou Líber, as festas chamadas "Liberais". Nestas solenidades muito licenciosas, as damas romanas não coravam de receber propostas indecentes e de coroar as menos honestas representações do deus. No ano 558 da fundação da cidade, o senado promulgou um decreto para remediar esse abuso, remédio ineficaz, porém, visto que os costumes eram mais fortes que as leis.

Coisa notável: a Baco e a Mercúrio faziam-se libações de vinho com água, enquanto que aos outros deuses, elas eram de vinho puro.

Só muito tarde o culto de Baco ou Dioniso foi introduzido na religião grega; pelo menos é muito posterior ao dos grandes deuses propriamente ditos; parece que foi levado à Grécia da Alta Ásia ou talvez do Egito. Em todo caso, o fato de ter Baco aparecido um pouco tarde não lhe diminuiu o número de adoradores.

De Ariadne teve muitos filhos: Cerano, Toante, Enópion, Taurópolis e outros, apenas conhecidos de nome.

---

7   Os mitólogos chegaram à conclusão de que o teatro grego clássico teve origem nas festividades dionisíacas. (N. do R.)

Têmis

Têmis, filha do Céu e da Terra, ou de Urano e de Titeia, era irmã mais velha de Saturno e tia de Júpiter. Diz a fábula que ela queria guardar sua virgindade, mas que Júpiter a obrigou a desposá-lo, e que a tornou mãe de três filhas, a Equidade, a Lei e a Paz.

Considera-se também Têmis como a mãe das Horas e das Parcas. No Olimpo, essa deusa estava sentada ao lado do trono de Júpiter; auxilia ao deus com os seus conselhos que são todos inspirados pela prudência e pelo amor da justiça. Preside ou assiste às deliberações dos deuses. Júpiter a encarrega das mais difíceis e importantes missões. Olhavam-na como a deusa da Justiça, cujo nome lhe deram.

Desde a sua origem, teve templos onde pontificavam os oráculos. No Monte Parnaso, de sociedade com Telo (a Terra) possuía um oráculo; cedeu-o mais tarde a Apolo de Delfos. Predizia futuro, não somente aos homens, mas também aos deuses. Foi ela quem revelou o que as Parcas ordenaram sobre o filho que de Tétis devia nascer. Impediu que Júpiter, Netuno e Apolo desposassem essa nereida, pela qual estavam apaixonados, porque ela devia ser mãe de um filho mais forte que o pai.

Seus atributos ordinários são os da justiça: a balança e a espada, ou um feixe de machados, cercados de varas, símbolo de autoridade entre os romanos. Uma das mãos sobre a extremidade de um cetro é ainda um dos seus atributos. Algumas vezes, representam-na com os olhos vendados, para designar a imparcialidade que convém ao caráter do juiz.

Cupido (em grego, Eros)

Julgamos dever explicar neste capítulo o que, em um sentido geral, os gregos entendiam pelas palavras *eros* e *anteros*. Com o tempo, essas duas expressões tomaram uma significação muito mais restrita, quer na linguagem comum, quer na linguagem poética. *Eros* terminou por designar o "amor" com a acepção do termo latino equivalente, *amor*. O seu composto *anteros* teve desde então o sentido de *contra-amor*, mas também e mais geralmente o de "amor por amor".

Vênus, dizem os poetas, tendo-se queixado a Têmis de que seu filho Eros sempre permanecia como criança, a deusa consultada respondeu que ele não cresceria enquanto ela não tivesse outro filho. Vênus então deu-lhe como irmão Anteros, com quem ele começou a crescer. Por esta formosa ficção, os poetas quiseram dar a entender que o amor, para crescer, tem necessidade de ser correspondido. Representava-se Ânteros, como seu irmão, sob o aspecto de um menino pequeno, com asas, aljava, flechas e um cinturão.

O nome de Cupido, em latim, implica a ideia de amor violento, de desejo amoroso, em grego *Ímeros*; mas na mitologia latina, dá-se a esse deus mais ou menos a mesma origem, a mesma história do deus grego Eros, amor.

Cupido, segundo a maior parte dos poetas, nasceu de Marte e de Vênus. Desde que viu a luz do dia, Júpiter, que conheceu pela sua fisionomia todas as perturbações que ia causar, quis obrigar Vênus a desfazer-se dele. Para o furtar à cólera de Júpiter, ela o escondeu nos bosques, onde ele se amamentou do leite dos animais ferozes. Logo que pôde manejar o arco, fez um de freixo, com cipreste fez flechas, e ensaiou sobre os animais os golpes que destinava aos homens. Trocou depois seu arco e sua aljava por outros de ouro.

Ordinariamente, é representado sob a figura de um menino de sete a oito anos, com ar ocioso, mas maligno; armado de um arco e de uma aljava cheia de flechas ardentes, algumas vezes de um archote aceso ou de um capacete e de uma lança, coroado de rosas, emblema dos prazeres. Às vezes é cego, porque o Amor não percebe defeitos no objeto amado; ora tem uma rosa na mão e um delfim na outra. É visto às vezes entre Hércules e Mercúrio, símbolo do muito que podem, em amor, a coragem e a eloquência. Outras vezes, colocam-no ao lado da Fortuna, tendo, como ele, os olhos vendados. Pintam-no sempre com asas, e essas asas são de cor azul, púrpura e ouro. É visto no ar, no fogo, na terra e no mar. Conduz carros, toca lira, monta em leões, em panteras, ou em um delfim, para indicar que não há criatura que escape ao amor.

Não é raro vê-lo junto de sua mãe que brinca com ele, o contraria ou aperta ternamente sobre o coração.

Entre as aves, prefere ele o galo e o cisne, ave favorita de Vênus; ele mesmo toma, algumas vezes, as asas do abutre, símbolo da crueldade. Apraz-se em montar sobre um cisne cujo pescoço beija; e quando está sobre o dorso de um carneiro, mostra no rosto tanta alegria e orgulho como quando está sobre um leão, um centauro ou sobre os ombros de Hércules.

Se traz o capacete, a lança e o escudo, afeta assumir uma atitude belicosa, mostrando assim que em toda parte é vitorioso, e que o próprio Marte se deixa desarmar pelo amor.

Cupido apaixonou-se violentamente por uma simples mortal: Psiquê, princesa de arrebatadora beleza, e quis fazer dela sua esposa. Durante muito tempo, Vênus se opôs a esse casamento, e submeteu Psiquê a difíceis e quase insuperáveis provas. Finalmente, Cupido queixou-se a Júpiter, que se declarou a seu favor. Mercúrio recebeu ordem de conduzir Psiquê ao céu e, sendo admitida à companhia dos deuses, bebeu o néctar, comeu a ambrosia e se tornou imortal. Preparou-se o festim das bodas. Cada deus representou o seu papel; a própria Vênus dançou. Mais tarde, Psiquê deu à luz uma filha que se chamou Volúpia. A fábula de Psiquê, palavra grega que significa "alma", inspirou Apuleio, La Fontaine, o poeta V. de Laprade, o grande pintor Barão de Gérard e outros.

As invocações a Cupido e ao Amor são numerosas entre os poetas. Ao seu culto se associava, muitas vezes, o de sua mãe, Vênus (ou Afrodite).

Cupido e Psiquê, escultura de Antonio Canova (1757 - 1822), está no Museu Metropolitano de Artes de Nova Iorque.

Íris

Filha de Taumante e de Electra, Íris era a mensageira dos deuses, e principalmente de Juno, assim como Mercúrio era o mensageiro de Júpiter. Taumante era filho da Terra, e Íris, por sua origem, deve ser considerada tão antiga como os mais antigos deuses. Sempre sentada junto ao trono de Juno, está prestes a executar suas ordens. Seu emprego mais importante era o de cortar o cabelo das mulheres que iam morrer, assim como Mercúrio era encarregado de arrancar dos corpos as almas dos homens que estavam às portas da morte. Era ela quem cuidava do aposento e do leito de Juno, a quem ajudava no seu vestuário. Quando essa deusa vinha dos infernos para o Olimpo, era Íris que a purificava com perfumes. Juno consagrava-lhe uma afeição sem limites, porque sempre dela recebia boas notícias.

Representam-na sob os traços de uma graciosa donzela, com asas brilhantes de todas as cores reunidas. Os poetas pretendiam que o arco-íris era o sinal do pé da deusa, descendo rapidamente do Olimpo para a Terra, para trazer uma mensagem; por isso, representam-na sempre com o arco-íris acima ou abaixo dela. Esse fenômeno celeste é assim designado poeticamente, por causa do nome do véu de Íris[8].

Hebe e Ganimedes

Hebe era filha de Júpiter e de Juno. Segundo alguns poetas, era filha unicamente de Juno: a deusa concebera espontaneamente, comendo muita alface selvagem em um festim dado por Apolo. Júpiter, encantado pela beleza de sua filha, nomeou-a deusa da mocidade e lhe confiou a honrosa função de servir as bebidas na mesa dos deuses. Um dia, porém, em que ela caiu de um modo pouco decente, Júpiter lhe tirou o emprego para dá-lo a Ganimedes. Entretanto, Juno, sua mãe, guardou-a a seu serviço e lhe confiou o trabalho de atrelar seu carro. Mais tarde, Hércules, tornado imortal e tendo tomado lugar entre os deuses, casou com Hebe no céu, e teve dessa deusa uma filha, Alexíara, e um filho, Aniceto. A pedido de Hércules, ela rejuvenesceu Iolau, sobrinho e companheiro desse herói.

---

8   Do francês *l'arc-en-ciel*, que em português conhecemos por arco-íris. (N. do R.)

Na Grécia, possuía ela muitos templos, muitos dos quais gozavam do direito de asilo. Representam-na coroada de flores, com uma taça de ouro na mão.

Ganimedes, que substituiu Hebe nas suas funções, era filho de Tros, rei da Dardânia, que desde o seu reinado tomou o nome de Troia. Esse jovem príncipe era de tão maravilhosa beleza, que Júpiter quis fazer dele o seu copeiro. Um dia em que Ganimedes caçava no Monte Ida, na Frígia, o deus se metamorfoseou em águia e arrebatou-o ao Olimpo.

Dizem que esta fábula é fundada sobre um fato histórico: Tros, tendo enviado à Lídia seu filho Ganimedes, para oferecer um sacrifício a Júpiter, foi raptado e retido por Tântalo, rei desse país. Esse roubo fez provocar entre os dois príncipes uma longa guerra, que só terminou com a primeira ruína de Troia.

Como quer que seja, a fábula persistiu. Em um antigo monumento, vê-se uma águia com as asas desdobradas, arrebatando Ganimedes, que tem na mão direita uma lança, e na esquerda um copo, símbolo do emprego que vai ocupar.

Ganimede com a águia, estátua em mármore. Entende-se que a original da qual foi copiada era de bronze, do ano de 325 a.C., feita por Léocharès.

As Graças (ou Cárites)

As Graças, ou Cárites, eram filhas de Júpiter e de Eurínome ou Eunômia; segundo outros, do Sol e de Egle, ou de Júpiter e de Juno; ou conforme a opinião mais comum, de Baco e de Vênus: a maior parte dos poetas se refere a três Graças: Aglaia (brilhante), Talia (verdejante), e Eufrosina (alegria da alma). Companheiras de Vênus, a deusa da beleza lhes devia o encanto e os atrativos que asseguram o seu triunfo. Seu poder se estendia sobre todos os divertimentos da vida. Elas dispensavam aos homens não somente a boa vontade, a alegria, a igualdade de humor, a facilidade das maneiras, mas ainda a liberalidade, a eloquência e a sabedoria. Sua mais bela prerrogativa era presidir aos benefícios e à gratidão.

Representavam-nas jovens e virgens, de um talhe esbelto. Elas se prendem pelas mãos e em atitude de dança. A maior parte das vezes estavam nuas ou apenas vestidas de leves tecidos, sem broches, nem cintos, com um véu flutuante. Em um grupo estatuário em Élida, uma tinha na mão uma rosa, a outra, um dado de jogar, e a terceira, um ramo de mirto.

A estas amáveis divindades não faltavam templos nem altares, principalmente em Élida, em Delfos, em Períntio, em Bizâncio. Partilhavam elas também das honras que nos templos comuns se rendiam ao Amor, a Vênus, ao Mercúrio e às Musas.

As Musas

As Musas eram filhas de Júpiter e de Mnemósine ou Memória. Pelo mesmo título que as Graças, têm elas o seu lugar no Olimpo, nas reuniões, nos festins, nos concertos, nos prazeres dos deuses. Todas são jovens, igualmente belas, posto que diferentes no gênero de beleza. Segundo Hesíodo, são em número de nove, e assim na Terra como no Olimpo, cada uma tem as suas atribuições, senão distintas, pelo menos determinadas:

Clio, nome derivado de uma palavra grega que quer dizer "glória", "fama", era a musa da História. Representam-na sob o aspecto de uma jovem coroada de louros, tendo na mão direita uma trombeta, e na esquerda um livro intitulado *Tucídides*. Aos seus atributos acrescentam-se ainda o globo terrestre, sobre o qual ela descansa, e o Tempo, que se vê ao seu lado, para mostrar que a História alcança todos os lugares e todas as épocas. Suas estátuas seguram, às vezes, com uma das mãos, um violão, e, com a outra, um plectro, porque Clio era também considerada como a inventora do violão.

Euterpe (em grego, "a que sabe agradar") tinha inventado a flauta, ou pelo menos sugerido sua invenção; presidia à Música. É uma jovem, coroada de flores, tocando flauta. A seu lado estão papéis de música, oboés e outros instrumentos. Por esses atributos, os antigos quiseram exprimir quanto as letras têm encanto para aqueles que as cultivam.

Talia (assim chamada da palavra grega que significa "florescer") presidia à Comédia. É uma donzela de ar jovial, coroada de hera, calçada de borzeguins, e com uma máscara na mão. Muitas das suas estátuas têm um clarim ou porta-voz, instrumentos que serviam para sustentar a voz dos autores na comédia antiga.

Melpomene (de uma palavra grega que quer dizer "cantar") era a musa da tragédia. E uma jovem com aspecto grave e sério: está ricamente vestida e calçada com coturnos, segurando com uma das mãos um cetro e coroas, e com a outra, um punhal ensanguentado. Às vezes dão-lhe como séquito o Terror e a Piedade[9].

Terpsícore (em grego, "a que ama a dança") era a musa da dança. É como as outras, moça viva, alegre, coroada de grinaldas, tocando uma harpa, ao som da qual dirige em cadência todos os seus passos. Alguns autores fazem-na mãe das sereias.

Erato (de *eros*, "amor") presidia a poesia lírica e anacrônica. É uma jovem ninfa, alegre e folgazã, coroada de mirto e de rosas. Com a mão esquerda, segura uma lira, com a direita, um arco; a seu lado está um pequeno Amor, e às vezes, rolas se beijam a seus pés.

Polímnia (nome composto de duas palavras gregas que significam: a primeira "muito" e a segunda "hino" ou "canção"), era a musa da retórica. É coroada de flores, às vezes de pérolas e de pedrarias, com grinaldas em torno, e vestida de branco. Sua mão direita faz um gesto como que acenando um discurso, e a esquerda, ora empunha um cetro, ora um rolo de papel sobre o qual está escrita a palavra latina suadere, que quer dizer persuadir.

---

9   Conforme Aristóteles, a encenação da tragédia tinha o propósito de suscitar nos espectadores sentimentos de terror e piedade. (N. do R.)

Urânia (do grego *ouranos*, que significa "céu"), presidia à Astronomia. Representam-na com um vestido azul, coroada de estrelas, segurando com ambas as mãos um globo que ela parece medir, ou então tendo a seu lado uma esfera pousada sobre um tripé, e muitos instrumentos de Matemática. Segundo Catulo, Baco tornou-a mãe de Himeneu.

Calíope (nome grego composto que significa "um belo rosto") era a musa da poesia heroica e da grande eloquência. E representada sob a aparência de uma jovem, de ar majestoso, a fronte cingida de uma coroa de ouro, emblema que, segundo Hesíodo, indica a sua supremacia entre as outras musas. Está ornada de grinaldas e com uma das mãos empunha uma trombeta; com a outra, um poema épico. Os poetas julgam que ela é mãe de Orfeu.

Não somente foram as musas consideradas como deusas, mas lhes produziram todas as honras da divindade. Em seu louvor, faziam-se sacrifícios em muitas cidades da Grécia e da Macedônia. Tinham em Atenas um magnífico altar, e em Roma muitos templos. Geralmente o templo das musas era também o das graças, visto que os cultos eram comuns e raramente separados. Não se faziam festins sem invocá-las e sem as saudar, com a taça em punho. Ninguém, porém, as honrou como os poetas, que jamais deixam de invocá-las, no introito de seus poemas.

O Parnaso, o Helicão, o Pindo, o Piério eram a sua moradia costumada. O cavalo alado, Pégaso, que só aos poetas empresta o dorso e as asas, ia pastar habitualmente nessas montanhas e arredores. Entre as fontes e os rios, o Hipocrene, a Castália e o Permesso eram-lhes consagrados; entre as árvores, a palmeira e o loureiro. Quando passeavam em coro, Apolo, coroado de louros e com a lira na mão, abria a marcha e conduzia o cortejo.

Apelidavam-nas, em Roma, de "camenas", expressão que significa "agradáveis cantoras". Seu sobrenome de Piérides origina-se de Piério, monte da Macedônia, que elas frequentavam. Alguns poetas, porém, dão a essa palavra outra explicação. Piero, rei da Macedônia, tinha nove filhas. Exímias todas em poesia e música. Orgulhosas do seu talento, ousaram ir desafiar as Musas até no próprio Parnaso. A luta foi aceita, e as ninfas da região, designadas para árbitros, pronunciaram-se em favor das Musas. Indignadas por essa decisão, as Piérides se arrebataram em invectivas, e quiseram mesmo bater em suas rivais. Mas Apolo interveio e as metamorfoseou em pegas. Em consequência dessa vitória, as Musas tomaram o nome de piérides.

O sobrenome de Libétrides, dado também às Musas, tem sua origem ou na fonte Libetra, na Magnésia, ou no Monte Libétrio, os quais lhes eram consagrados.

As Horas

Pela palavra "horas", os gregos, primitivamente, designaram não as divisões do dia, mas as do ano. As Horas eram filhas de Júpiter e de Têmis. Hesíodo enumera três: Eunômia, Diceia e Irene; isto é, a Boa Ordem, a Justiça e a Paz. Homero dá-lhes o nome de porteiras do céu, e confia-lhes o cuidado de abrir e fechar as portas eternas do Olimpo. A mitologia grega não conheceu, pois, a princípio, senão três Horas ou três estações: a primavera, o verão e o inverno. Em seguida, quando se lhes ajuntaram o outono e o solstício de inverno, isto é, a parte mais fria, a mitologia criou duas novas horas: Carpo e Talate, às quais confiou a guarda dos frutos e das flores. Enfim, quando os gregos dividiram o dia em doze partes iguais, os poetas multiplicaram o número das Horas até doze, empregadas ao serviço de Júpiter, e as chamaram de "as doze irmãs". Foram essas divindades que se encarregaram da educação de Juno. Tinham também a missão de descer aos Infernos para prender Adônis e levá-lo a Vênus.

Muitas vezes, as Horas são acompanhadas pelas Graças. Os poetas e artistas representam-nas geralmente como dançantes, com vestes que só lhes chegam até os joelhos. Nos monumentos, aparentam todas a mesma idade; suas cabeças são coroadas de folhas de palmeira que se erguem para o alto.

Quando se fixaram quatro estações, a arte por sua vez introduziu quatro horas, representando-as, porém, em idades diferentes, com longos mantos e sem coroa de palmeiras. A hora da primavera foi representada por uma figura de adolescente, de fisionomia ingênua, de talhe esbelto e delgado, de formas apenas acusadas. Gradativamente, suas irmãs aumentam em idade.

As Horas presidiam à educação das crianças e regulavam toda a vida dos homens. Também assistem a todos os casamentos celebrados na mitologia. Os atenienses ofereciam-lhes as primícias dos frutos de cada estação. Este gracioso culto não foi transportado a Roma, onde, entretanto,

Hersília, mulher de Rômulo, foi considerada como a divindade que presidia as estações. Era chamada Hora. Mas, como se verá em outro lugar, esta deusa tinha ainda outras atribuições.

Os modernos representam as Horas com asas de borboleta; ordinariamente Têmis as acompanha; e elas passam conduzindo quadrantes, relógios, ou outros símbolos das suas atribuições na fuga rápida do tempo.

As Parcas

As Parcas, divindades que controlavam a sorte dos homens, eram três irmãs, filhas da Noite ou do Érebo; ou de Júpiter e de Têmis; ou, segundo alguns poetas, filhas da Necessidade e do Destino. O mistério que envolveu seu nascimento indica que elas exerceram suas fatais funções desde a origem dos seres e das coisas; são tão velhas como a noite, como a Terra e como o Céu. Chamam-se Cloto, Láquesis e Átropos, e habitam um lugar perto das Horas, nas regiões olímpicas, onde dirigem não somente a sorte dos mortais, como também o movimento das esferas celestes e a harmonia do mundo. Têm um palácio, onde os destinos dos homens estão gravados em ferro e bronze, de maneira que nada os pode apagar. Imutáveis em seus desígnios, possuem elas este fio misterioso, símbolo do curso da vida, e nada consegue aplacá-las nem impedi-las que lhe cortem a trama. Uma vez, entretanto, consolaram Prosérpina da violência que lhe tinha feito, acalmaram a dor de Ceres, aflita com a perda de sua filha. E quando essa deusa foi ultrajada por Netuno, foi graças a seus rogos que ela consentiu em sair de uma caverna da Sicília, onde Pã a descobriu.

Cloto (assim chamada de uma palavra grega que significa "fiar") parece ser a menos velha, para não dizer a mais moça. É ela quem tem o fio dos destinos humanos. Representam-na vestida com uma longa túnica de diversas cores, com uma coroa formada por sete estrelas, segurando uma roca que desce do Céu à Terra. A cor que domina em suas roupagens é o azul claro.

Láquesis (nome que em grego significa "sorte" ou "ação de tirar a sorte") é a parca que põe o fio no fuso. Suas vestes são algumas vezes semeadas de estrelas e são facilmente reconhecidas pelo grande número de fusos espalhados ao seu redor. Suas vestes são cor-de-rosa.

Átropos (isto é, em grego, "inflexível") corta impiedosamente o fio que mede a vida de cada mortal. É representada como a mais idosa das três irmãs, com um vestido negro e lúgubre. Veem-se perto dela muitos novelos de fio, mais ou menos guarnecidos, conforme a extensão ou a brevidade da vida que eles medem.

Os antigos representavam as Parcas sob a forma de três mulheres de rosto severo, acabrunhadas de velhice, com coroas de grossos flocos de lã entremeada de narciso. Outros dão-lhe coroas de ouro. Algumas vezes, uma simples faixa envolve-lhes a cabeça. Raramente estão veladas.

Os gregos e os romanos renderam grandes homenagens às Parcas e as invocavam ordinariamente depois de Apolo, pois, como esse deus, penetravam elas no futuro. Imolavam-lhes ovelhas negras, que eram também as vítimas sacrificadas às Fúrias.

Estas divinas e infatigáveis fiandeiras não tinham unicamente por tarefa desenrolar e cortar o fio dos destinos, mas presidiam também ao nascimento dos homens. Finalmente, eram encarregadas de conduzir a luz e fazer sair do tártaro os heróis que ali tinham ousado penetrar. Foi assim que serviram de guia a Baco, a Hércules, a Teseu, a Ulisses, a Orfeu e a outros. Era também a elas que Plutão confiava sua esposa, quando, obedecendo à ordem de Júpiter, voltava ela ao céu para ali passar seis meses junto à sua mãe.

OS DEUSES SUBOLÍMPICOS

As divindades de que até agora nos ocupamos reinam no Olimpo, com Júpiter, ou estão a seu lado, além das nuvens e dos astros. Entre o Olimpo e a superfície da terra, porém, existe um vasto espaço, região etérea ou aérea, que a imaginação dos poetas antigos havia povoado de divindades ainda poderosas, se bem que secundárias. Como não há um ponto no universo onde não se percebam o movimento e a vida, também não há nenhum que seja privado de seus deuses. A intervenção divina parece necessária em toda a parte: nenhum astro brilha no céu, nenhuma nuvem intercepta a luz do dia, nenhum sopro agita a atmosfera, sem que uma divindade presida a esses fenômenos. Encarregados de funções especiais, auxiliares nomeados pelas grandes potências olímpicas, tais deuses secundários desempenham suas funções de um modo sensível nas esferas onde evolui o mundo terrestre. Os principais são: a Aurora, o Sol, a Lua, os Astros, o Fogo e os Ventos.

A Aurora (em grego, Éos)

Aurora era filha de Titã e da Terra, ou, segundo Hesíodo, de Teia e de Hipérion, irmã do Sol e da Lua. Esta deusa abria as portas do dia e, depois de ter atrelado o carro do Sol, precedia-o no seu. Tendo casado com Perses, filho de Titã, teve como filhos os Ventos, os Astros e Lúcifer. Apaixonada por Titono, filho de Laomedonte e irmão de Príamo, arrebatou-o, desposou-o, e dele teve dois filhos: Mêmnon, rei da Etiópia, e Emátion, cuja morte sentiu tanto que suas lágrimas abundantes produziram o orvalho da manhã. Seu segundo esposo foi Céfalo, que ela raptou de Prócris, filha de Erecteu, rei de Atenas, de quem teve mais um filho. Depois arrebatou Órion e muitos outros.

Os antigos representavam-na vestida com roupas da cor do açafrão, ou de um amarelo pálido, uma vara ou uma tocha na mão, saindo de um palácio de prata dourada, sobre um carro do mesmo metal com reflexos de fogo. Homero lhe dá dois cavalos, Lampos e Faetonte, e a pinta com um grande véu sombrio atirado para trás, e abrindo com os dedos cor-de-rosa a barreira do Dia. Outros poetas dão-lhe cavalos brancos, ou mesmo Pégaso, por montaria. Algumas vezes representam-na sob a figura de uma jovem ninfa coroada de flores, sobre um carro puxado por Pégaso. Com a mão esquerda, segura um facho, e com a outra espalha uma chuva de rosas. Em uma pintura antiga, ela expulsa de sua presença a Noite e o Sono.

Hipérion

Hipérion, filho de Urano e irmão de Saturno, casou-se com Teia, segundo Hesíodo, e foi pai do Sol e da Lua. De acordo com outros poetas, casou-se com Basileia, sua irmã, da qual teve um filho e uma filha; Hélios e Selene eram ambos notáveis pela beleza e virtude, o que atraiu sobre Hipérion o ciúme dos outros Titãs, que, tendo conspirado contra eles, resolveram matar Hipérion e afogar os seus filhos. Homero e outros poetas frequentemente tomam Hipérion pelo próprio Sol.

O Sol (em grego, Hélios)

O Sol, ou Hélios, filho de Hipérion e de Basileia, foi afogado no Eridano pelos Titãs, seus tios, Basileia, procurando no rio o corpo do filho, adormeceu de cansaço e viu em sonhos Helena dizer-lhe que não se afligisse com sua morte, pois estava ele entre a classe dos deuses, e que o que no céu antigamente se chamava o fogo sagrado, se chamaria, daí por diante, Hélios, ou o Sol.

Os gregos e os romanos chamam-lhe muitas vezes Febo e Apolo. Entretanto, os antigos poetas fazem ordinariamente uma distinção entre Apolo e o Sol, e neles reconhecem duas divindades distintas. Assim, Homero, no adultério de Marte e Vênus, diz que Apolo assistiu a esse espetáculo, como ignorando o fato; e que o Sol, posto a par de toda a intriga, dela deu conhecimento a Vulcano.

Hélios apaixonou-se ardentemente pela filha de Netuno e de Vênus, Rodes, ninfa da ilha a que deu o seu nome. Dela teve sete filhos, os Helíades, que dividiram entre si a Ilha de Rodes. Esta foi consagrada ao Sol, e seus habitantes, que se diziam descendentes dos helíadas, se dedicaram particularmente ao seu culto. Este deus amou ainda e desposou Perseia, ou Persa, filha de Tétis e do Oceano, com quem teve Eeta, Perseu, Circeu e Pasífae.

O culto ao Sol se espalhou por todo o mundo antigo. Os gregos o adoravam, e em seu nome juravam inteira fidelidade às suas promessas. Em uma montanha perto de Corinto, havia muitos altares consagrados ao

Sol, e depois das Guerras Médicas, os habitantes de Trezene dedicaram um altar a Hélios-Libertador.

Entre os egípcios, o Sol era a imagem mesma de tal divindade. Uma cidade inteira lhe era consagrada: Heliópolis. Aprouve a Ovídio fazer a descrição do palácio do Sol: é uma estância de cristal, diamante, pedras e metais preciosos, toda resplandecente de luz; o deus se assenta em um trono mais rico e mais brilhante ainda que o resto do palácio; e tanta é a luz que faísca e irrompe de todos os lados, que os olhos de um mortal não poderiam suportar seu fulgor.

Hélios, em seu aparelho de esplendor, sobe de manhã ao seu carro atrelado a cavalos que respiram fogo e impaciência, e se atira no céu, pelo caminho costumeiro, desde que a Aurora lhe abra as portas do Dia. Dizem os poetas que, se lhe acontece estar atrasado, é que se esquece no leito de Tétis, filha de Nereu, a mais bela ninfa do mar. À tarde, desce ele ao seio das ondas, a fim de gozar um repouso bem merecido, enquanto que seus cavalos também refarão as forças, a fim de recomeçar cedo seu curso quotidiano com um novo ardor. Representa-se geralmente o Sol sob os traços de um jovem de cabeleira loura, de face brilhante e purpurina. É coroado de raios e percorre o Zodíaco em um carro puxado por quatro cavalos[10].

Os antigos o representavam ainda por um olho aberto sobre o mundo.

Estátua de Hélios com rosto parecido com o do então imperador Caracalla. A estátua se encontra atualmente no Museu de Artes da Carolina do Norte, EUA.

10 Etonte, Flegonte, Piroente e Eóo são os quatro cavalos do Sol. (N. do R.)

Faetonte e as Helíades

Faetonte era filho de Apolo, isto é, do Sol, e de Clímene, filha de Oceano. Tendo tido uma discussão com Epato, filho de Júpiter e de Io, que lhe lançou em rosto não ser, como pretendia, filho do Sol, foi queixar-se à mãe. Esta o mandou ao próprio Sol, para que ouvisse de sua boca a verdade sobre o seu nascimento. Faetonte dirigiu-se, pois, ao palácio de seu pai e explicou a este deus o motivo da sua visita, conjurando-o a que, para atestar a sua verdadeira origem, lhe concedesse o favor que ia pedir. Sem esperar que Faetonte explicasse alguma coisa, e só ouvindo a voz do amor paterno, o Sol jurou pelo Estige[11] nada recusar. Então, o jovem temerário pediu-lhe a permissão de aclarar o mundo durante um dia apenas, conduzindo seu carro.

O Sol, comprometido por um juramento irrevogável, fez todos os esforços para desviar seu filho de uma empresa tão difícil, mas inutilmente. Faetonte, com a obstinação de uma criança que não conhece o perigo, persiste no seu pedido, e sobe ao carro. Os cavalos do Sol percebem imediatamente a mudança de condutor, e se desviam do caminho ordinário: subindo logo demasiadamente alto, ameaçam o céu de um incêndio inevitável; descendo demasiadamente baixo, esgotam as ribeiras e queimam as montanhas.

A Terra, ressequida até as entranhas, leva suas queixas a Júpiter que, para evitar a confusão no universo, atira o seu raio contra o filho do Sol e o precipita no Eridano.

As Helíades, suas irmãs, filhas também do Sol e de Clímene, chamavam-se Lampécie, Faetusa e Febe. A morte de seu irmão causou-lhes tão viva dor que o choraram quatro meses seguidos. Os deuses transformaram-nas em álamos, e as suas lágrimas em grãos de âmbar.

A Lua (em grego Selene)

A Lua, ou Selene, filha de Hipérion e de Teia, tendo sabido que o seu irmão Hélio, que ela amava ternamente, havia sido afogado no Erídano, precipitou-se do alto de seu palácio. Mas os deuses, comovidos ante a sua piedade fraternal, colocaram-na no Céu, e transformaram-na em astro.

---

11 Jurar pela Estige, uma lagoa ou rio localizado no submundo, era considerado o juramento mais solene entre os deuses. (N. do R.)

Píndaro chama a Lua de "olho da noite", e Horácio de "a rainha do silêncio". Assim como os poetas confundem muitas vezes Apolo, Febo e o Sol na mesma personalidade, também assim identificaram frequentemente Ártemis e Selene, Diana e a Lua.

A maior divindade sideral, depois do Sol, é a Lua. Seu culto, sob mil formas diversas, foi espalhado entre todos os povos. As bruxas da Tessália pretendiam ter um grande comércio com a Lua. Elas gabavam-se de poder, pelas suas feitiçarias, livrá-la do dragão que a queria devorar, o que faziam com o ruído dos caldeirões, em época de eclipses, ou fazer descer à Terra, segundo a vontade delas. A segunda-feira, dia da semana, era-lhe consagrada. (Em latim: *Lunae dies*).

Os Astros

Os Astros, esses fogos eternos dos quais a abóbada celeste é recamada, receberam dos poetas uma origem sagrada ou divina. Muitos entre eles eram objeto de um culto especial ou de particular veneração. Algumas vezes, eram todos invocados pelos mortais nas circunstâncias críticas. Os heróis, os grandes homens, não pareciam aspirar elevar-se até eles pelo mérito e pelo esplendor de suas belas ações. Ir em direção aos Astros equivalia a abrir um caminho para a imortalidade, adquirir títulos de uma glória imorredoura, em uma palavra, colocar-se na classe e na morada dos deuses. Dizia-se que os Astros eram filhos do Titã Astreu e de Heribeia, ou da Aurora. Com seu pai, tinham eles querido escalar o Olimpo. Júpiter, com seu raio, dispersara a sua infinita multidão no espaço, onde ficou presa ao céu. Nesse céu primitivo e estrelado, vieram sucessivamente colocar-se muitos astros. Os mortais, admirados pelas suas evoluções, ou pela sua deslumbrante luz, deles fizeram seres divinos, e a fábula popularizou a sua personificação.

Lúcifer (em grego Eósforos ou Fósforos)

O planeta Vênus, chamado geralmente "estrela do pastor", precede a este o despontar do sol, e desde o crepúsculo aparece no ocidente. Como estrela da manhã, chama-se Lúcifer, e Vésper como estrela da tarde. Se bem que personificando o mesmo planeta, Lúcifer e Vésper têm separadamente no mundo sideral a sua respectiva história.

Lúcifer, filho de Júpiter e da Aurora, é o chefe ou o condutor de todos os outros astros. É ele quem toma conta dos corcéis e do carro do Sol, que atrela e desatrela com as Horas. É reconhecido pelos seus cavalos brancos, na abóbada celeste, quando anuncia aos mortais a chegada da Aurora, sua mãe. Os cavalos de montaria lhe eram consagrados.

Vésper (em grego, Héspero)

Vésper, ou Héspero, brilha à noite no ocidente, com todo o esplendor com que refulge Lúcifer aos primeiros clarões do dia. Habitava com seus irmãos, Jápeto e Atlas, um país situado no oeste do mundo, chamado Hespéritis. Na Grécia, o Monte Oeta lhe era consagrado.

A Itália e a Espanha são chamadas de "Hespéria"; a primeira porque Vésper, expulsa por seu irmão, ali se refugiou; e a segunda, porque este país é o mais ocidental da Europa, o mais sensivelmente aproximado de Vésper.

Órion

Os poetas contam diversamente a lenda de Órion. Segundo alguns, era filho de um camponês da Beócia, chamado Hireu, que teve a honra de alojar, em sua cabana, Júpiter, Netuno e Mercúrio. Em recompensa pela hospitalidade recebida, os deuses fizeram milagrosamente nascer da pele de uma ovelha a criança chamada Órion. Mas, segundo Homero, Órion era filho de Netuno e de Euríale, filha de Minos. Tornou-se célebre pelo amor que dedicou à Astronomia, que aprendera com Atlas, e pela paixão pela caça. Notável por sua beleza, era de uma grande altura, a ponto de ser considerado um gigante que, andando no mar, tinha a cabeça ultrapassando as ondas. Foi no tempo em que assim passeava, que Diana, vendo apenas uma cabeça, e sem saber do que se tratava, quis dar provas da sua destreza, em presença de Apolo que a desafiava. Atirou justamente sobre Órion, que foi atingido por suas flechas mortíferas.

Também se conta que Órion, que se tornara hábil na arte de Vulcano, fez um palácio submarino para Netuno, e que a Aurora, a quem Vênus tornara amorosa, o raptou e o levou a Delos. Morreu vítima do ciúme, segundo Homero, e segundo outros, da vingança de Diana, que fez surgir da terra um escorpião, do qual recebeu a morte. Seu crime foi ter querido forçar a deusa a jogar o disco com ele e ter ousado, com mão impura, tocar no seu véu. Diana, aflita por ter tirado a vida ao belo Órion, obteve de Júpiter que ele fosse colocado no céu, onde forma a mais brilhante das constelações. Em sua vida celeste, Órion não renunciou ao prazer da caça; e muitas vezes, pelas noites claras, quando o vento e as ondas estão silenciosos, o imortal e infatigável caçador, com a sua matilha, percorre os espaços etéreos. Diana, então, também o segue, e o envolve com os seus raios, e as estrelas que afugenta empalidecem diante de seu brilho.

Sírius (ou a Canícula), a Virgem e o Arturo

A constelação do Cão, ou da Canícula, acha-se ao ocidente do hemisfério boreal, na vizinhança de Órion. A mais brilhante estrela dessa constelação é Sírius. Os antigos temiam de tal modo as suas influências, que lhe ofereciam sacrifícios para conjurar os efeitos. Segundo alguns, Sírius era o cão de Órion, fiel e ardente companheiro do caçador; segundo outros, era o cão dado por Júpiter para ser o guarda da Europa, ou ainda o que Minos deu a Prócris, filha de Erecteu, rei de Atenas, quando ela se casou com o filho de Éolo, Céfalo. Também se conta que Icário de Atenas, amigo de Baco, tendo sido morto pelos pastores da Ática — aos quais fizera beber vinho — sua filha Érgona ficou tão inconsolável que, acompanhada de Moera, sua cadela, descobriu o lugar em que o pai estava enterrado, e aí se debruçou cheia de desespero. Júpiter, emocionado ante sua piedade filial, colocou-a no céu, onde se tornou a constelação da Virgem. Quanto a Moera, a cadela sagaz e fiel, Júpiter deu-lhe um lugar na constelação da Canícula.

Tampouco Icário foi esquecido pelo pai dos deuses, que igualmente o colocou no céu. Júpiter transformou-o na constelação do Arturo (Bootes), perto da Ursa Maior, que parece acompanhar a carruagem. Chamam-lhe também Arturo.

A Ursa Maior e a Ursa Menor

Calisto, filha de Licáon, rei da Arcádia, era uma das ninfas favoritas de Diana. Júpiter, sob a forma dessa deusa, torna-a mãe de Arcas. Diana, ao perceber que a ninfa estava grávida, expulsou-a de sua companhia. Juno levou mais longe a vingança e transformou-a em ursa. Entretanto, Arcas, tendo crescido, foi apresentado por caçadores a Licáon, seu avô, que o recebeu com alegria e o associou ao seu reino. O jovem príncipe deu o seu nome à Arcádia e ensinou seus súditos a semear o trigo, fazer o pão, fabricar tecidos, fiar lã, todas as coisas que aprendera com Triptólemo, favorito de Ceres e de Aristeu, filho de Apolo.

Licáon, tendo sido transformado em lobo por Júpiter, devido à sua crueldade, Arcas ficou sendo o único senhor do reino. Não contente, porém, de governar o seu povo, ele se entregava perdidamente ao prazer da caça. Um dia, esse jovem, percorrendo as montanhas, encontrou a mãe sob a forma de uma ursa. Calisto, que reconhecia seu filho, sem por ele ser reconhecida, parou para o contemplar. Arcas preparou o arco e ia atravessá-la com as suas flechas, quando Júpiter, para prevenir esse matricídio, transformou-o também em urso. O deus transportou-os ao céu, onde formam as constelações da Ursa Maior e da Ursa Menor. À vista desses novos astros, a implacável Juno concebeu novo furor e rogou aos deuses do mar que lhes não permitisse nunca dormir no Oceano. Assim, essas duas constelações, colocadas perto do Polo Norte, estão sempre por cima do nosso horizonte. Por causa da sua configuração, os gregos e os romanos as designavam frequentemente, como ainda hoje, pelos nomes de Grande e Pequena Carruagem.

As Plêiades

As Plêiades, filhas de Atlas e de Plêione, por sua vez filha do Oceano e de Tétis, eram em número de sete: Maia, Electra, Taígete, Astérope, Mérope, Alcíone e Celeno. Maia foi amada por Júpiter, de quem teve Mercúrio. Esse deus confiou-lhe também a criação de Arcas, filho de Calisto, o que atraiu sobre ela o ressentimento de Juno. Ovídio deriva o seu nome do mês de maio. Sacrificava-se a Maia uma porca prenha, a mesma vítima de Cibele ou para a Terra.

Electra, amada também por Júpiter, foi a mãe de Dárdano. Ela deu à luz na Arcádia. Mas passou-se à Frígia, onde seu filho desposou a filha do rei Teucro; depois, ao pé do Monte Ida, construiu uma cidade chamada Dardania, que veio a ser a célebre Troia. Diz-se que depois da ruína dessa cidade, Electra não quis mais aparecer em companhia das suas irmãs; com efeito, essa estrela das Plêiades é quase invisível.

Taígete teve com Júpiter Taígeto, que deu o seu nome à Montanha da Arcádia.

Astérope não tem posteridade conhecida, mas foi esposa de um Titã.

Mérope casou-se com Sísifo, filho de Éolo e neto de Hélen. Sísifo construiu a cidade de Éfiro, que mais tarde foi chamada Corinto.

Do casamento de Mérope e de Sísifo nasceu Glauco, que foi o pai de Belerofonte.

O que se conta de Electra que, por vergonha ou mágoa, retira a sua luz, é também atribuído a Mérope. Diz-se que, envergonhada por ter se casado com um simples mortal, enquanto suas irmãs tinham desposado deuses, essa Plêiade se esconde tanto quanto pode, e é ela, e não Electra, que se percebe indistintamente.

Alcíone concebeu, de Netuno, Glauco, o deus marinho.

Celeno teve com Netuno, Lico, rei dos mariandinianos, que acolheu hospitaleiramente os Argonautas e os fez guiar por seu filho até o Termodonte, rio da Trácia, em cujas margens habitavam as Amazonas.

As Plêiades formam o signo do seu nome na constelação do Touro. Foram metamorfoseadas em estrelas porque seu pai quis ler os segredos dos deuses. Aparecem no mês de maio, tempo favorável à navegação. Seu nome provém da palavra grega que significa navegar; os latinos lhes chamavam também "Virgílias", que quer dizer "Primaveris", ou "estrelas da Primavera".

As Híades

As Híades, ou *Pluviais*, assim chamadas da palavra grega que quer dizer "chover", eram, como as Plêiades, filhas de Atlas. Etra, sua mãe, nascera de Tétis e do Oceano. Sobre o seu número, os poetas não estão de acordo; geralmente contam-se sete: Ambrósia, Eudora, Foesile, Corones, Polixo, Foeo, e Dioneia.

Quando seu irmão, Hias, foi estraçalhado por uma leoa, elas choraram a sua morte com lamentações tão ardentes, que os deuses, movidos de compaixão, transportaram-nas ao céu. Transformadas em um grupo de estrelas, estão colocadas na constelação de Touro, onde choram ainda, o que quer dizer que a aparição dessas estrelas coincide com um período de mau tempo e de chuva.

Galáxia (ou Via Láctea)

Os gregos davam o nome de Galáxia a essa larga fita luminosa, que se vê à noite num céu sem nuvens e que, pela sua brancura, tomou o nome de Via Láctea. E por ela se vai ao palácio de Júpiter, e que os heróis entram no céu; à direita e à esquerda estão as habitações dos deuses mais poderosos.

A Via Láctea, prodigiosa multidão de estrelas ou de nebulosas que descrevem um longo rastro do norte ao sul, tem sua origem na fábula. Tendo Juno, por conselho de Minerva, dado o seio a Hércules que havia encontrado no campo, onde Alcmena, sua mãe, o abandonara, o jovem herói sugou com tanta força o leite, que este esguichou em tão grande quantidade, que formou a Via Láctea.

Os Signos do Zodíaco

O Zodíaco (palavra derivada do grego *zódion*, pequeno animal) é o espaço do céu que o sol parece percorrer durante o ano. É dividido em doze partes, onde estão as doze constelações que se chamam os signos do Zodíaco, cujos nomes são Áries, Touro, Gêmeos, Câncer, Leão, Virgem, Libra, Escorpião, Capricórnio, Aquário, Peixes e Sagitário.

A disposição dos astros nessas diversas constelações evocou primeiro a ideia dos diferentes signos, e cada um deles encontrou mais tarde o seu lugar na Mitologia. Diz-se que Áries, primeiro dos doze signos, é o carneiro de lã de ouro (Tosão de Ouro) imolado a Júpiter e transportado ao firmamento.

O Touro é o animal sob cuja forma Júpiter raptou a Europa, ou, segundo alguns poetas, foi Io que Júpiter arrebatou ao céu, depois de havê-la metamorfoseado em uma novilha. Gêmeos representam naturalmente Castor e Pólux.

Câncer (caranguejo) foi o animal que Juno enviou contra Hércules, quando este combateu a Hidra de Lerna e pelo qual foi mordido no pé; Hércules, porém, matou-o, e Juno o colocou no número dos signos do Zodíaco.

A constelação de Leão representa o Leão da floresta de Nemeia, estrangulado por Hércules.

A Virgem, segundo alguns, é Erígone, filha de Icário, modelo de piedade filial; segundo outros, é Astreia, ou a Justiça, filha de Têmis e de Júpiter. Ela desceu do céu durante a Idade de Ouro, mas os crimes dos homens, tendo-a obrigado a abandonar sucessivamente as cidades e depois os campos, a fizeram regressar ao céu.

A Balança, símbolo da equidade, representa a própria balança da Justiça, ou de Astreia.

O oitavo signo do Zodíaco é o Escorpião, que, por ordem de Diana, picou vivamente no calcanhar o orgulhoso Órion.

Sagitário, metade homem, metade cavalo, empunhando um arco e atirando uma flecha, é Quíron, o centauro, segundo uns, mas, segundo outros, é Croco filho de Eufeme, ama das Musas. Parece que era um dos intrépidos caçadores do Parnaso. Depois de sua morte, a pedido das Musas, foi colocado entre os astros.

Capricórnio é a formosa cabra Amalteia, que amamentou Júpiter. Está colocado entre os astros com os seus dois cabritos.

Aquário é Ganimedes, arrebatado ao céu por Júpiter; outros, porém, dizem que é Aristeu, filho de Apolo e de Cirene, pai de Actéon, devorado pelos seus cães.

Peixes, que formam o duodécimo signo do Zodíaco, são os que trouxeram no seu dorso Vênus e o Amor. Fugindo à perseguição do gigante Tífon, ou Tifoe, Vênus, acompanhada por seu filho Cupido, foi transportada para além do Eufrates por dois peixes que, por esse motivo, foram colocados no céu. Outros poetas pretendem que essa constelação representa os delfins que conduziam Anfitrite a Netuno; este, reconhecido, obteve de Júpiter um lugar para eles no Zodíaco.

O Fogo, Prometeu, Pandora e Epimeteu

O culto do fogo, entre todos os povos da Antiguidade, seguiu imediatamente ao que se tributou ao Sol e a Júpiter, isto é, ao astro cujos raios benéficos aquecem e iluminam o mundo, e ao raio que rasga a nuvem, açoita a Terra, consome a natureza viva e espalha ao longe a consternação e o terror. Evidentemente, os primeiros homens, cujos olhares se dirigiam com medo e admiração para os fogos celestes, não tardaram também em reparar com espanto os fogos da Terra. Seria possível que deixassem de admirar a chama dos vulcões, as fosforescências, os gases luminosos, os fogos-fátuos dos pântanos, a incandescência produzida pelo atrito rápido de dois pedaços de madeira, a faísca que surge do choque de duas pedras?

Entretanto, o fogo não lhes parecia ter sido feito para o seu uso; era um elemento do qual a divindade possuía o segredo, e que ela se reserva como um privilégio precioso. Como captar esses focos de calor e de luz, colocados a uma tal altura, sobre as suas cabeças, ou tão misteriosamente soterrados sob seus pés?

Aquele que primeiro conseguisse o fogo não podia ser a seus olhos um simples mortal, mas um Titã, um êmulo atrevido e feliz da divindade, ou, por assim dizer, um verdadeiro deus. Tal foi Prometeu.

Filho de Jápeto e da oceânide Clímene, ou, segundo outro, da nereida Ásia, ou ainda de Têmis, irmã mais velha de Saturno. Prometeu (cujo nome em grego quer dizer "previdente") não foi só um deus industrioso, mas também criador. Notou ele que entre todas as criaturas vivas nenhuma havia capaz de descobrir, de estudar, de utilizar as forças da Natureza, de comandar os outros seres, de estabelecer entre eles, a or-

Prometeu moldando o homem do barro, pintura por Constantin Hansen (1804 -1880), presente no Museu Nacional de Arte da Dinamarca.

dem e a harmonia, de se comunicar com os deuses pelo pensamento, de compreender, pela sua inteligência, não somente o mundo visível, mas ainda os princípios e a essência de todas as coisas: e do limo da terra, formou o homem. Minerva, admirando a beleza da sua obra, ofereceu a Prometeu tudo quanto pudesse contribuir para a sua perfeição. Com conhecimento, Prometeu aceitou a oferta da deusa, mas acrescentou que, para escolher o que criara, era preciso que ele próprio visse as regiões celestes. Minerva arrebatou-o ao Céu, de onde ele só desceu depois de haver roubado aos deuses, o fogo, elemento indispensável à indústria humana. Diz-se que esse fogo divino que Prometeu trouxe para a Terra era do carro do Sol, e que ele o escondeu na haste de uma férula, que era um bastão oco.

Irritado com tão audacioso atentado, Júpiter ordenou a Vulcano que forjasse uma mulher dotada de todas as perfeições e que a apresentasse à assembleia dos deuses. Minerva revestiu-a com uma túnica de ofuscante brancura e lhe cobriu a cabeça com um véu e com grinaldas de flores, sobre as quais colocou uma coroa de ouro. Quando estava acabada, Vulcano levou-a ao Olimpo com as suas próprias mãos. Todos os deuses admiraram essa nova criatura, e cada um quis fazer-lhe o seu presente. Minerva ensinou-lhe as artes que convêm a seu sexo, entre as outras, a de fiar. Vênus espalhou em torno dela o encanto como desejo inquieto e os cuidados fatigantes. As Graças e a deusa Persuasão ornaram a sua garganta com colares de ouro. Mercúrio deu-lhe a palavra com a arte de persuadir os corações com falas insinuantes. Tendo, enfim, os deuses feito cada qual os seus presentes, deram-lhe o nome de Pandora (do grego *pan*, "tudo", e *doron*, "dom"). Quanto a Júpiter, deu-lhe uma caixa hermeticamente fechada, dizendo-lhe que a levasse a Prometeu.

Este, desconfiando de alguma armadilha, não quis receber nem Pandora nem o cofre, e recomendou a seu irmão Epimeteu que nada recebesse da parte de Júpiter. Mas Epimeteu (cujo nome em grego significa "o que reflete demasiadamente tarde") só julgava as coisas depois dos acontecimentos. Ao ver Pandora, esqueceu todas as recomendações fraternas e tomou-a por esposa. A caixa fatal foi aberta e escaparam-se todos os males e todos os crimes que desde então estão espalhados pelo Universo. Epimeteu quis fechá-la, mas não havia mais tempo. Só conseguiu reter a Esperança, que estava quase a desaparecer, e que permaneceu no cofre escrupulosamente fechado. Júpiter, enfim, furioso porque Prometeu não tivera sido logrado com esse artifício, ordenou a Mercúrio que o conduzisse ao Monte Cáucaso e que o amarrasse a um rochedo, onde uma águia, filha de Tífon e de Equidna, devia devorar-lhe eternamente o fígado. Dizem outros que esse suplício só devia durar trinta mil anos.

Segundo Hesíodo, Júpiter não se serviu da ajuda de Mercúrio; mas amarrou, ele mesmo, sua desgraçada vítima, não a um rochedo, mas a uma coluna. Fê-lo, entretanto, libertar por Hércules, pelos seguintes motivos e condições: depois da sua punição, tendo Prometeu, pelos seus avisos, impedido Júpiter de galantear Tétis, porque a criança que dessa união nascesse havia de destroná-lo um dia; o pai dos deuses, por gratidão, consentiu que Hércules o fosse soltar. Mas, para não violar o seu juramento de que nunca o libertaria, ordenou que Prometeu havia de usar sempre no dedo um anel de ferro com um fragmento de rocha do Cáucaso engastado, para que de qualquer modo fosse verdade que estivesse para sempre preso a essa montanha.

Em Ésquilo, é Vulcano quem, na qualidade de ferreiro dos deuses, encadeou Prometeu no Cáucaso, mas foi gemendo que obedeceu à ordem de Júpiter, pois muito lhe custava usar de violência para com um deus da sua raça.

Entre os atenienses, a fábula de Prometeu era popular; divertiam-se em contar mesmo às crianças as engenhosas malícias por esse deus feitas a Júpiter.

Pois não tivera ele, com efeito, a ideia de experimentar a sagacidade do senhor do Olimpo, e de verificar se na verdade ele merecia as honras divinas? Assim se conta que, em um sacrifício, Prometeu fez matar dois bois e encheu uma das duas peles com a carne e a outra com os ossos dessas vítimas. Júpiter foi enganado e escolheu a segunda pele, o que fez tornar-se ainda mais impiedoso na sua vingança.

Em Atenas, Prometeu tinha os seus altares na Academia, ao lado dos que eram consagrados às Musas, às Graças, ao Amor, a Hércules e outros. Não se podia esquecer também que Minerva, protetora da cidade, fora a única das divindades do Olimpo que admirara o gênio de Prometeu e o ajudara na sua obra. Na festa solene das Lâmpadas — *Lampadodromias* — os atenienses associavam nas mesmas honras Prometeu, que furtara o fogo celeste, Vulcano, senhor engenhoso dos fogos da Terra, e Minerva, que dera o azeite de oliveira. Por ocasião dessa festa, os monumentos públicos, as ruas, as encruzilhadas eram iluminadas: instituíam-se jogos e corridas com fachos como nas festas de Ceres. A mocidade ateniense reunia-se à tarde perto do altar de Prometeu, ao clarão do fogo que ainda ardia: a um sinal dado, acendia-se uma lâmpada que os pretendentes ao prêmio da corrida deviam levar, sem apagá-la, correndo a toda velocidade, de um a outro extremo do Cerâmico.

Sendo o fogo considerado como um elemento divino, é natural que tivesse um lugar em todos os cultos e em quase todos os altares. Um fogo sagrado ardia nos templos de Apolo, em Atenas e em Delfos, no de Ceres, em Mantineia, de Minerva e mesmo de Júpiter. Nos pritaneus de todas as cidades gregas, alimentavam-se lâmpadas que nunca deviam extinguir-se.

Imitando os gregos, os romanos adotaram o culto do fogo, que confiaram aos cuidados das vestais.

Nos dias de núpcias, em Roma, tinha lugar uma cerimônia curiosa e simbólica: ordenava-se à recém-casada que tocasse no fogo e na água. "Por quê?" — observa Plutarco. É porque entre os elementos de que se compõem todos os corpos naturais, um deles, o fogo, é masculino, e a água é feminino, visto que um é o princípio de movimento, e outro a propriedade de substância e de matéria? Ou será porque o fogo purifica e a água limpa, e que é preciso que a mulher permaneça pura e sem mácula durante toda a sua vida?

Os Ventos

As alturas celestes, região etérea onde estão fixados os astros, gozam de uma paz eterna. Mas abaixo delas, bem abaixo, na região das nuvens e na vizinhança da Terra, reinam as ruidosas tempestades, as procelas e os ventos.

Os Ventos, divindades poéticas, são filhos do Céu e da Terra; diz Hesíodo que são filhos dos gigantes Tifeu, Astreu e Perseu; mas excetua os ventos favoráveis, a saber, Noto, Bóreas e Zéfiro, que diz serem filhos dos deuses.

Homero e Virgílio estabelecem a morada dos Ventos nas ilhas Eólias, entre a Sicília e a Itália. Como rei lhes dão Éolo, que os retém em profundas cavernas. Noite e dia, esses perigosos prisioneiros murmuram e rugem por trás das portas da prisão. Se seu rei não os contivesse, todos eles acabariam escapando com violência, e em seu furor arrastariam ou dissipariam, através do espaço, as terras e os mares, e mesmo a abóbada celeste.

Mas o onipotente Júpiter previu e preveniu tal desgraça. Não só os ventos estão encerrados em cavernas, como teve ainda o cuidado de colocar-lhes por cima enorme massa de montanhas e de rochedos. Do alto dessas montanhas, Éolo reina sobre os seus terríveis súditos. Todavia, apesar de ser deus, está subordinado ao grande Júpiter; não tem o direito de desencadear os Ventos ou de fazê-los regressar ao seu antro, senão com a ordem ou o consentimento do seu soberano senhor. Se lhe acontece esquivar-se à obediência, disso resultam graves desordens ou deploráveis desastres.

Na *Odisseia*, ele comete a imprudência de encerrar uma parte dos Ventos em barris que manda a Ulisses; ao abri-los os companheiros do herói, uma tempestade se desencadeia e se submergem os navios.

Na *Eneida*, Éolo, para agradar a Juno, entreabre com um golpe de lança o flanco da montanha sobre a qual repousa o seu trono. Assim que descobrem essa saída, os ventos se escapam e agitam o mar. Mas Éolo não tem tempo de se aplaudir: Netuno, que desdenha de castigar os Ventos, reenvia-os ao seu senhor, em termos cheios de desprezo, e os encarrega a eles próprios de lembrar a Éolo a sua insubordinação.

A fim de desarmar ou de conciliar os ventos, essas terríveis potências do ar, faziam-lhes promessas e ofereciam-lhes sacrifícios. Em Atenas, erigiram-lhes um templo octogonal, tendo em cada ângulo a figura de um dos Ventos, correspondendo ao ponto do céu em que ele sopra. Esses oito ventos eram: o Solano, o Euro, o Austro, o Áfrico, o Zéfiro, o Coro, o Setentrião e o Aquilão. Sobre o cimo piramidal desse templo estava um tritão de bronze móvel, cujo ponteiro indicava sempre o vento que soprava. Os romanos reconheciam quatro ventos principais, a saber: o Euro, o Bóreas, o Noto ou Austro e os Zéfiros. Os outros eram Euronoto, Vulturno, Subsolano, Cécias, Coro, Áfrico, Libonoto, entre outros. Em geral, os poetas antigos e modernos representam os ventos como gênios turbulentos, inquietos e volúveis; entretanto, os quatro ventos principais têm a sua fábula diferente e um caráter particular.

Euro é filho predileto da Aurora; vem do Oriente; e monta com orgulho os cavalos maternos. Horácio o descreve como um vento impetuoso, e Valério Flaco como um deus desgrenhado e desordenado, em consequência das tempestades que excita. Os modernos lhe dão uma fisionomia mais calma e mais doce. Representam-no sob os traços de um jovem alado, que com as mãos vai semeando flores por onde passa. Por trás dele está um sol levante, e a sua tez é bronzeada como a de um asiático.

Bóreas, vento do norte, reside na Trácia, e os poetas lhe atribuem algumas vezes a realeza do ar. Ele raptou a bela Clóris, filha de Arturo, e transportou-a para o Monte Nifate ou Cáucaso. Dela teve um filho, Hirpace. Mas apaixonou-se principalmente por Orítia, filha de Erecteu, rei de Atenas; não podendo obtê-la de seu pai, cobriu-se com uma espessa nuvem e arrebatou a princesa entre um turbilhão de poeira. Metamorfoseado em cavalo, gerou doze poldros, de uma tal velocidade, que corriam nos campos de trigo sem

Bóreas e Orítia, quadro por Giovanni Battista Cipriani (1727 - 1785).

fazer curvar as espigas, e sobre as ondas sem nelas molhar os pés. Tinha um templo em Atenas, sobre as margens do Ilisso, e a cada ano, os atenienses celebravam festas em honra sua, as Boreasmas.

O Aquilão, vento frio e violento, é algumas vezes confundido com o Bóreas. Representam-no sob a figura de um velho, com cabelos brancos e em desordem.

Noto, ou Austro, é o vento quente e tempestuoso que sopra do sul. Ovídio descreve-o como possuindo uma grande altura, velho, com os cabelos brancos, um ar sombrio, nuvens ao redor da cabeça, enquanto que a água goteja de todas as partes de suas vestes. Juvenal o representa sentado na caverna de Éolo, secando as asas depois da tempestade. Os modernos o personificaram sob os traços de um homem alado, robusto e inteiramente nu. Caminha sobre nuvens, sopra com as faces intumescidas, para designar a sua violência, e tem na mão um regador, para anunciar que geralmente traz a chuva.

Zéfiro é, na verdade, o vento do Ocidente. Foi celebrado pelos poetas gregos e latinos, porque levava frescura aos climas quentes onde eles habitavam. Dada esta explicação, Zéfiro, tal como os poetas o personificaram, é uma das mais risonhas alegorias da fábula. O seu sopro, ao mesmo tempo doce e poderoso, dá vida à natureza. Os gregos davam-lhe Clóris como mulher, e os latinos, a deusa Flora. Os poetas o apresentam sob a forma de um jovem, cuja fisionomia é suave e serena, dão-lhe asas de borboleta e uma coroa composta de todas as espécies de flores. Era representado deslizando através do espaço, com uma graça e uma ligeireza aéreas, tendo na mão uma cesta cheia das mais belas flores da primavera.

A Tempestade

Os romanos deificaram a Tempestade, que pode ser considerada como uma ninfa do ar. Marcelo fizera-lhe construir um pequeno templo em Roma, fora da Porta Capena.

Em alguns monumentos antigos, encontram-se sacrifícios à Tempestade. Representam-na com o rosto irritado, em uma atitude furibunda, e sentada em nuvens procelosas, entre as quais estão muitos ventos que sopram em direções opostas. Ela espalha a mancheias o granizo que quebra as árvores e destrói as colheitas. Sacrificavam-lhe um touro negro.

DIVINDADES DO MAR E DAS ÁGUAS

O Oceano

Para os antigos, o Oceano, primitivamente, é um rio imenso que envolve o mundo terrestre. Na Mitologia é o primeiro deus das águas, filho de Urano, ou do Céu, e de Gaia, a Terra; é o pai de todos os seres. Homero diz que os deuses eram originários do Oceano e de Tétis. Conta ele que os deuses iam muitas vezes à Etiópia para visitar o Oceano e tomar parte nas festas e sacrifícios que ali se celebravam. Conta-se, enfim, que Juno, desde o seu nascimento, foi por sua mãe, Reia, confiada aos cuidados do Oceano e de Tétis, para livrá-la da cruel voracidade de Saturno.

O Oceano é, pois, tão antigo quanto o mundo. Por isso representam-no sob a forma de um velho, sentado sobre as ondas, com uma lança na mão e um monstro marinho ao seu lado. Esse velho segura uma urna e despeja água, símbolo do mar, dos rios e das fontes.

Como sacrifício, ofereciam-lhe geralmente grandes vítimas, e antes das expedições difíceis, faziam-lhe libações. Era não somente venerado pelos homens, mas também pelos deuses. Nas *Geórgicas* de Virgílio, a ninfa Cirene, no palácio do Peneu, na fonte desse rio, oferece um sacrifício ao Oceano; por três vezes seguidas, deita ela o vinho sobre o fogo do altar, e três vezes a chama ressalta até a abóbada do palácio, presságio tranquilizador para a ninfa e seu filho Aristeu.

Tétis e as Oceânides

Tétis, filha do Céu e da Terra, casou-se com o Oceano, seu irmão, e foi mãe de três mil ninfas chamadas "oceânides". Dão-lhe ainda como filhos, não somente os rios e as fontes, mas também Proteu, Etra, mãe de Atlas, Persa, mãe de Circeu, e outros. Conta-se que Júpiter, tendo sido amarrado e preso pelos outros deuses, Tétis o pôs em liberdade, com auxílio do gigante Egéon.

Ela se chamava Tétis, de uma palavra grega que significa "ama, nutriz", sem dúvida porque é a deusa da água, matéria-prima que, segundo uma crença antiga, entra na formação de todos os corpos.

O carro dessa deusa é uma concha de maravilhosa forma e de uma brancura de marfim nacarado. Quando percorre o seu império, esse carro, puxado por cavalos-marinhos mais brancos do que a neve, e parece voar à superfície das águas. Ao redor dela, os delfins, brincando, saltam no mar; Tétis é acompanhada pelos tritões, que tocam trombeta com as suas conchas recurvas, e pelas Oceânides coroadas de flores, cuja cabeleira esvoaça pelas espáduas, ao capricho dos ventos.

Tétis, deusa do mar, esposa do Oceano, não deve ser confundida com Tétis, filha de Nereu e mãe de Aquiles.

Nereu, Dóris e as Nereidas

Nereu, deus marinho, mais antigo que Netuno, era, segundo Hesíodo, filho do Oceano e de Tétis, ou, segundo outros, do Oceano e da Terra. Casou com Dóris, sua irmã, de quem teve cinquenta filhas, chamadas "Nereidas".

Nereu é representado como um velho doce e pacífico, cheio de justiça e moderação. Hábil adivinhador, predisse a Páris as desgraças que o rapto de Helena traria sobre a sua pátria, e ensinou a Hércules onde estavam os pomos de ouro que Euristeu lhe ordenara buscar.

Sua morada habitual é no Mar Egeu, onde está cercado de suas filhas, que o divertem com danças e cantos.

As Nereidas são representadas como belas donzelas com a cabeleira entrelaçada de pérolas. Caminham sobre delfins ou cavalos-marinhos, e têm na mão, ora um tridente, ora uma coroa, ora uma Victória[12], ora um galho do coral. Algumas vezes representam-nas metade mulheres, metade peixes.

Netuno (em grego, Poseidon) e Anfitrite

Netuno, ou Poseidon, filho de Saturno e de Reia, era irmão de Júpiter e de Plutão. Logo que nasceu, Reia o escondeu em um aprisco da Arcádia, e fez Saturno acreditar ter ela dado à luz a um potro que lhe deu para devorar. Na partilha que os três irmãos fizeram do Universo, teve ele por quinhão o mar, as ilhas, e todas as ribeiras.

---

12 Gênero de plantas aquáticas da família das ninfeáceas, que habitam a América do Sul. (N. do R.)

Quando Júpiter, seu irmão, a quem sempre serviu com toda fidelidade, venceu os Titãs, seus terríveis competidores, Netuno encarcerou-os no Inferno, impedindo-os de tentar novas empresas. Ele os mantém por trás do recinto inexpugnável formado por suas ondas e rochedos.

Netuno governa seu império com uma calma imperturbável. Do fundo do mar em que está sua tranquila morada, sabe tudo quanto se passa na superfície das ondas. Se, por acaso, os ventos impetuosos espalham inconsideradamente as vagas sobre as praias, causando injustos naufrágios, Netuno aparece, e com a sua nobre serenidade faz as águas reentrarem em seu leito, abre canais através dos baixios, levanta com o tridente os navios presos nos rochedos, ou encalhados nos bancos de areia; em uma palavra, restabelece toda a desordem das tempestades.

Teve como mulher Anfitrite, filha de Dóris e de Nereu. Essa ninfa se recusara antes a desposar Netuno e escondeu-se para esquivar-se às suas perseguições. Mas um delfim, encarregado dos interesses de Netuno, encontrou-a ao pé do Monte Atlas, e persuadiu-a que devia aceitar o pedido do deus; como recompensa, foi colocada entre os astros. De Netuno, teve ela um filho chamado Tritão e muitas ninfas marinhas; diz-se também que foi a mãe dos Ciclopes.

O ruído do mar, sua profundidade misteriosa, seu poder, a severidade de Netuno que abala o mundo, quando com o tridente ergue os enormes rochedos, inspiram à humanidade um sentimento mais de receio do que de simpatia e de amor. O deus parecia dar-se conta disso, todas as

Anfitrite, arte da coleção *Ninfas do Riacho e da Água*, por Philips Galle, datada de 1587, presente no Rijksmuseum, na Holanda.

vezes que se apaixonava por uma divindade ou por uma simples mortal. Recorria então à metamorfose; mas, na maior parte das vezes, mesmo nas suas transformações, conservava o seu caráter de força e de impetuosidade.

Representam-no mudado em touro, nos seus amores com a filha de Éolo; sob a forma do Rio Enipeu, para fazer de Ifimedia, mãe de Efialtes e de Oto; sob a de um carneiro, para seduzir Bisáltide; como cavalo, para enganar Ceres; enfim, como um grande pássaro nos amores com Medusa, e como um delfim quando se apaixonou por Melanto.

Sua famosa discórdia com Minerva, por causa da posse da Ática, é uma alegoria transparente em que os doze grandes deuses, tomados como árbitros, indicam a Atenas os seus destinos. Esse deus teve ainda uma desavença com Juno por causa de Micenas e com o Sol por causa de Corinto.

Quer a fábula que Netuno, expulso do céu com Apolo por haver conspirado contra Júpiter, tenha construído as muralhas de Troia, e que, fraudado em seu salário, se tenha vingado da perfídia de Laomedonte destruindo os muros da cidade.

Netuno era um dos deuses mais venerados na Grécia e na Itália, onde possuía grande número de templos, sobretudo nas vizinhanças do mar. Tinha também as suas festas e os seus espetáculos solenes, sendo que os do Istmo de Corinto e os do Circo de Roma eram-lhe especialmente consagrados sob o nome de Hípio. Independente das Saturnais, festas que se celebravam no mês de julho, os romanos consagravam a Netuno todo o mês de fevereiro.

Perto do Istmo de Corinto, Netuno e Anfitrite tinham suas estátuas no mesmo templo, não longe uma da outra; a de Netuno era de bronze e media doze pés e meio de altura. Na Ilha de Tenos, uma das Cíclades, tinha Anfitrite uma estátua colossal de uma altura de nove cúbitos. O deus do mar tinha sob a sua proteção os cavalos e os navegantes. Além das vítimas ordinárias e das libações em sua honra, os arúspices ofereciam-lhe particularmente o fel da vítima, porque o amargo convinha às águas do mar.

Netuno é geralmente representado nu, com uma longa barba, e o tridente na mão, ora sentado, ora em pé sobre as ondas, muitas vezes em um carro puxado por dois ou quatro cavalos, comuns ou marinhos, cuja parte inferior do corpo termina em cauda de peixe.

Aqui está representado, tendo o seu tridente na mão esquerda, um delfim na direita e pousando um pé sobre a proa de um navio.

Por sua atitude, seu ar calmo e os atributos que o acompanham, exprime visivelmente o seu poder soberano sobre as águas, os navegantes e os habitantes dos mares.

Anfitrite é representada passando sobre as águas em um carro em forma de concha puxado por delfins ou cavalos-marinhos. Às vezes empunha um cetro de ouro, emblema de sua autoridade sobre as ondas. As nereidas e os tritões formam-lhe o cortejo.

Netuno, imagem retirada da 4ª edição da enciclopédia *Meyers Konversations-Lexikon*.

Tritão

Tritão, filho de Netuno e de Anfitrite, era um semideus marinho; a parte superior de seu corpo, até os rins, figurava um homem nadando; a parte inferior, um peixe de longa cauda. Era o arauto do deus do mar, a quem precedia sempre, anunciando a sua chegada ao som de uma concha recurva; algumas vezes é trazido à superfície das águas, de outras, aparece em um carro puxado por cavalos azuis.

Os poetas atribuem a Tritão um outro ofício além do de arauto de Netuno: o de acalmar as ondas e fazer cessar as tempestades. Assim, conta Ovídio que Netuno, querendo chamar as águas do dilúvio, manda Tritão tocar a buzina, a cujo som as águas se retiram. Virgílio relata que, quando Netuno quis apaziguar a tempestade que Juno excitara contra Eneias, Tritão, em companhia de uma nereida, empregou todos os esforços para salvar os navios encalhados.

Os poetas admitem vários Tritões, com as mesmas funções e a mesma figura.

Proteu

Proteu, deus marinho, era filho de Oceano e de Tétis ou, segundo uma outra tradição, de Netuno e de Fenice. Segundo os gregos, sua pátria é Palene, cidade da Macedônia. Dois dos seus filhos, Tmolos e Telégono, eram gigantes, monstros de crueldade. Não tendo podido chamá-los ao sentimento da humanidade, tomou o partido de retirar-se para o Egito, com o socorro de Netuno, que lhe abriu uma passagem sob o mar. Também teve filhas, entre as quais as ninfas Eidoteia, que apareceu a Menelau, quando, voltando de Troia, esse herói foi levado por ventos contrários à costa do Egito, e lhe ensinou o que devia fazer para saber de Proteu os meios de regressar à pátria.

Proteu guardava os rebanhos de Netuno, isto é, grandes peixes e focas. Para recompensá-lo pelos trabalhos que tinha com isso, Netuno deu-lhe o conhecimento do passado, do presente e do futuro. Mas não era fácil abordá-lo, e ele se recusava a todos que vinham consultá-lo.

Eidoteia disse a Menelau que, para decidi-lo a falar, era preciso surpreendê-lo durante o sono e amarrá-lo de maneira que não pudesse escapar, pois ele tomava todas as formas para espantar os que se aproximavam: a de leão, dragão, leopardo, javali; algumas vezes se metamorfoseava em árvore, em água e mesmo em fogo; mas perseverando em conservá-lo bem atado, retomava a primitiva forma e respondia a todas as perguntas que se lhe fizessem.

Menelau seguiu ponto por ponto as instruções da ninfa. Com três de seus companheiros, entrou, de manhã, nas grutas em que Proteu costumava ir ao meio-dia descansar, juntamente aos rebanhos. Apenas Proteu fechou os olhos e tomou uma posição cômoda para dormir, Menelau e os seus três companheiros se atiraram sobre ele e o apertaram fortemente entre os braços. Era inútil metamorfosear-se: a cada forma que tomava, apertavam-no com mais força. Quando, enfim, esgotou todas as suas astúcias, Proteu voltou à forma ordinária e deu a Menelau os esclarecimentos que este pedia.

No quarto livro das *Geórgicas*, Virgílio, imitando Homero, conta que o pastor Aristeu, depois de haver perdido todas as suas abelhas, foi, a conselho de Cirene, sua mãe, consultar Proteu sobre os meios de reparar os enxames, e para lhe falar, recorreu aos mesmos artifícios.

Glauco

Glauco, filho de Netuno e de Naís, ninfa do mar, foi ao princípio um célebre pescador de Antedonte, na Beócia. Um dia, tendo posto sobre as ervas da margem uns peixes que acabara de pescar, notou que eles se agitavam de um modo extraordinário e se lançavam ao mar. Persuadido de que essas ervas tinham uma virtude particular, provou-as e seguiu o exemplo dos peixes. O Oceano e Tétis despojaram-no do que tinha de mortal e o admitiram no número dos deuses marinhos. A cidade de Antedonte elevou-lhe um templo e ofereceu-lhe sacrifícios. Teve, mais tarde, nessa mesma cidade, um oráculo muitas vezes consultado pelos marinheiros.

Conta-se que Glauco se apaixonou por Ariana quando foi raptado por Baco na Ilha de Dia. Para castigá-lo, o deus amarrou-o com sarmentos de vinha, mas Glauco conseguiu desembaraçar-se.

Foi ele quem apareceu aos Argonautas, sob a forma de um deus marinho, quando Orfeu, por ocasião de uma tempestade, fez um juramento solene aos deuses da Samotrácia. No combate entre Jasão e os tirrenianos, incorporou-se aos Argonautas e foi o único que saiu sem ferimentos.

Intérprete de Nereu, predizia o futuro e ensinou ao próprio Apolo a arte das predições.

Seu aspecto tem muita semelhança com o de Tritão. A barba é úmida e branca, e os cabelos esvoaçam sobre os ombros. Tem as sobrancelhas espessas e tão juntas que parecem uma só. Seus braços são em forma de nadadeiras, e o peito está coberto de algas. O resto do corpo é de peixe, cuja cauda se recurva até os rins.

Saron

Saron, antigo rei de Trezena, amava apaixonadamente a caça. Um dia em que caçava um veado, perseguiu-o até a margem do mar. O veado atirou-se a nado, e ele o acompanhou; levado por seu ardor, achou-se insensivelmente em alto mar, onde, com as forças esgotadas, e não podendo mais nadar, afogou-se. Seu corpo foi transportado ao bosque sagrado de Diana e inumado no átrio do templo. Essa aventura fez dar o nome de Golfo Sarônico ao braço de mar onde se deu a cena, perto de Corinto. Quanto a Saron, seus povos o puseram no número dos deuses do mar. Mais tarde, tornou-se o deus tutelar dos marinheiros.

Taumas e Electra — As Harpias

Taumas, filho da Terra, e sua esposa, Electra, filha do Oceano e de Tétis, divindades misteriosas do mar, foram os pais da deslumbrante Íris, mensageira de Juno, e das harpias, monstros hediondos que assombram e infetam o mundo.

As harpias eram três: Celeno, a Obscuridade; Aelo, a Tempestade; Ocitoe, ou Ocípete, a Rápida, no voo e na carreira. Tais monstros, com cara de mulher velha, corpo de abutre, bico e unhas aduncas, mamas pendentes, causavam a fome em toda parte em que passavam, arrebatavam as vitualhas de cima das mesas, e espalhavam um cheiro tão infeto que ninguém podia aproximar-se daquilo que deixavam. Era inútil afugentá-las; elas voltavam sempre. Júpiter e Juno serviam-se delas contra aqueles que queriam punir. As Harpias tinham estabelecido a sua morada nas Ilhas Estrófades, no Mar Jônio, sobre a costa do Peloponeso.

A pintura e a escultura personificam os vícios usando das Harpias. Por exemplo, uma Harpia sobre sacos de dinheiro designa a avareza.

Ino (ou Leucoteia) e Melicerta (ou Palemon)

Ino, filha de Cadmo e da Harmonia, irmã de Sêmele, mãe de Baco, desposou Atamante, rei de Tebas, em segundas núpcias; teve dois filhos, Learco e Melicerta. Tratou como verdadeira madrasta os filhos que Atamante tivera de Nefele, sua primeira mulher, e procurou fazê-los morrer, porque, pelo direito de descendência, eles é que deviam suceder a seu pai, com exclusão dos filhos do segundo matrimônio. Estando Tebas assolada por uma fome cruel, fez ela dizer pelos oráculos que, para que cessasse a desolação, era preciso imolar Hele e Frixo, filhos de Néfele, que evitaram por uma fuga imediata o bárbaro sacrifício de que deviam ser as vítimas. Por sua parte, Atamante, tendo descoberto os cruéis artifícios de sua mulher, ficou tão colérico contra ela, que esmagou de encontro a um muro o pequeno Learco, um dos seus filhos, e perseguiu Ino até o mar, onde ela se precipitou com Melicerta, seu outro filho. Mas Pânope, uma nereida, seguida por cem ninfas, suas irmãs, recebeu em suas mãos a mãe e o filho, e os conduziu sobre as águas até a Itália. Ino merecera esse favor e essas atenções porque, depois da morte de Sêmele, se encarregara de educar o pequeno Baco.

A pedido de Vênus, Netuno recebeu Ino e Melicerta no número das divindades do seu império, a mãe com o nome de Leucoteia, o filho sob o de Palemon. Leucoteia tinha um altar no templo de Netuno, em Corinto; tinha também um templo em Roma, onde era venerada sob o nome de Matuta.

Palemon era particularmente adorado na Ilha de Tênedos, onde uma cruel superstição lhe oferecia crianças em sacrifício. Em Corinto, os Jogos Ístmicos tinham sido primitivamente instituídos em sua honra; foram depois interrompidos e restabelecidos por Teseu, em homenagem a Netuno. Era uma capela baixa, à qual se descia por uma escada oculta. Acreditava-se que Palemon estava ali escondido, e quem quer que ousasse fazer nesse templo um juramento falso, fosse cidadão ou estrangeiro, seria imediatamente punido por seu perjúrio. Esse deus era venerado em Roma sob os nomes de Portumno ou Portuno.

Circe

Circe, irmã de Pasífae e Eetes, era filha do Sol e da ninfa Perseis, uma das oceânides, ou, segundo outros, do Dia e da Noite. Dizia-se que era tão hábil em magia, que fazia descerem as estrelas do céu; mas era sobretudo exímia na arte dos envenenamentos. O primeiro ensaio que, nesse gênero, fez dos seus talentos, foi sobre o rei de Sarmates, seu marido, crime que a tornou odiosa a seus súditos, que a obrigaram a fugir. O Sol transportou-a em seu carro sobre a costa da Etrúria, depois chamada Cabo de Circe, e a Ilha de Eia ficou sendo o lugar de sua moradia. Foi aí que ela transformou em monstro a jovem Cila, por ser amada de Glauco, a quem Circe amava violentamente. O mesmo fez com Pico, rei da Itália, a quem metamorfoseou em picanço[13] porque ele se recusou a abandonar sua mulher Canente, para unir-se a ela. A desgraçada Canente teve um desgosto tão grande, que à força de se lamentar, evaporou-se nos ares.

Ulisses, indo dar às costas habitadas por essa terrível mágica, só conseguiu escapar às suas manhas graças às recomendações de Mercúrio e ao auxílio de Minerva. Ela, porém, arranjou meios de detê-lo nas armadilhas do amor. Para agradá-lo, restituiu a primitiva forma aos seus companheiros, mudados em animais; ele ficou um ano com ela e fê-la mãe de Ágrio e Latino.

A perfídia, os filtros, os malefícios de Circe não impediram que ela tivesse o seu lugar entre os deuses. Era adorada na Ilha de Eia, e tinha um monumento em uma das ilhas chamadas "Farmaeusas", perto de Salamina.

A fábula de Circe, que mudava os homens em animais pelas suas seduções e encantos, é uma alegoria que se tornou popular como a expressão "companheiros de Ulisses".

Cila e Caríbdis

Cila, ninfa de uma esplêndida beleza, inspirara um violento amor a Glauco, que se diverte com as tempestades e se compraz nas ondas azuladas. Meio homem, meio peixe, não fazendo ideia nem da sua fealdade, nem da sua deformidade, esse deus marinho inutilmente tomava o Céu, a Terra e o Mar como testemunhas da sinceridade de seu coração; a ninfa

---

13 Árvores pertencentes à ordem dos trepadores, que em francês são chamadas de *pivert*. (N. do R.)

era insensível aos seus juramentos e transportes. Recorreu então a Circe. A mágica, que amava Glauco a ponto de ser ciumenta, fez-lhe pérfidas promessas. Preparou um veneno que atirou na fonte em que a ninfa tinha o costume de se banhar. Apenas Cila entrou na fonte, viu-se imediatamente transformada em um monstro que tinha seis garras, seis goelas e seis cabeças; uma matilha de cães safa-lhe do corpo ao redor da cintura, e seus uivos contínuos causavam horror aos viajantes. A própria Cila, horrorizada pela sua forma monstruosa, atirou-se ao mar perto dos rochedos e escolhos, no Estreito da Sicília, que ficaram tendo o seu nome.

Cila tem uma voz terrível, e seus gritos medonhos lembram o rugido do leão; é um monstro cujo aspecto faria estremecer mesmo a um deus. Quando vê passar navios no estreito, avança fora do seu antro e os atrai para devorar; foi assim que se vingou de Circe, fazendo naufragar os navios de Ulisses, seu amante. Caríbdis, filha de Netuno e da Terra, tendo furtado os bois de Hércules, foi fulminada por Júpiter e mudada em um abismo perigoso que está no Estreito de Sicília, em frente ao antro de Cila. Homero supõe que esse abismo devora as ondas três vezes por dia, e três vezes as vomita com rugidos horríveis.

Desses dois sorvedouros, o menos perigoso é o de Caríbdis. Daí o provérbio: "Cair de Caríbdis em Cila".

As Sereias

Quando, por uma noite calma de primavera ou de outono, o marinheiro deixar vogar docemente o barco não longe das costas, nas paragens semeadas de rochedos ou de escolhos, ouve ele, ao longe, no marulho das ondas, o gorjeio de aves do mar. Esse gorjeio, entrecortado às vezes por gritos estridentes e zombeteiros, se eleva nos ares e passa invisível com um estranho sibilo de asas, por cima da cabeça do marinheiro atento, dando-lhe a ilusão de um concerto de vozes humanas. Sua imaginação então lhe representa grupos de mulheres ou de moças que se divertem e procuram desviá-lo do seu caminho. Desgraçado, ao se aproximar do lugar em que a voz parece mais clara, isto é, dos rochedos à flor d'água onde, para o pássaro do mar, a pesca é frutuosa, infalivelmente seu barco se quebrará e se perderá entre os escolhos.

Tal é, sem dúvida, a origem da fábula das sereias. Mas a imaginação dos poetas criou-lhes uma lenda maravilhosa. Eram elas filhas do Rio

Aqueloo e da musa Calíope. Ordinariamente contam-se três: Partênope, Leucósia e Ligeia, nomes gregos que evocam as ideias de candura, de brancura e de harmonia. Outros dão-lhes os nomes de Aglaofone, Telxíepe e Pisínoe, denominações que exprimem a doçura de sua voz e o encanto de suas palavras.

Conta-se que, no tempo do rapto de Prosérpina, as sereias foram à terra de Apolo, isto é, à Sicília, e que Ceres, para puni-las de não haverem socorrido sua filha Prosérpina, transformou-as em aves.

Ovídio, ao contrário, diz que as sereias, desoladas com o rapto de Prosérpina, pediram aos deuses que lhes dessem asas para que fossem procurar sua jovem companheira por toda a Terra. Habitavam rochedos escarpados sobre as margens do mar, entre a Ilha de Capri e a costa da Itália.

O oráculo predissera às sereias que elas viveriam tanto tempo quanto pudessem deter os navegantes à sua passagem; mas desde que um só passasse sem para sempre ficar preso ao encanto das suas vozes e das suas palavras, morreriam. Por isso, essas feiticeiras, sempre em vigília, não deixavam de deter pela sua harmonia todos os que chegavam perto e cometiam a imprudência de escutar os seus cantos. Elas tão bem os encantavam e os seduziam que eles não pensavam mais no seu país, na sua família, em si mesmos; esqueciam de beber e de comer, e morriam por falta de alimento. A costa vizinha estava toda branca dos ossos daqueles que assim haviam perecido.

Entretanto, quando os argonautas passaram por suas paragens, fizeram elas vãos esforços para atraí-los. Orfeu, que estava no navio, tomou de sua lira e as encantou a tal ponto que elas emudeceram e atiraram os instrumentos ao mar.

Ulisses, obrigado a passar com o seu navio diante das sereias, mas advertido por Circe, tapou com cera as orelhas de todos os seus companheiros, e se fez amarrar, de pés e mãos, a um mastro. Além disso, proibiu que o desligassem se, por acaso, ouvindo a voz das sereias, manifestasse o desejo de parar. Tais precauções não foram inúteis. Ulisses, mal ouviu suas doces palavras e suas promessas sedutoras; apesar do aviso que recebera e da certeza de morrer, deu ordem aos companheiros para que o soltassem, o que felizmente eles não fizeram. As sereias, não tendo podido deter Ulisses, precipitaram-se no mar, e as pequenas ilhas rochosas que habitavam, defronte do promontório da Lucárnia, foram chamadas "Sirenusas".

As sereias são representadas ora com cabeça de mulher e corpo de pássaro, ora com todo o busto feminino e a forma de ave, da cintura até os pés. Nas mãos têm instrumentos: uma empunha uma lira, outra duas flautas, a terceira gaitas campestres ou um rolo de música, como para cantar. Também pintam-nas com um espelho. Não há nem um autor antigo que nos tenha representado as sereias como mulheres-peixes.

Pausânias conta ainda uma fábula sobre as sereias: "As filhas de Aqueloo, diz ele, encorajadas por Juno, pretenderam a glória de cantar melhor do que as musas, e ousaram fazer-lhes um desafio, mas as musas, tendo-as vencido, arrancaram-lhes as penas das asas, e com elas fizeram coroas". Com efeito, existem antigos monumentos que representam as musas com uma pena na cabeça. Apesar de temíveis ou perigosas, as sereias não deixaram de participar das honras divinas; tinham um templo perto de Sorrento.

Sereia, obra de John William Waterhouse (1849 - 1917), exposta na Academia Real Inglesa, no Reino Unido.

As Forcíades, As Greias e As Górgonas

Ponto ou Pontus, filho de Netuno, é às vezes confundido com o Oceano. Esse deus, cujo nome designou mais tarde o Ponto Euxino em uma região da Ásia, tinha-se unido à Terra, e foi pai de Fórcis, deus marinho, muitas vezes identificado com Proteu. De Fórcis e de sua esposa Ceto, filha de Netuno e da ninfa Teseia, nasceram as forcíades, isto é, as ninfas Toosa e Cila, as Greias e as Górgonas. Toosa foi a mãe do ciclope Polifemo e é conhecida a terrível metamorfose de Cila.

As Greias, irmãs mais velhas das Górgonas, e cujo nome em grego significa "mulheres velhas", eram assim chamadas porque já nasceram de cabelos brancos. São três: Enio, Pefredo e Dino. Diz-se que elas somente tinham um olho e um dente para todas as três, de que se serviam uma de cada vez, mas era um dente mais rijo e mais longo que as presas dos mais fortes javalis. Suas mãos eram de bronze, e a cabeleira entrelaçada de serpentes. Eram extraordinariamente parecidas com as Górgonas, suas irmãs mais moças; entretanto, Hesíodo lhes atribui beleza. Como habitavam sempre no mar ou suas paragens, os mitólogos explicam os seus cabelos brancos pelas ondas do mar, que embranquecem quando estão agitadas.

As Górgonas, também em número de três, Esteno, Euríale e Medusa, moravam para além do Oceano, na extremidade do mundo, perto da habitação da Noite. Ora representam-nas como as Greias, com um só olho e um só dente para as três, ora dão-lhes uma beleza estranha e atrativos fascinantes.

Medusa, sua rainha, era mortal, ao passo que suas duas irmãs, Euríale e Esteno, não eram sujeitas nem à velhice nem à morte. Era uma jovem de beleza surpreendente; mas de todos os seus atrativos, nenhum se igualava à beleza de sua cabeleira. Uma multidão de namorados procurou pedi-la em casamento. Netuno também se enamorou dela, e tendo-se metamorfoseado em pássaro, transportou-a a um templo de Minerva, que com tal se ofendeu. Outros contam somente que Medusa ousou disputar em beleza com Minerva, e comparar-se a ela. A deusa ficou tão irritada com essa pretensão que transformou em pavorosas serpentes os lindos cabelos de que se ufanava Medusa, e deu a seus olhos o poder de transformar em pedra tudo que vissem. Muitas pessoas sentiram os efeitos perniciosos de seus olhares, nas cercanias do Lago Tritonis, na

Medusa de Caravaggio (1571 - 1610), presente no museu da Galeria dos Escritórios, em Florença, Itália.

Líbia. Os deuses, querendo livrar o país de tal flagelo, enviaram Perseu para o exterminar. Esse herói, com o auxílio de Minerva, cortou a cabeça da Górgona e a consagrou à deusa, que desde então a traz representada sobre a sua égide.

Depois da morte de Medusa, sua rainha, as Górgonas foram habitar perto das portas do Inferno, com os centauros, as harpias e os outros monstros da fábula. Ordinariamente, as Górgonas ou Medusas são representadas com uma cabeça enorme, a cabeleira eriçada de serpentes, boca larga, dentes formidáveis e olhos desmedidamente abertos. Entretanto, todas aquelas que os antigos monumentos nos conservaram não têm esse aspecto pavoroso e terrível; há mesmo alguns que mostram o rosto de mulher, cheio de doçura, outros que são graciosíssimos, tanto sobre a égide de Minerva, como em outra qualquer parte. Vê-se, em um dos museus de Florença, uma cabeça de Medusa moribunda, obra-prima de Leonardo da Vinci.

A cabeça de Medusa é frequentemente representada com asas.

Os Ciclopes

Os ciclopes, gigantes monstruosos, filhos de Netuno e de Anfitrite, e segundo outros, do Céu e da Terra, só tinham um olho no meio da testa, de onde lhes vem o nome (da raiz *ciclos*, círculo, mais *ops*, olhar). Viviam eles dos frutos da terra inculta e do produto dos seus rebanhos; não eram governados por nenhuma lei. Atribui-se-lhes a construção primitiva das cidades de Micenas e de Tirento, formadas de massas de pedras tão grandes, que eram precisas duas juntas de bois para arrastar a menor.

Logo que nasceram, Júpiter precipitou-os no Tártaro, mas em seguida colocou-os em liberdade, a pedido de Telo, (a Terra) que predissera a sua vitória. Tornaram-se os ferreiros de Vulcano (Hefesto), e trabalhavam ora na Ilha de Lemnos, ora nas profundidades da Sicília, sob o Etna. Fabricaram para Plutão (Hades) o capacete que o torna invisível, para Netuno o tridente com que levanta e acalma os mares, para Júpiter o raio com que faz temer os deuses e os homens.

Os três principais ciclopes eram: Brontes, que forjava o raio; Estéropes, que o punha na bigorna, e Pirácmon, que o batia a golpes repetidos. Os outros eram mais de cem. Conta-se que Apolo, para vingar seu filho Esculápio, fulminado pelo raio, matou-os todos a flechadas.

Muitos poetas os consideram como os primeiros habitantes da Sicília, e representam-nos como antropófagos. Apesar da sua crueldade ou barbaridade, os ciclopes, foram colocados entre os deuses; e em um templo de Corinto tinham um altar sobre o qual lhes ofereciam sacrifícios.

O maior, o mais forte e o mais célebre dos ciclopes era Polifemo, filho de Netuno e da ninfa Toosa. Alimentava-se sobretudo de carne humana. Tendo Ulisses sido atirado por uma tempestade às costas da Sicília, onde habitavam os ciclopes, Polifemo encerrou-o com todos os companheiros e rebanhos de carneiros no seu antro, para devorá-los. Mas Ulisses fê-lo beber tanto vinho, distraindo-o com a narração do cerco de Troia, que conseguiu embriagá-lo. Depois, ajudado pelos companheiros, vazou-lhe o olho com uma estaca. O ciclope, ao sentir-se ferido, deu gritos medonhos; todos os vizinhos acorreram para saber o que lhe tinha acontecido; e quando lhe perguntaram o nome daquele que o ferira, respondeu ser Ninguém (pois Ulisses lhe dissera chamar-se assim); então regressaram todos, julgando que ele houvesse enlouquecido. Entretanto, Ulisses ordenou a seus companheiros que se amarrassem sob os carneiros, para que não fossem detidos pelo ciclope quando levasse o seu rebanho a pastar.

Aconteceu o que Ulisses previra, porque Polifemo, tendo tirado uma pedra que cem homens não poderiam mover e que tapava a entrada da sua caverna, colocou-se de maneira que os carneiros só pudessem passar de um em um entre as suas pernas. Quando sentiu que Ulisses e seus companheiros estavam fora, perseguiu-os e atirou sobre eles o imenso rochedo; mas eles o evitaram facilmente e embarcaram, tendo perdido apenas quatro camaradas que o ciclope comeu. Polifemo, apesar da sua ferocidade natural, apaixonou-se por uma ninfa do mar, a nereida Galateia, que amava o jovem e belo pastor Ácis. Indignado com essa preferência, atirou um bloco de rochedo sobre o jovem e o esmagou. Ao ver isso, Galateia atirou-se ao mar e se uniu às nereidas, suas irmãs; depois, a seu pedido, Netuno mudou Ácis em um rio da Sicília.

A fábula do ciclope Polifemo inspirou mais de um pintor, notadamente Annibale Carracci e Poussin.

Os Rios

"Evitai", diz Hesíodo, "atravessar as águas dos rios de curso eterno, sem lhes dirigir uma prece, com os olhos fixos na sua esplêndida corrente, e antes de haverdes molhado vossas mãos na onda agradável e límpida".

Os rios são filhos do Oceano e de Tétis. Hesíodo conta três mil. Entre todos os povos antigos, participaram eles das honras da divindade: tinham seus templos, seus altares, suas vítimas preferidas. Ordinariamente, imolavam-lhes o cavalo e o touro. Sua nascente era sagrada: acreditava-se que ali, em uma gruta profunda, onde nenhum mortal podia penetrar sem um favor divino, o rio, divindade verdadeira, tinha o seu palácio misterioso. Nesse palácio, o deus cercado de uma multidão de ninfas, solícitas em acompanhá-lo e servi-lo, ordenava como senhor, vigiava e governava o curso das suas águas.

Por uma ficção graciosa, permitida aos poetas, Virgílio, no quarto livro das *Geórgicas*, reuniu mesmo em uma só gruta, na nascente do Peneu, na Grécia, todos os rios da terra. Daí eles brotam com grande ruído e partem em diversas direções, por canais subterrâneos, para ir levar a todas as regiões do mundo, com as suas águas benfeitoras, a vida e a fecundidade.

Os artistas e os poetas representam geralmente os rios sob a figura de velhos respeitáveis, símbolos da sua antiguidade, com a barba espessa, a cabeleira longa e rastejante, com uma coroa de junco na cabeça. Deitados entre os caniços apoiam-se sobre uma urna, de onde sai a água que forma o curso ao qual presidem. Essa urna é inclinada, ou ao nível, para exprimir a rapidez ou a tranquilidade de seu curso.

Nas medalhas, os rios são colocados à direita ou à esquerda, segundo correm para o oriente ou para o ocidente. Representam-nos algumas vezes sob a forma de touros, ou simplesmente com chifres, para exprimir o mugido de suas águas, ou porque os braços de um rio lembram os cornos do touro.

Às vezes, os rios de cursos sinuosos são representados sob a forma de serpentes. E às ribeiras, que não vão diretamente se atirar ao mar, dá-se de preferência a figura de uma mulher, de um rapaz imberbe, ou mesmo de uma criança.

Cada rio tem o seu atributo, que o caracteriza, e que é ordinariamente escolhido entre os animais que habitam o país que ele rege, entre as plantas que crescem às suas margens, ou entre os peixes que vivem em suas águas.

As Náiades

As ninfas, que presidiam às fontes, às ribeiras e aos rios, mereciam uma veneração e um culto especiais. Chamavam-se Náiades, da palavra grega *naein* que significa "manar". Eram consideradas filhas de Júpiter; algumas vezes são arroladas no número das sacerdotisas de Baco. Alguns autores fazem-nas mães dos sátiros.

Ofereciam-se-lhes em sacrifícios cabras e cordeiros, com libações de vinho, mel e de azeite; na maioria das vezes figuravam nos seus altares leite, frutas e flores. Eram somente divindades campestres, cujo culto não se estendia até as cidades.

Representam-nas jovens, formosas, ordinariamente com as pernas e os braços nus, apoiadas a uma urna donde brota água, tendo na mão uma concha e algumas pérolas, cujo esplendor realça a simplicidade dos seus ornatos; uma coroa de cana orna a cabeleira prateada que flutua sobre os ombros. Algumas vezes são também coroadas com plantas aquáticas, e a seu lado uma serpente se ergue como para as enlaçar em seus anéis.

O Aqueloo

Seria muito longo enumerar e caracterizar todos os rios celebrados pelos poetas; mas a Mitologia deve ao menos mencionar os mais conhecidos entre eles.

O Aqueloo, rio de Épiro, que corria entre a Etólia e a Acamânia, passava por ser o mais antigo da Grécia. Diz-se que sobre as suas margens se estabeleceram e viveram os homens primitivos. Depois que comiam as doces glandes[14] da floresta de Dodona, vinham matar a sede nas águas suaves do Aqueloo. Conta-se deste rio a seguinte fábula: Aqueloo era filho do Oceano e de Tétis, ou segundo outros, do Sol e da Terra. Disputou com Hércules a posse de Dejanira, a quem amava, e que lhe tinha sido prometida, sendo, porém, derrotado.

Hércules derrota Aqueloo.

No mesmo instante metamorfoseou-se em serpente, sob cuja forma ainda foi vencido; finalmente, transformou-se em touro, metamorfose que nada lhe valeu. Hércules segurou-se pelos cornos, e, tendo-o derrubado, arrancou-lhe uma das armas, e o obrigou a esconder-se no Rio Toas, desde então chamado Aqueloo. O vencido deu ao vencedor o chifre de Amalteia para recuperar o seu. Segundo alguns poetas, é o próprio chifre de Aqueloo que as náiades apanharam; encheram-no de flores e com ele fizeram a cornucópia.

Aqueloo era o pai das sereias, que nasceram de seus amores com a musa Calíope. Atribuem-lhe caráter vingativo e grande suscetibilidade.

Cinco ninfas, filhas de Equino, tendo sacrificado dez touros, convidaram para a festa todas as divindades campestres, exceção feita

---

14 Fruto vulgarmente conhecido como "bolota", produzido pelos carvalhos. (N. do R.)

de Aqueloo. O deus, ofendido com esse esquecimento, fez com que as águas crescessem e extravasassem, arrastando ao mar as cinco ninfas e o local em que a festa se celebrava. Netuno, comovido com a sua sorte, metamorfoseou-as em ilhas, as Equínades, que estão situadas não muito longe e defronte da embocadura do rio.

Pode-se ver no Jardim das Tulherias, a estátua de Hércules abatendo o Rio Aqueloo, sob a forma de serpente, obra notável de F. J. Bosio.

Alfeu e Aretusa

Os antigos tinham observado que o Alfeu, riacho da Élida, que vem das montanhas da Arcádia, muitas vezes parecia desaparecer debaixo do chão, antes da sua embocadura, e que, por sua vez, a fonte Aretusa, que nasce de um rochedo, no extremo da Ilha de Ortigia, perto de Siracusa, fornece abundante água doce, se bem que esteja cercada pelo mar. Essa observação sugeriu aos poetas a seguinte fábula:

Alfeu era um intrépido caçador, que percorria as montanhas e os vales da Arcádia. Percebeu um dia Aretusa, filha de Nereu e de Dóris, ninfa predileta de Diana, que estava se banhando em um ribeiro. Apaixonou-se loucamente por ela, mas Aretusa, assustada, foge; ele a persegue, e acompanha-a de perto. Diz-se que a perseguiu até a Sicília. Ao chegar à Ilha de Ortigia, perto de Siracusa, a ninfa exausta de fadiga, e já quase alcançada pelo audacioso Alfeu, não tem outro remédio senão implorar o socorro de Diana. A deusa, intervindo, metamorfoseou-se em um em rio e a outra em fonte. Mas Alfeu, sob a sua nova forma, não renunciou ao amor; parece que ainda quer perseguir e atingir a ninfa. E por isso, as águas doces passam sob o mar, sem se confundir com a água salgada, e vão misturar-se à fonte de Aretusa, na Ilha de Ortígia.

O Eurotas, o Pamisa, o Neda, o Ládon e o Ínaco

Além do Alfeu, considerado deus, objeto de um culto, por bem dizer comum a toda a Grécia, quase todos os rios do Peloponeso tinham a sua fábula ou a sua lenda particular, e quase todos, como os da Grécia propriamente dita, recebiam honras religiosas.

O Eurotas, tão célebre, apesar da pouca importância e da extensão do seu curso, chamava-se primitivamente Himeros. Eurotas, filho de Lélex e pai de Esparta, mulher de Lacedêmon, quando conduzia os lacedemônios à guerra, quis dar batalha aos inimigos sem esperar a lua cheia. Foi vencido, e, desesperado, atirou-se ao rio, ao qual se deu o seu nome.

Pretendiam os lacedemônios que Vênus, depois de ter atravessado este rio, havia atirado nele os braceletes e outros enfeites de mulher com que estava adornada, e tomara em seguida a lança e o broquel, para assim mostrar-se a Licurgo e conformar-se com a magnanimidade das mulheres de Esparta.

Uma lei ordenava expressamente aos lacedemônios que tributassem honras divinas a esse rio. Foi em suas margens, ornadas de mirtos e loureiros cor-de-rosa, que Júpiter, sob o disfarce de um cisne, enganou Leda, que Apolo deplorou a perda de Dafne, que Castor e Pólux costumavam exercitar-se na luta e no pugilato, que Helena foi raptada pelo troiano Páris, que Diana, sua irmã, se aprazia em caçar, com as suas matilhas, entre as suas ninfas.

As águas do Eurotas tinham uma virtude maravilhosa: fortificavam simultaneamente o corpo e a alma. As mulheres da Lacedemônia nelas mergulhavam seus filhos, a fim de que se enrijecessem, desde cedo, para as fadigas da guerra.

Sobre as margens do Pamisa, os reis de Messênia faziam solenes sacrifícios na Primavera, e, cercados pela mocidade, fina flor da nação, imploravam o socorro do rio, em prol da independência da pátria.

Na mesma época, todos os anos, a juventude da Élida e da Messênia vinha às margens do Neda, e tanto as moças como os rapazes sacrificavam a cabeleira à divindade que presidia a esse pequenino ribeiro.

Mais longe, também na Élida, acreditava-se que o deus Pã, descendo das montanhas da Arcádia, vinha repousar junto às ribanceiras do Ládon, afluente do Alfeu. Foi lá que ele encontrou a ninfa Sirina, companheira de Diana caçadora. Perseguiu-a e debalde tentou alcançá-la: a ninfa se transformou em canas do rio, de que o deus se serviu para fazer a sua flauta de sete tubos.

O Ínaco, na Argólida, era o pai da ninfa Io. Escolhido como árbitro, juntamente ao seu filho Foroneu, entre Juno e Netuno, que disputavam o país entre si, pronunciou-se em favor da primeira. Despeitado, Netuno secou-o e reduziu-o a não ter água, senão em tempo de chuva.

O Céfiso, o Ilisso, o Ásopo, o Espérquio e o Peneu

Na Grécia propriamente dita, os rios mais venerados com um culto religioso eram o Céfiso e o Ilisso, na Ática; o Ásopo, na Beócia; o Espérquio e o Peneu, na Tessália.

O Céfiso, que passa ao norte de Atenas e vai lançar-se no porto de Falero, era considerado como um deus. Os habitantes de Oropos, na fronteira da Beócia e da Ática, consagraram-lhe a quinta parte de um altar que ele partilhava com o Aqueloo, com as ninfas e com Pã. Via-se, à margem, uma figueira selvagem, no lugar em que se pretendia que Plutão descera sobre a Terra, depois do rapto de Prosérpina. Foi também aí que Teseu matou o célebre bandido Procusto.

O Ilisso, outro riacho ao sudeste de Atenas, que se vai lançar no Golfo de Egina, é apenas uma torrente, assim como o Céfiso. Suas águas, porém, eram sagradas. Dizia-se que foi às suas margens, que a filha de Erecteu, a bela Oritia, fora raptada pelo impetuoso Bóreas.

O Ásopo, torrente que nasce no Citerão, atira-se ao Mar de Eubeia. Filho do Oceano e de Tétis, Ásopo, indignado por ter tido Júpiter a audácia de seduzir sua filha, Egina, quis mover-lhe uma guerra. Engrossou as suas águas, fê-las transbordar e destruir os campos vizinhos de seu curso. Júpiter, transformando-se em fogo, secou esse rio incômodo.

Peleu, em Homero, oferece ao Rio Espérquio a cabeleira de Aquiles, seu filho, se este tivesse a felicidade de regressar à sua pátria depois da Guerra de Troia.

O Peneu, cuja nascente é no Pindo, e que corre entre os Montes Ossa e Olimpo, irriga o Vale de Tempe, tão celebrado pelos poetas, por suas sombras e frescor. Essas margens, tão procuradas e apreciadas pelos mortais, pareciam uma região de predileção dos deuses. Os loureiros cresciam em abundância nas ribanceiras desse rio, e foi lá, dizem os poetas, que Dafne foi transformada nessa árvore desde então consagrada a Apolo.

Rios estranhos à Grécia

Entre os rios estranhos à Grécia, os principais que ocupam lugar na Mitologia grega e latina são o Estrímon na Macedônia; o Hebro, na Trácia; o Fase, na Cólquida; o Caique, na Mísia; o Caístro, na Lídia; o

Sangáris, na Frígia; o Escamandro, o Xanto e o Simonis, na Troada; o Pó (ou Erídano) e o Tibre, na Itália.

Todos são célebres, mas sob o ponto de vista da fábula, não têm o mesmo apreço.

Nas margens do Estrímon, Orfeu chorou Eurídice, e foi nas ondas do Hebro que as bacantes atiraram a cabeça desse poeta divino. Tétis, não tendo podido tornar Fase, príncipe da Cólquida, sensível ao seu amor, metamorfoseou-se no rio que tem o seu nome. O Castro, em cujas margens se recreavam os cisnes, tinha o nome de um herói efesiano ao qual se haviam levantado altares. O Sangáris era pai da ninfa Sangaride, amada de Átis, que pela ninfa esqueceu suas promessas para com Cibele, o que lhe causou a morte.

O Escamandro, perto da antiga cidade de Troia, nasce no Monte Ida e desemboca no mar perto do promontório de Sibeu. Atribui-se sua origem a Hércules. Esse herói, estando com muita sede, pôs-se a cavar a terra e fez brotar a fonte desse rio. Diz-se que as suas águas tinham a propriedade de tornar louros os cabelos das mulheres que nelas se banhassem. O Escamandro tinha um templo e sacrificadores. Era tão venerado, que todas as moças de Troada, na véspera de seu casamento, iam render-lhe homenagem e banhar-se em suas águas.

O Simonis era um afluente do Xanto; tanto um quanto outro são dois cursos d'água celebrados na *Ilíada*. Foi sobre as margens do Simonis que Vênus deu à luz Eneias. Durante o cerco de Troia, esse rio sagrado fez transbordar as suas águas, a fim de se opor, juntamente a Escamandro, aos empreendimentos dos gregos.

Erídano é chamado por Virgílio de "o rei dos rios", porque é o maior e o mais violento de todos os cursos d'água da Itália. Deve o seu nome ao filho do Sol, Faetonte, que foi precipitado em suas águas. É hoje o Rio Pó. Representam-no com uma cabeça de touro e chifres dourados. Foi sobre as suas margens que as Helíades, irmãs de Faetonte, fizeram rebentar a sua dor e foram mudadas em álamos.

O Tibre, rio que banha a cidade de Roma, recebeu também as honras da divindade. Chamava-se primitivamente Álbula, por causa da brancura de suas águas. Tiberinos, rei de Alba, afogou-se nesse rio que, depois dessa ocorrência, mudou de nome. É personificado nos monumentos e nas medalhas sob a figura de um velho coroado de flores e de frutos, meio deitado, com uma cornucópia, apoiando-se sobre uma loba, perto da qual estão Rômulo e Remo crianças.

Do Tibre e da adivinha Manto, nasceu Bianor, cognominado "Enus", rei da Etrúria. Fundou a cidade de Mântua e lhe deu o nome de sua mãe. Na época de Virgílio, ainda se via o túmulo desse rei, a alguma distância de Mântua, no caminho de Roma.

As Fontes

As fontes, como as ribeiras, eram geralmente filhas de Tétis e do Oceano. Estavam colocadas sob a proteção das ninfas e dos gênios com os quais eram identificadas. Aquelas cujas águas passavam por ter uma virtude curativa ou salutar, eram as mais veneradas. Nos dias de festas solenes, por ocasião de um regozijo público, cobriam-nas de folhagem e de verduras, cercavam-nas de flores e de grinaldas, faziam-lhe libações, recebiam, em uma palavra, todas as honras da divindade.

Entre essas fontes umas havia que, por sua origem, eram diferentes de todas as outras. Por motivos particulares, os poetas se deliciaram em celebrá-las. Desse número eram, por exemplo, na Grécia: Aganipe, Hipocrene, Castália e Pirene.

Aganipe, que nasce ao pé do Helicão, na Beócia, era filha do Rio Permesso. Suas águas tinham a virtude de inspirar os poetas, e ela era consagrada às musas. Perto, tão perto mesmo, que muitas vezes uma e outra se confundem, estava Hipocrene, fonte que o cavalo Pégaso fez nascer de um coice. Era também para os poetas uma fonte de inspiração.

Mas a inspiradora por excelência, a preferida entre todas pelas Musas e por Apolo, era Castália. Manava ao pé do Parnaso, e nem sempre fora uma simples fonte. Tinha existido e percorrido, sob a forma de uma graciosa ninfa, o vale que suas águas banham. Amada por Apolo, foi por ele metamorfoseada em um manancial límpido e fresco. Possuía a virtude cara aos poetas de excitar-lhes o entusiasmo e exaltar-lhes a imaginação. Quem quer que fosse beber de suas águas se sentia inspirado pelo gênio poético. O próprio murmúrio da fonte era inspirador. A Pítia de Delfos sentia, algumas vezes, necessidade de ir molhar os seus lábios nas águas de Castália, antes de ir proferir os oráculos e de sentar-se na trípode.

À entrada do Peloponeso, as musas tinham também a sua fonte favorita e que lhes era consagrada. Nascia ao pé da cidadela de Corinto ou Acrocorinto, o que se chamava "fonte de Pirene". Sobre a origem dessa fonte, os mitólogos não estão de acordo. Uns ligam a sua lenda à de Sísifo ou à de Alope e de sua filha, Egina, raptada por Júpiter. Contam outros que a ninfa Pirene, inconsolável com a perda de Cêncrias (ou Cencreia), sua filha morta acidentalmente com um dardo que Diana atirara a uma fera, derramou tantas lágrimas, que depois de sua morte os deuses a transformaram nessa abundante fonte que alimentava Corinto. Suas águas frescas retiveram Pégaso sobre as margens, quando Belerofonte se apoderou desse cavalo alado para se elevar nos ares e voar.

A vista de uma fonte isolada e o ruído monótono do manancial inspiram naturalmente a melancolia; daí essas metamorfoses das grandes dores em fontes. Assim foi com Biblis de Mileto, filha da ninfa Cicaneia, irmã de Cauno, que, não podendo consolar-se da ausência de seu irmão e procurando-o por todas as partes, acabou por parar no meio do bosque, onde, à força de chorar, foi transformada em fonte inesgotável.

As fontes termais também tinham a sua fábula. Assim a ninfa Juvêncio, metamorfoseada em uma fonte por Júpiter, tinha a virtude de rejuvenescer ou de deter a marcha dos anos. Mas a fábula não diz onde era essa fonte maravilhosa. Na Idade Média, diziam que vinha do Paraíso terrestre, e colocavam-na nos desertos da África. No começo do Século XVI, dois exploradores espanhóis, procurando-a na América, descobriram a Flórida.

As Águas Estagnadas

Os lagos, os tanques e os pântanos, objetos de um culto religioso, tinham as suas divindades tutelares como as fontes e os cursos d'água. Não somente a imaginação dos poetas colocava ninfas e náiades em seus abismos misteriosos, ou entre os seus juncais, mas também os povos elevavam, nas suas margens, templos ou santuários consagrados às mais poderosas divindades. Diana era particularmente venerada nas margens do Lago Estínfalo, na Arcádia. Erguia-se no seu templo uma estátua de madeira dourada, conhecida sob o nome de Estínfalo. Ao redor da imagem dessa deusa, estavam enfileiradas outras estátuas de mármore branco que, sob a forma de donzelas, representam as diversas aves do lago. Desgraçados dos habitantes da cidade vizinha, Estínfalo, se abandonassem o culto da deusa: as águas do lago imediatamente manifestavam a cólera de Diana, e só à custa de preces e de sacrifícios preservariam a região dos estragos da inundação.

Os povos da Itália olhavam como deuses todos os lagos e rios do seu país; adoravam o Lago de Alba, o Lago Fucino, os de Arícia e de Cutília, tão religiosamente como os rios Clitumno e Númico.

Algumas vezes, os lagos dissimulavam na sua profundidade a entrada do Inferno, tais como o Lago (ou pantano) de Lerna, na Argólida, e o Lago Averno, na Itália.

Os argivos, diz Pausânias, pretendem que foi pelo Lago de Lerna que Baco desceu aos Infernos para daí retirar sua mãe Sêmele.

O Lago Averno era consagrado a Plutão. Suas águas empoçadas, e talvez sulfurosas, exalavam miasmas nauseabundos e deletérios: os pássaros que voavam sobre elas caíam asfixiados, o que lhe deu o nome Averno (*a*, privativo, que tira, + *ornis*, pássaro). Acreditava-se que esse lago se comunicava com as moradias infernais; às suas margens estava o oráculo das Sombras de que fala Homero, ao qual, em seu regresso, Ulisses foi consultar.

Conta Estrabão que esse lago era cercado de árvores, cuja copa inclinada formava uma abóbada impenetrável aos raios do Sol. Acrescenta que, tendo sido cortadas essas árvores, por ordem de Augusto, o ar se purificou. Realmente, os pássaros voam hoje sem perigo sobre as águas desse Lago de Campânia.

AS MONTANHAS, OS BOSQUES E AS DIVINDADES CAMPESTRES

As Montanhas

As montanhas eram filhas da Terra. Eram vistas em toda parte como lugares sagrados, e muitas vezes mesmo eram adoradas como divindades. As antigas medalhas representam-nas como gênios, caracterizados pela formação do país.

Na Grécia, a Cadeia do Pindo era inteiramente consagrada a Marte e Apolo, mas os poetas se esforçaram por cercar de fábulas ou de lendas particulares os principais cimos dessa montanha.

Assim, como o Monte Eta, na Tessália, se estende até o Mar Egeu, situado na extremidade oriental da Europa, pretendia-se que o Sol e as estrelas se levantavam do lado dessa montanha, e que daí nasciam o dia e a noite. Héspero (*vesper*) era aí venerada. O Monte Eta lembra a morte e a fogueira de Hércules.

O Parnaso, a mais alta montanha da Fócida, tem dois cumes famosos: um era consagrado a Apolo e às musas, e o outro a Baco. É entre esses dois cimos que brota a fonte de Castália. Foi sobre essa montanha que Deucalião e Pirra se retiraram no tempo do dilúvio. Os antigos julgavam-na colocada no centro da Terra; ela estava, pelo menos, no meio da Grécia.

O Citerão, na Beócia, era consagrado às musas e a Júpiter; mas era sobre a montanha vizinha, o Helicão, que elas recebiam mais honrarias. Dizia-se que essa montanha lhes fora consagrada desde a mais remota época, talvez mesmo desde a origem do mundo, pelos gigantes Aloídas, Oto e Efialtes. Viam-se aí um templo dedicado a esses deuses, a fonte de Hipocrene, a gruta das ninfas libétridas, muitas vezes confundidas ou identificadas com as musas, o túmulo de Orfeu, as estátuas dos principais deuses, obras dos mais hábeis artistas da Grécia. Também aí crescia um bosque sagrado onde, cada ano, os habitantes de Téspias celebravam dupla festa em honra das musas e de Cupido.

O Himeto, na Ática, é célebre pela excelência e abundância de seu mel, e pelo culto que ali se rendia a Júpiter.

O Cilene, o Liceu e o Menale, na Arcádia, assim como o Taigeto, na Lacônia, são, por diversos títulos, celebrados pelos poetas. As duas primeiras dessas montanhas eram consagradas a Júpiter e ao deus Pã; o Menale, a Apolo, e o Taigeto a Baco. Era também no vale formado pelas montanhas da Arcádia que Diana gostava de se entregar ao prazer da caça, e onde seu culto não era descuidado. Conta a fábula que foi sobre o Monte Menato que o herói Hércules perseguiu a Corça de Pés de Bronze e Cornos de Ouro; em atenção a Diana, a quem esse animal era consagrado, absteve-se ele de atravessá-lo com suas flechas, e capturou-o vivo, no momento em que ia atravessar o Ládon.

Fora da Grécia, o Monte Ródope, ou Hemo, na Trácia, é célebre na Mitologia, porque aí morreu Orfeu, filho de Bóreas e de Orítia de Atenas, e marido de Ródope, era um rei na Trácia. Esse rei e essa rainha, aspirando as honras divinas, pretenderam fazer-se adorar sob os nomes de Júpiter e de Juno. Tão louca pretensão fez com que os deuses, indignados, os transformassem em uma só montanha. É no alto do Ródope que os poetas colocam o deus Marte, quando examina em que lugar da Terra exercerá sua fúria.

O Monte Nifate, entre o Ponto Euxino e o Mar de Hircânia, ou Mar Cáspio, chamou-se Cáucaso, nome de um pastor morto por Saturno, na época em que esse deus, para evitar as perseguições de Júpiter, refugiou-se nessa montanha, após a Guerra dos Gigantes. Foi para honrar e perpetuar a memória desse pastor que Júpiter quis que a montanha tivesse o seu nome. Foi também sobre o Cáucaso que Prometeu foi amarrado e dilacerado por uma águia.[15]

Na outra extremidade do mundo conhecido pelos antigos, ao oeste, eleva-se o Monte Atlas, cujos píncaros cobertos de neve se perdem nas nuvens, enquanto seus pés se prolongam e penetram profundamente no oceano que traz o seu nome[16].

---

15 Tema abordado na tragédia de Ésquilo, *Prometeu Acorrentado*. (N. do R.)
16 Referente ao Oceano Atlântico. (N. do R.)

Atlas, filho do Titã Jápeto e da oceânide Clímene, neto de Urano e sobrinho de Saturno, ofereceu seu auxílio aos Gigantes na guerra contra Júpiter. Como castigo dessa cumplicidade, o Senhor do Olimpo, depois da vitória, mudou-o em montanha e condenou-o a sustentar sobre os ombros a abóbada celeste.

Segundo outra fábula, Atlas, proprietário do Jardim das Hespérides, advertido por um oráculo de desconfiar de um filho de Júpiter, negou a hospitalidade a Perseu, que lhe mostrou a cabeça de Medusa e o transformou em montanha.

Representam-no como um gigante, em pé no meio das águas, suportando a esfera celeste e gemendo sob o seu peso. Hércules, um dia, tomou seu lugar e lhe permitiu repousar; mas desde muito tempo, Hércules deixou este mundo. Atlas, com o dorso curvado, continua a sofrer fadigas seculares sob o peso do céu.

Sobre sua cabeça, percebe ele às vezes as atlântidas, suas filhas, que sob o nome de plêiades se agrupam e brilham entre as estrelas. Aos seus pés, ao lado da Mauritânia, percebia também as hespérides, Egle, Aretusa e Hiperetusa, três filhas que lhe deu Hésperis, ou a Noite, sua mulher filha de Héspero (Vésper). Essas três irmãs tinham, no seu jardim, as macieiras de frutos de ouro, árvores famosas, colocadas sob a guarda de um dragão de cem cabeças. Essas maçãs de ouro, sobre as quais o terrível dragão tinha incessantemente os olhos abertos, possuíam uma virtude surpreendente. Foi com uma delas que a Discórdia tornou inimigas as três deusas, Juno, Vênus e Minerva; foi com o mesmo fruto que Hipomene venceu na corrida a invencível Atalante e obteve a sua mão em recompensa da vitória. A fim de retardar Atalante, o astuto Hipomene atirava-lhe de distância em distância uma das maçãs de ouro, que ela se detinha a apanhar.

As hespérides tinham a voz encantadora e o dom de se ocultar aos olhos por metamorfoses súbitas. Hércules, durante suas façanhas, colheu as maçãs de ouro, e matou o dragão do jardim maravilhoso.

A Mitologia, que consagrou e deificou as montanhas, devia também reservar um culto aos vulcões, e particularmente ao Etna. Não somente essa célebre montanha da Sicília passava por encerrar as forjas de Vulcano e a oficina dos Ciclopes, mas, persuadidos de que estava em

Atlas segurando os céus, imagem retirada do *Tableaux du Temple des Muses*, datada de 1655, e assinada com A. D., provavelmente significando Abraham van Diepenbeeck (1596 - 1675).

comunicação com as divindades infernais, os povos antigos pressagiavam o futuro pelas suas erupções. Jogavam na cratera objetos de ouro ou de prata e mesmo vítimas. Se o fogo os devorasse, o presságio era feliz; e, ao contrário, era funesto se a lava os rejeitasse.

As Oréades e as Napeias

Do grego *oros*, "montanha", e *napos*, "vale", formaram-se as duas palavras "Oréades" e "Napeias". As Oréades, ninfas das montanhas, não só percorriam os cimos rochosos e as pontas escarpadas, como também se entregavam à caça. Saíam de suas grutas em bandos vivazes e alegres para caçar o veado, perseguir o javali e atravessar com as flechas as aves de rapina. A um sinal de Diana, todas corriam a tomar parte em seus exercícios e formar-lhe um brilhante cortejo.

As Napeias, ninfas menos ousadas, mas tão graciosas e tão belas como as Oréades, preferiam os pendores arborizados das colinas, os frescos vales, os verdes prados. Saíam às vezes de seu bosque para ir assistir às folganças das Náiades, à margem dos ribeiros solitários que as encantavam pelo seu sussurro e murmúrio.

Os Bosques

Os grandes bosques, tanto quanto os mares, os lagos, as águas correntes e profundas, inspiraram aos primeiros homens um terror religioso: o mugido ou murmúrio do vento nas grandes árvores causava-lhes uma emoção que transportava o seu pensamento para um poder superior e divino. Assim, as florestas e os bosques foram os primeiros lugares destinados ao culto da divindade. Além disso, foi nos bosques que os primeiros homens fixaram sua morada, e era natural que fizessem habitar os deuses onde também eles habitavam. Escolhiam os sítios mais sombrios para o exercício da sua religião. Parecia-lhes que na meia claridade, sob as sombras quase impenetráveis aos raios do sol, a divindade se aproximava mais facilmente deles, comunicava-se mais livremente e prestava mais atenção às suas preces. Mais tarde, quando reunidos em sociedade, os homens construíram templos. A arquitetura desses edifícios, por suas altas colunas, as abóbadas, a semiobscuridade, evocavam ainda a floresta dos tempos primitivos.

Em lembrança dessas velhas idades, plantavam-se sempre, tanto quanto era possível, ao redor dos templos e dos santuários, algumas árvores que se tornaram tão respeitadas como os próprios templos. Muitas vezes essas árvores eram tão numerosas que formavam um bosque sagrado. Era nesses bosques que se reuniam os fiéis nos dias de festas; faziam-se refeições públicas, acompanhadas de danças e de folguedos. Nas árvores, penduravam-se ricas ofertas. As mais belas eram ornadas de festões e laços, como as estátuas dos deuses. Os bosques sagrados eram como outros tantos asilos, onde o homem e os animais inofensivos ficavam sob a proteção da divindade.

Em Claros, ilha do Mar Egeu, existia, diz Elien, "um bosque consagrado a Apolo, onde nunca entrava animal feroz. Viam-se nos arredores muitos veados, que perseguidos pelos caçadores, se refugiavam no interior do bosque; os cães, rechaçados pela força onipotente do deus, debalde ladravam e não ousavam entrar, enquanto que os veados pastavam sem nada temer".

Em Epidauro, o templo de Esculápio era cercado por um bosque sagrado, fechado por todos os lados por poderosas fronteiras. Nesse recinto não se deixava morrer nenhum dos enfermos vindos para consultar o deus.

As florestas mais veneradas da Grécia eram: a de Nemeia, na Argólida, onde se celebravam, em honra de Hércules, os Jogos Nemeus, e a de Dodona, em Épiro, onde por um favor de Júpiter, os carvalhos divulgavam oráculos.

As Dríades e Hamadríades

Da palavra grega *drus*, "carvalho", vem o nome das dríades, que eram as ninfas protetoras das florestas e dos bosques. Tão robustas como frescas e lépidas, podiam elas vagar em liberdade, formar coros de dança em redor dos carvalhos que lhes eram consagrados e sobreviver às árvores colocadas sob a sua proteção. Podiam casar; Eurídice, mulher de Orfeu, era uma dríade. A crença dos povos na existência real dessas divindades florestais, os impedia de destruir facilmente os grandes bosques. Para cortar as árvores, era preciso consultar os ministros da religião, e deles obter a certeza de que as dríades as tinham abandonado.

Representam-se essas ninfas sob a forma de mulheres cujo corpo, na sua parte inferior, termina em uma espécie de arabesco, exprimindo, por seus contornos alongados, um tronco e as raízes de uma árvore. A parte superior, sem nem um véu, é sombreada por uma abundante cabeleira que flutua sobre as espáduas ao capricho dos ventos. A cabeça leva uma coroa de folhas de carvalho. Algumas vezes, têm uma acha na mão, porque se acreditava que essas ninfas puniam os ultrajes feitos às árvores sob a sua guarda.

As hamadríades eram ninfas cujo destino dependia de certas árvores com as quais nasciam e morriam, o que as diferenciava das dríades. Era principalmente com os carvalhos que tinham essa união. Mas não eram absolutamente inseparáveis. Conta Homero que elas se escapavam das árvores em que estavam encerradas, e iam às grutas com os sátiros fazer seus sacrifícios a Vênus. Segundo Sêneca, elas abandonavam seus carvalhos para ouvir o canto do divino Orfeu.

Reconhecidas àquelas que as livraram da morte, puniam severamente os que com mão sacrílega ousavam atacar as árvores de que elas dependiam. Testemunha Erisictão, que ousou conduzir um machado criminoso em um bosque consagrado a Ceres. Veremos, mais adiante, como a Fome se encarregou de seu castigo.

As hamadríades não eram imortais, mas a duração de sua existência era, pelo menos, igual a vida das árvores sob cuja casca habitavam.

Com o nome de melíades designam-se também as ninfas que viviam nas florestas ou nos bosques de freixos. Essas divindades passavam por estender sua atenção mais particularmente às crianças que, por causa de seu nascimento furtivo, eram abandonadas ou algumas vezes suspensas aos ramos das árvores.

Outros mitólogos consideram as melíades ou epimélides, como ninfas especialmente encarregadas da guarda dos rebanhos. Sua mãe, Mélia, filha do Oceano, foi amada por Apolo, de quem teve dois filhos, Tereno e o adivinho Ismeno.

O Episódio de Narciso e da Ninfa Eco

Narciso, filho da ninfa Liríope e de Céfiso, rio da Fócida, tendo desposado a ninfa Eco, foi punido pela deusa Nêmesis. O adivinho Tirésias predissera a seus pais que ele viveria enquanto não visse a si mesmo. Um dia, quando Narciso passeava nos bosques, parou à margem de uma fonte, em cujas águas percebeu sua imagem. Apaixonou-se pela sua semelhança, e não se cansando de contemplar o rosto na água límpida, consumiu-se de amor à beira da fonte. Insensivelmente arraigou-se na relva banhada pela nascente, e todo seu ser se transformou na flor que tem o seu nome.

Contam outros que ele se deixou morrer, recusando comida e bebida, e que, depois de morto, seu louco amor acompanhou-o até os Infernos, onde ainda se contempla nas águas do Estige.

Nos arredores de Téspias, dizem, existiu uma fonte famosa por essa aventura. Era a fonte de Narciso.

Eco, filha do Ar e da Terra, ninfa do séquito de Juno, favorecia as infidelidades de Júpiter, divertindo a deusa com longas histórias, quando o Senhor do Olimpo se ausentava para ocupar-se de seus amores. Juno, tendo percebido esse artifício, castigou-a, condenando-a a não falar senão quando a interrogassem, e a responder às perguntas pelas últimas palavras que lhe fossem dirigidas.

Apaixonada pelo jovem e belo Narciso, ela o seguiu por muito tempo, sem entretanto ser vista. Desprezada por aquele a quem amava, retirou-se para o meio dos bosques, onde viveu nos antros e nos rochedos, e se consumiu de dores e lamentações. Insensivelmente começou a emagrecer, a pele colou-se aos ossos, os próprios ossos se petrificaram, e da ninfa só ficou a voz. Em toda parte ela escuta, em parte alguma é visível, e sempre que ouve quaisquer frases, só repete as últimas palavras.

Segundo alguns autores, apaixonou-se Pã pela ninfa Eco, de quem teve uma filha chamada Siringe[17].

Pã

O deus Pã, assim chamado, diz-se, da palavra grega *pa*, que quer dizer "tudo", era filho, segundo uns, de Júpiter e da ninfa Tímbris; segundo outros, de Mercúrio e da ninfa Penélope. Dizem outras tradições que era filho de Júpiter e da ninfa Calisto, ou talvez do Ar e de uma nereida, ou, finalmente, do Céu e da Terra. Todas essas diversas origens têm uma explicação, não só no grande número de deuses com esse nome, mas ainda nas múltiplas atribuições que a crença popular emprestava a essa divindade. O seu nome parecia indicar a extensão do poder, e a seita dos filósofos estoicos identificava Pã com o Universo, ou ao menos com a natureza inteligente, fecunda e criadora.

Mas a opinião comum não se elevava a uma concepção tão geral e filosófica. Para os povos, o deus Pã tinha um caráter e uma missão sobretudo agrestes. Se, em tempos mais remotos havia ele acompanhado os deuses ao Egito em sua expedição das Índias, se tinha ele inventado a ordem de batalha e a divisão das tropas em ala direita e em ala esquerda, o que os gregos e os latinos chamavam de "os cornos de um exército", se era mesmo por essa razão que o representavam com chifres, símbolo de sua força e de sua invenção, a imaginação popular, tendo logo restringido e limitado suas funções, o havia colocado nos campos, entre os pastores e os rebanhos.

Era principalmente venerado na Arcádia, região de montanhas, onde proferia oráculos. Em sacrifício, ofereciam-lhe mel e leite de cabra. Celebravam-se, em sua honra, as Lupercais, festas que depois se espalharam

---

17 De acordo com outras narrativas, Pã não possui Eco. Ela conseguiu fugir dele, deixando para trás um conjunto de caniços, dos quais Pã, então, criou a flauta (chamada *syrinx* em grego). (N. do R.)

na Itália, para onde o árcade Evandro levou o culto a Pã. Representam-no ordinariamente muito feio, com os cabelos e a barba descuidados, com chifres, corpo de bode da cintura para baixo, enfim, pouco diferente de um fauno ou de um sátiro. Muitas vezes, empunha um cajado e uma flauta de sete tubos que se chama "flauta de Pã", porque se diz que foi ele o inventor, graças à metamorfose da ninfa Sírinx em juncos do Ládon.

Viam-no também como o deus dos caçadores; quando ia à caça, mais do que dos animais ferozes era o terror das ninfas a quem perseguia com os seus ardores amorosos. Está sempre de emboscada atrás dos rochedos e das moitas; para ele o campo não tem mistérios. Foi por isso que descobriu e revelou a Júpiter o esconderijo de Ceres, depois do rapto de Prosérpina.

Pã foi muitas vezes confundido na literatura latina com Fauno e Silvano. Muitos autores os consideravam como uma só divindade com diferentes nomes. As Lupercais eram mesmo celebradas em honra à tríplice desses gênios. Entretanto, Pã é o único de quem se fez alegoria e que foi considerado como um símbolo da Natureza, conforme a significação do seu nome. Dizem os mitólogos que os seus chifres representam os raios do Sol; a vivacidade de sua tez exprime o fulgor do céu; a pele de cabra estrelada que usa sobre o estômago representa as estrelas do firmamento; enfim, os seus pés e as suas pernas, eriçados de pelos, designam a parte inferior do mundo, a terra, as árvores e as plantas.

Seus amores suscitaram-lhe rivais, às vezes perigosos. Um deles, Bóreas, quis arrebatar violentamente a ninfa Pítis, que a Terra, condoída, transformou em um pinheiro. Eis a razão por que essa árvore, conservando ainda, dizem, os sentimentos da ninfa, coroa Pã com a sua folhagem, enquanto o sopro do Bóreas excita seus gemidos.

Pã também foi amado por Silene, isto é, a Lua, ou Diana, que para ir visitá-lo nos vales e nas grutas das montanhas, esquece o belo e terno dorminhoco Endimião.

Sob o reinado de Tibério, a fábula do grande Pã motivou um acontecimento que interessou vivamente a cidade de Roma e que merece ser contado. No Mar Egeu, diz Plutarco, estando, uma tarde, o navio do piloto Tamo, nas imediações de certas ilhas, o vento cessou de repente.

Estátua de Pã e Olimpo, exposta na Petworth House, na paróquia de Petworth, West Sussex, Inglaterra.

Todas as pessoas a bordo estavam bem acordadas, muitas mesmo passavam o tempo bebendo umas com as outras, quando ouviram de súbito uma voz que vinha das ilhas e que chamava Tamo. Tamo deixou que o chamassem duas vezes sem responder, mas à terceira respondeu. A voz então ordenou-lhe que, ao chegar a um certo lugar, gritasse que o grande Pã tinha morrido. Não houve ninguém a bordo que não ficasse tomado de terror e de espanto. Deliberou-se se Tamo devia obedecer à voz, e Tamo concluiu que, se quando chegassem à paragem indicada, houvesse bastante vento para passar adiante, não era preciso dizer nada; mas que se aí uma calmaria os detivesse, era necessário desempenhar-se da ordem recebida. Ficou surpreendido pela calma que reinava nesse lugar, e imediatamente começou a gritar a plenos pulmões: "O grande Pã morreu!" Apenas cessou de gritar, e todos ouviram, de todos os lados, queixas e gemidos, como os de muitas pessoas surpresas e aflitas por essa notícia. Os que estavam no navio foram testemunhas dessa estranha aventura; e o ruído em pouco tempo se espalhou em Roma. O Imperador Tibério quis ver a Tamo; viu-o, interrogou, reuniu os sábios para deles saber quem era esse grande Pã, e se chegou à conclusão de que era filho de Mercúrio e de Penélope.

Outros mitólogos, interpretando este fato, preferiram ver nele o fim do antigo mundo romano e o advento de uma sociedade nova.

Mársias

O sátiro Mársias, originário de Celene, na Frígia, era filho de Hiagne, que passa por ser o inventor da harmonia frígia. Na escola e sob a direção de um pai que compunha normas e cânticos para a mãe dos deuses, Baco, Pã e outras divindades de seu país, Mársias não tardou em sobressair na música, e cultivou sua arte com uma ardente paixão. Reunia a muito espírito, gosto e habilidade, uma sabedoria e uma virtude a toda prova.

Seu gênio manifestou-se principalmente na invenção da flauta, onde reuniu todos os sons que estavam antes espalhados entre os diversos canudos da gaita; partilhou com seu pai a honra de ter, pela primeira vez, posto em música os hinos consagrados aos deuses.

Dedicado a Cibele, acompanhou-a em suas viagens que os levaram a Nisa, onde encontraram Apolo. Foi aí que, orgulhoso com as suas novas descobertas, Mársias ousou propor ao deus um desafio que este aceitou.

Não foi sem dificuldade que Apolo venceu o concorrente, e a crueldade com que o tratou mostrou quanto o surpreendera e indignara uma tão hábil resistência. Já se viu que o infortunado sátiro, por muito confiar em seu saber, foi amarrado a uma árvore e esfolado vivo. Acrescenta-se que Apolo, depois do calor de seu ressentimento, arrependido da barbaridade, quebrou as cordas da guitarra ou da lira, e depôs esse instrumento juntamente às flautas de Mársias em um antro de Baco, a quem os consagrou.

Mársias fez escola e teve numerosos discípulos, entre os quais o mais célebre foi Olimpo, que também recebeu lições do deus Pã.

As representações de Mársias decoravam muitos edifícios. Via-se na cidadela de Atenas uma estátua de Minerva castigando o sátiro por ter se apropriado das flautas que a deusa rejeitara com desdém. Para os gregos, a lira tinha sobre a flauta uma indiscutível superioridade.

As cidades livres tinham, na praça pública, uma estátua de Mársias, símbolo da sua independência, por causa da ligação íntima de Mársias, tomado por Sileno, com Baco, cognominado Liber; os poetas e os pintores representam-no algumas vezes com orelhas de fauno ou de sátiro e uma cauda de sileno.

Em Roma, havia no Fórum uma das suas estátuas, perto de um tribunal. Os advogados que ganhavam uma causa tinham o cuidado de coroá-la, para lhe agradecer o êxito da sua eloquência e torná-lo favorável à declamação, na qualidade de excelente tocador de flauta. No templo de Concórdia, também em Roma, via-se um quadro de Zêuxis, representando Mársias amarrado.

Dizem alguns poetas que Apolo, no seu arrependimento, transformou em rio o corpo de Mársias. Outros pretendem que as ninfas e os sátiros, privados dos acordes da flauta, derramaram tantas lágrimas a ponto de formar o rio da Frígia que tem o seu nome.

Priapo

Priapo era filho da ninfa chamada Naia, ou Quíone, ou segundo outros autores, de Vênus e de Baco, que por essa deusa fora recebido com ardor ao voltar triunfante das Índias. Ciumenta de Vênus, Juno se esforçou em prejudicar a Priapo, e fê-lo nascer com uma deformidade extraordinária. Logo que veio ao mundo, sua mãe fê-lo educar longe dela, nas margens do Helesponto, em Lâmpsaco, onde, por sua libertinagem e imprudentes atrevimentos, tornou-se um objeto de terror e de repulsão. Mas, tendo sobrevindo uma epidemia, os habitantes consternados julgaram ver nisso uma punição pelas poucas atenções que haviam dado ao filho de Vênus, e lhe pediram que permanecesse entre eles, e depois, em Lâmpsaco, mereceu a veneração pública; daí o sobrenome lhe deram os poetas, de Lampsácio ou Helespôntico.

Priapo é muitas vezes considerado, como Pã, o emblema da fecundidade na natureza. Na Grécia, era particularmente venerado por aqueles que criavam rebanhos de cabras ou de ovelhas, ou colmeias de abelhas. Em Roma, era considerado como um deus protetor dos jardins. Acreditava-se que era ele quem os guardava e os fazia frutificar. Não deve, porém, ser confundido com Vertumno.

A maior parte das vezes é representado sob a forma de Hermes ou de Terma, isto é, com o busto sobre um pedestal, cornos de bode, orelhas de cabra, e uma coroa de folhas de vinha ou de loureiro. Os antigos tinham o costume de borrar suas estátuas com cinábrio ou com zarcão. Algumas vezes colocam a seu lado instrumentos de jardinagem, cestos para as frutas, uma foice para segar, uma clava para afastar os ladrões, ou uma vara para amedrontar os pássaros.

Sobre os monumentos de Priapo, veem-se também cabeças de burro, animais que os habitantes de Lâmpsaco ofereciam em sacrifício a esse deus. Ovídio pretende que tais sacrifícios eram feitos em memória da ninfa Lótis, que, perseguida por esse deus, escapou-lhe metamorfoseando-se em lótus.

Os artistas e os poetas costumam tratar Priapo com muita distinção. Uns representam-no às vezes com uma crista de galo, uma bolsa na mão direita, e uma campainha na esquerda; outros ameaçam atirá-lo ao fogo se ele deixar furtar algumas árvores confiadas à sua guarda. Metem-no mesmo a ridículo, sob o pretexto de que se deixa insultar pelos pássaros que não se espantam com o seu aspecto.

Em Roma, celebravam-se as Priapas ou festas de Priapo. Eram sobretudo as mulheres que nela tinham um papel saliente. Muitas entre elas vestiam-se de bacantes, ou de dançarinas que tocavam flauta ou outro instrumento de música. A vítima era um asno, e uma sacerdotisa exercia as funções de vitimário (o que sacrifica os animais).

Aristeu

Aristeu, filho de Apolo e de Cirene, foi educado pelas ninfas, com quem aprendeu a coalhar o leite, a cultivar as oliveiras e a criar abelhas. Apaixonado pela ninfa Eurídice, foi a causa de sua morte, por tê-la perseguido no dia de suas bodas com Orfeu: fugindo dele, a desgraçada não viu sob seus pés uma serpente oculta entre as ervas altas. Morreu mordida por ela. Para vingá-la, as ninfas suas companheiras mataram todas as abelhas de Aristeu. Sua mãe Cirene, a quem ele implorou socorro a fim de reparar essa perda, disse-lhe que fosse consultar Proteu; do qual tomou conhecimento da causa do seu infortúnio e recebeu ordem de apaziguar os manes de Eurídice com sacrifícios expiatórios. Dócil a esses conselhos, Aristeu, tendo imolado imediatamente quatro novilhos e outras tantas vitelas, viu surgir uma nuvem de abelhas, que lhe permitiram reconstruir as colmeias.

Casou-se com Autônoe, filha de Cadmo, de quem teve Actéon. Depois da morte desse filho, estraçalhado pelos seus cães, retirou-se para

Céus, ilha do Mar Egeu, então assolada por uma peste, que ele fez cessar oferecendo sacrifícios aos deuses; daí passou-se à Sardenha que foi o primeiro a civilizar, depois à Sicília, onde espalhou os mesmos benefícios, e finalmente à Trácia, onde Baco o iniciou nas orgias. Estabelecido no Monte Hemo que escolhera para morada, desapareceu de repente e para sempre. Os deuses colocaram-no entre as estrelas, e, segundo certos autores, ficou sendo o signo do Aquário.

Os gregos honram-no depois como um deus, e foi muito venerado principalmente na Sicília; foi uma das grandes divindades campestres, e os pastores tributavam-lhe um culto particular.

Conta Heródoto que Aristeu apareceu em Cízica, depois de sua morte, e desapareceu uma segunda vez, e que trezentos anos mais tarde reapareceu ainda em Metaponto, onde ordenou terminantemente aos habitantes que lhe erigissem uma estátua ao lado de Apolo, ordem que eles cumpriram, depois de haverem consultado o oráculo. Aristeu, segundo Plutarco, abandonava e retomava sua alma à vontade, e quando ela saía do corpo, os assistentes a viam sob a figura de um veado.

Dáfnis

Dáfnis, pastor da Sicília, filho de Mercúrio e de uma ninfa, aprendeu com o próprio Pã a cantar e a tocar flauta, e foi protegido pelas musas que lhe inspiraram o amor pela poesia. Diz-se que foi o primeiro a sobressair na poesia pastoral. Antes dele, os pastores levavam uma vida selvagem; soube civilizá-los, e os levou a respeitar e honrar os deuses; propagou entre eles o culto de Baco que celebrava solenemente. Notável por sua beleza e sabedoria, era ao mesmo tempo querido pelos deuses e pelos homens. Quando morreu, as ninfas o choraram; Pã e Apolo, que seguiam seus passos, desertaram os bosques, e a própria terra tornou-se estéril e se cobriu de sarças e de espinhos.

Dáfnis foi admitido no Olimpo, e uma vez recebido entre os deuses, tomou sob a sua proteção os pastores e os rebanhos. O campo mudou de aspecto, cobriu-se de verdura, flores e de searas; nas montanhas, só se ouviam gritos de alegria e cantos joviais; os rochedos e os bosques reboavam estas palavras: "Dáfnis, sim, Dáfnis é um deus".

Esse deus campestre tinha seus templos e seus altares; faziam-lhe libações, como a Baco e a Ceres, e, para os habitantes dos campos, era quase um outro Apolo.

Diz-se que, não contente de guardar os seus belos rebanhos, ia também à caça; e tal era o encanto que esse divino caçador espalhava em torno de si, que quando morreu, seus cães também se deixaram morrer de dor.

Egipãs, Sátiros e Silenos

Ao lado das divindades campestres, protetoras da Natureza, guardas vigilantes da vida, dos bens, dos interesses do homem, os poetas tinham imaginado uma infinidade de seres mais fantásticos do que divinos, que não tiveram outro papel na fábula além do de povoar, alegrar e às vezes perturbar as solidões das montanhas e dos bosques. Os egipãs, cujo nome grego significa "cabra-pã", pertenciam a esse número. Eram uns homens pequeninos, peludos, com chifres e pés de cabra. Os pastores julgavam ver esses pequenos monstros humanos saltar nos rochedos, no flanco das colinas, e desaparecer nas cavidades ou nas grutas misteriosas.

Conta-se que o primeiro egipã era filho de Pã e da ninfa Ega. Inventou a trombeta, feita com uma concha marinha, e por esse motivo é representado com uma cauda de peixe. Diz-se que havia na Líbia certos monstros aos quais se dava o mesmo nome. Esses seres híbridos tinham a cabeça de cabra e a cauda de peixe. É assim que se representa o Capricórnio.

Os sátiros, espalhados nos campos, tinham com o egipã uma extraordinária semelhança; talvez se distingam dele por um talhe maior. Mas eram, como ele, muito peludos, com as orelhas de cabra, a cauda, as coxas e as pernas do mesmo animal; algumas vezes representam-nos com forma humana, não tendo da cabra senão os pés. Esses seres eram dotados de todas as malícias e de todas as paixões: escondidos atrás das árvores, ou deitados nas vinhas e nas ervas, surgiam inopinadamente para assustar as ninfas e persegui-las rindo do seu terror.

Diz-se que os primeiros sátiros surgiram de Mercúrio e da ninfa Iftimé, ou de Baco e da náiade Niceia, que ele embriagara, mudando em vinho a água de uma fonte onde ordinariamente ela bebia. Dizem alguns poetas que, primitivamente, os sátiros tinham a forma inteiramente humana. Eles guardavam Baco; mas como esse deus, apesar de todos os seus guardas, metamorfoseava-se ora em bode, ora em moça, Juno, irritada com todas essas metamorfoses, deu aos sátiros chifres, orelhas e pés de cabra.

Persuadidos de que os campos estavam cheios dessas divindades maliciosas e maléficas, pastores e pastoras tremiam pelos rebanhos e por eles mesmos; para apaziguar esses gênios, faziam-lhes sacrifícios e ofertas dos primeiros frutos e das primícias dos rebanhos. Já se viu que Sileno, companheiro e preceptor de Baco, era um velhinho calvo, corpulento, de nariz arrebitado, de riso alegre, o passo trôpego e quase sempre em estado de embriaguez. É verdade que alguns poetas, Virgílio entre outros, considerando que Sileno não somente é velho, mas que como deus acompanhou a outro deus em suas longas viagens, atribuem-lhe uma grande experiência e profundo saber. Apesar disso, foi a primeira concepção que se estabeleceu no conceito e nas memórias dos povos: por isso davam o nome de silenos aos sátiros que envelheciam. Supunha-se, com efeito, que esses seres de apetites grosseiros não tinham na sua velhice outro prazer além do da embriaguez, e que era por aí que terminavam a existência. Os silenos, de fato, eram considerados mortais; nos arredores de Pérgamo via-se mesmo um grande número de seus túmulos.

Sátiro tocando flauta, estátua datada entre 1 d.C. e 200 d.C. Atualmente exposta no Museu do Louvre, Paris.

DIVINDADES DO CAMPO E DA CIDADE PECULIARES A ROMA

Faunos e Silvanos

Entre os romanos, os faunos e os silvanos eram, com ligeiras diferenças, mais ou menos, o que eram os egipãs e os sátiros entre os gregos. Deuses rústicos, eram representados sob a mesma forma que os sátiros, mas com feições menos horríveis, uma figura mais alegre e sobretudo com menos brutalidade em seus amores. O pinheiro e a oliveira selvagem eram-lhes consagrados.

Os faunos passavam por serem filhos ou descendentes de Fauno, terceiro rei da Itália, o qual, dizia-se, era por sua vez filho de Picus, ou de Marte, neto de Saturno. Distinguiam-se dos silvanos pelo gênero de suas ocupações que se assemelhavam mais às da agricultura. Entretanto, diziam os poetas que muitas vezes se ouvia a voz dos faunos na espessura dos bosques. Apesar de semideuses, não eram imortais, mas não morriam senão depois de uma existência muito longa.

Nos monumentos veem-se faunos que têm a forma inteiramente humana, à exceção da cauda e das orelhas; alguns têm uma lança e uma máscara. O do Palácio Borghese, assim designado, é representado tocando flauta.

Os silvanos moravam de preferência nos vergéis e nos bosques. Diz-se que seu pai era um filho de Fauno, talvez um deus semelhante ao Pã dos gregos. Ordinariamente, o deus Silvano é representado com uma foice, uma coroa de hera ou de pinheiro, sua árvore favorita. Algumas vezes o ramo de pinheiro que forma a coroa é substituído por um de cipreste, por causa de seu amor pelo jovem Ciparisso, que segundo alguns autores, foi transformado em cipreste, ou porque foi ele o primeiro a cultivar essa árvore na Itália.

Silvano tinha muitos templos em Roma, em particular um no Monte Aventino e um outro no vale do Monte Viminal. Também os tinha à beira-mar, de onde eram chamados de "Litoralis". Esse deus era o espantalho das crianças que se divertem em quebrar os galhos das árvores. Colocavam-lhes uma espécie de espantalho que não deixava danificar nem partir impunemente as coisas confiadas à sua guarda.

Vertumno

Vertumno, cujo nome significa "voltar", "mudar", era sem dúvida um rei da Etrúria que, por causa dos cuidados que tinha pelos frutos e a cultura dos jardins, obteve, depois da morte, as honras da divindade. O que é certo é que seu culto passou dos etruscos a Roma, onde era considerado como deus dos jardins e dos vergéis. Suas atribuições diferem das de Priapo; velava ele sobre a fecundidade da terra, sobre a germinação das plantas, sua floração e a maturação dos frutos.

Tinha o privilégio de se metamorfosear à vontade, e recorreu a esse artifício para fazer-se amar da ninfa Pomona, que escolheu por esposa. Esse casal feliz e imortal envelhece e rejuvenesce periodicamente, sem nunca morrer. Vertumno guarda à ninfa uma inviolável fidelidade.

Nessa fábula a alegoria é transparente; é claro que se trata do ano e da sucessão ininterrupta das estações. Ovídio parece concordar com essa concepção de Vertumno, pois diz que esse deus toma sucessivamente a forma de um lavrador, de um ceifador, de um vinhateiro, e enfim, de uma anciã, designando assim a Primavera, o Verão, o Outono e o Inverno.

Vertumno tinha um templo em Roma, perto do mercado dos legumes e frutas, dos quais era o deus tutelar. Era representado sob a figura de um jovem com uma coroa de ervas de diferentes espécies, tendo frutos na mão esquerda, e na direita, uma cornucópia.

Flora

Flora era uma ninfa das Ilhas Afortunadas, situadas, ao que se acreditava, ao ocidente da África; os gregos conheciam-na por Clóris. Zéfiro amou-a, arrebatou-a e dela fez sua esposa, conservando-a no esplendor da mocidade, dando-lhe o império das flores. Seu himeneu se celebrou em maio, e os poetas, descrevendo as estações, não se esquecem de dar um lugar a esses dois esposos no cortejo da Primavera. Flora era adorada entre os sabinos, que transportaram seu culto a Roma.

Pomona

Pomona, ninfa de notável beleza, foi desejada por todos os deuses campestres, e deu preferência a Vertumno, pela semelhança de seus gostos. Nenhuma ninfa conhecia como ela a arte de cultivar os jardins e sobretudo as árvores frutíferas. O seu culto passou dos etruscos a Roma, onde tinha ela um templo e altares.

Representavam-na ordinariamente sentada sobre um cesto cheio de flores e de frutos, tendo na mão esquerda algumas maçãs, e na direita, um ramo. Os poetas descrevem-na coroada de folhas de parreira e cachos de uva, tendo nas mãos uma cornucópia ou uma cesta cheia de frutas.

Pales

Pales, algumas vezes confundida com Ceres, e mesmo com Cibele, era a deusa dos pastores entre os romanos; mas a deusa não se limitava a tomar sob sua proteção os rebanhos; presidia geralmente à economia rural; os cultivadores, assim como os pastores, são chamados pelos poetas "os discípulos", "os favoritos de Pales".

A festa que os romanos celebravam todos os anos em louvor dessa deusa chamava-se "Palílias". Tinha lugar no dia 21 de abril. Era propriamente a festa dos pastores que a solenizaram para perseguir os lobos e afastá-los dos seus rebanhos. Desde a manhã desse dia, o povo procedia à sua purificação com diferentes perfumes; purificavam-se também o aprisco e os rebanhos com água, enxofre, pinheiro, loureiro e rosmaninho, cujo fumo se espalhava no curral. Em seguida, fazia-se à deusa um sacrifício sem sangue; ofereciam-lhe leite, vinho fervido e alpiste, seguindo-se depois o festim. Essas cerimônias eram acompanhadas por instrumentos de música, tais como flautas, címbalos e tambores. As Palílias coincidiam com o dia do aniversário da fundação de Roma, por Rômulo.

O deus Termo

O deus Termo, da família dos faunos e dos silvanos, era o protetor dos limites que marcam os campos e o vingador das usurpações. Era também um deus exclusivamente romano, cujo culto foi estabelecido por Numa, depois das divisões das terras entre os cidadãos. Tinha um pequeno templo na Rocha Tarpeia. Depois, Tarquínio, o Soberbo, tendo querido construir um templo a Júpiter no Capitólio, teve que desarranjar as estátuas e os santuários que ali se achavam. Todos os deuses cederam sem resistência o lugar que ocupavam; mas o deus Termo resistiu a todos os esforços que se fizeram para retirá-lo, tanto que foi preciso deixá-lo em seu lugar. Assim ficou ele no templo construído sobre o Capitólio. O povo romano julgou ver nesse fato uma garantia da eterna duração de seu império. Além disso, persuadiu-se de que não há nada mais sagrado do que os limites de um campo.

O deus Termo foi, a princípio, representado sob a figura de uma grande pedra quadrangular ou de um tronco de árvore; mais tarde, deram-lhe uma cabeça humana, colocada sobre um marco piramidal; mas era sempre sem braços e sem pés para que, diziam, não pudesse mudar de lugar.

No dia da sua festa, ofereciam-lhe leite, mel, frutas e raramente pequenas vítimas; nesse dia também se ornavam com grinaldas os marcos dos campos e mesmo dos grandes caminhos.

Jano

Jano é uma divindade romana sobre cuja origem os mitólogos não estão de acordo. Dizem uns que nasceu em Cítia, outros que é originário do país dos Perrebos, povo da Tessália, outros enfim fazem-no filho de Apolo e de Creusa, filha de Erecteu, rei de Atenas. Quando ficou homem, Jano, tendo equipado uma frota, abordou na Itália, onde fez conquistas e construiu uma cidade chamada Janículo. Todas essas origens são obscuras e confusas. Mas a lenda o faz reinar no Lácio desde as idades primitivas. Saturno, expulso do céu, refugiou-se nesse país e foi acolhido por Jano, que o associou à sua realeza. Reconhecido, o deus destronado, dotou-o de uma rara prudência que fazia com que visse sempre o passado e o futuro diante dos seus olhos, o que o faz ser representado com duas faces, voltadas em sentidos inversos. O reinado de Jano foi pacífico. Por esse motivo é considerado o deus da paz. O rei Numa lhe fez construir em Roma um templo que estava sempre aberto em tempo de guerra e que se fechava nas épocas pacíficas. Esse fechou-se uma vez sob o reinado de Numa; a segunda vez depois da Segunda Guerra Púnica, e três vezes, com diferentes intervalos, sob o reinado de Augusto.

Diz Ovídio que Jano tem um duplo rosto porque exerce o seu poder tanto no Céu, no Mar, como na Terra; é tão antigo como o mundo; tudo se abre ou se fecha à sua vontade. Sozinho, governa a vasta extensão do universo. Preside às portas do céu, e as guarda de acordo com as Horas. Observa ao mesmo tempo o Oriente e o Ocidente.

Representam-no com uma chave em uma das mãos, e na outra uma vara para mostrar que é o guardião das portas (*januae*) e que preside aos caminhos. Suas estátuas apontam muitas vezes com a mão direita o número trezentos, e com a esquerda o de sessenta e cinco, para exprimir a medida do ano. Era invocado em primeiro lugar quando se fazia um sacrifício a qualquer outro deus.

Havia em Roma muitos templos de Jano, um dos Jano Bifronte, os outros de Jano Quadrifronte. Para além da porta do Janículo, fora dos muros de Roma, havia doze altares de Jano, símbolo dos doze meses do ano.

No reverso de suas medalhas, via-se um navio, ou simplesmente uma proa, em memória da chegada de Saturno à Itália sobre um barco.[18]

O mês de janeiro (*januarius*), ao qual o rei Numa deu o seu nome, lhe era consagrado.

Posteridade de Jano

Os latinos davam a Saturno um filho nascido no Lácio, Pico, marido da bela Canente, filha de Jano. Por esse casamento foram reunidas duas famílias de deuses aborígines. Pico, amador de cavalos, ocupou-se sobretudo dos pastos, e, apesar da sua metamorfose em picanço, manteve sempre, na opinião dos aldeões, a importância e o prestígio de uma divindade agreste.

Seu filho, Fauno, consagrou-se, mais particularmente, à viticultura, com Fauna, sua mulher que, não obstante sua intemperança, foi, assim como ele, colocada entre os imortais.

A essas divindades, objetos de veneração nos campos, sacrificavam-se às vezes uma ovelha e um cabrito; geralmente, porém, os sacrifícios consistiam apenas em um pouco de incenso, leite e mel. Pode-se comparar esse culto com o de Picumno e de Pilumno, dois irmãos, filhos de Júpiter e da ninfa Garamanita. Um deles, cognominado, Esterquilínio, tinha imaginado estercar as terras; o outro inventara a arte de moer o trigo. Os moleiros tinham este em alta veneração.

---

18 Talvez haja uma pequena confusão por parte do autor; Saturno buscou refúgio na Itália, mas, ao ser deposto por Júpiter, é natural que tenha saído diretamente do Olimpo. Quem efetivamente navegou até o Lácio foi Jano. (N. do R.)

Juturna

Juturna, deusa dos romanos, era particularmente venerada pelas moças solteiras e pelas mulheres casadas; umas, para conseguir um pronto casamento, e outras para evitar-lhes as agonias e as dores da maternidade.

Dizia-se que Juturna era de rara beleza; foi amada por Júpiter, que dela fez uma ninfa imortal e transformou-a em uma fonte inesgotável. Essa fonte estava perto de Roma, e a população se servia de suas águas nos sacrifícios, sobretudo nos de Vesta, para os quais era proibido usar outra água: era chamada de "fonte virginal".

Carmenta

Carmenta, divindade romana e ao mesmo tempo profetisa de Arcádia, foi amada por Mercúrio, de quem teve Evandro, com o qual se passou para a Itália, onde Fauno, rei do Lácio, acolheu-a favoravelmente. Depois de sua morte, foi admitida entre os deuses indígetes[19] de Roma. Tinha um altar perto da Porta Carmental, e um templo na cidade. Representam-na sob os traços de uma donzela cujos cabelos frisados caem naturalmente em anéis sobre os ombros; usa uma coroa de favas, e a seu lado está uma harpa, símbolo de seu caráter profético.

---

19   O termo se refere aos deuses nacionais dos romanos, em contraste com as divindades estrangeiras. (N. do R.)

OS DEUSES DA PÁTRIA, DA FAMÍLIA E DA VIDA HUMANA

Deuses Autóctones ou Indígetes

Entre os povos da Antiguidade, certas famílias e povoações se consideravam como nascidas do próprio solo, e, por isso, julgavam-se superiores às outras. Nações inteiras tinham essa pretensão entre os povos. Assim, os egípcios se chamavam "a raça por excelência", isto é, "homens verdadeiramente homens", e filhos da terra fecundada pelo divino Rio Nilo. Na Grécia, havia também autóctones, isto é, habitantes que não tinham vindo de outra parte, mas descendentes originariamente dessas famílias, saídas do solo nacional em uma época pré-histórica; a Itália, enfim, tinha também seus indígenas, segundo a tradição.

O mundo divino sendo constituído ou imaginado segundo a sociedade humana tomada como modelo, não era de admirar que houvesse na Grécia os deuses autóctones, nem, também, os indígetes na Itália.

Esses deuses eram invocados sob a denominação de "deuses dos pais ou da pátria". Tal era Minerva em Atenas; tais eram sobretudo, em Roma, Pico, Fauno, Vesta e Rômulo.

Os Cabiros

Em certas ilhas da Grécia, o culto das divindades arcaicas, anteriores à religião nacional, perpetuara-se e mantivera-se durante longos séculos, paralelamente ao culto nacional. Até a conquista da Grécia, e mesmo até os últimos dias da República Romana, essas divindades pré-históricas tinham ainda, se não sacerdotes, pelo menos fiéis adoradores.

A iniciação nos mistérios dessas divindades, as mais antigas do mundo mitológico, era um privilégio sempre desejado. A supremacia dos deuses do Olimpo não tinha alterado nem a lembrança dessas potências misteriosas, nem o sentimento de sua grandeza.

Nessa classe devem ser colocados os cabiros da Samotrácia, os telquines de Rodes, os dátilos, os curetes e os coribantes de Creta. É muito difícil, talvez impossível, dar informações minuciosas sobre a origem, o caráter e o culto desses deuses. Os autores não estão de acordo sobre esse ponto. De resto, sendo os iniciados nos mistérios obrigados a guardar silêncio absoluto sobre suas crenças e práticas religiosas, é natural que se tenham cometido raras indiscrições. Mesmo na Antiguidade só há sobre o assunto simples conjecturas.

Os cabiros eram filhos de Vulcano; era essa a opinião geralmente aceita, se bem que alguns autores dissessem serem eles filhos de Júpiter ou de Prosérpina. Exploravam eles as minas de ferro, principalmente as de Samotrácia, mas trabalhavam em todos os metais. Talvez o seu culto tenha vindo do Egito, pois em Mênfis, tinham eles um templo; entretanto supõe-se que veio da Frígia. Na Samotrácia estabeleceram esses mistérios famosos cujo conhecimento era o objeto dos desejos de quantos se distinguiam pela coragem e pelas virtudes. Segundo a fábula, Cadmo, Orfeu, Hércules, Castor, Pólux, Ulisses, Agamenon e Eneias fizeram-se iniciar; pelo menos, nos tempos históricos, Filipe, pai de Alexandre, aspirou e conseguiu a honra dessa iniciação.

Os pelasgos, na época de sua migração para a Grécia, levaram essas festas misteriosas para Atenas. Licos, que saiu dessa última cidade e que mais tarde se tornou rei da Messênia, estabeleceu-se em Tebas; seus sucessores as fizeram celebrar em seus Estados.

Eneias fez conhecer na Itália o culto dos cabiros; Alba o recebeu, e Roma elevou no circo três altares a esses deuses, que eram invocados nos infortúnios domésticos, nas tempestades e sobretudo nos funerais, sem nunca designá-los pelo seu próprio nome. Referiam-se a eles somente em termo geral: "deuses poderosos, ou deuses associados". Alguns autores pretenderam, mas sem prova, que os deuses eram Plutão, Prosérpina e Mercúrio, divindades infernais ou que presidem à morte. Sendo o culto dos cabiros muito anterior ao desses deuses, só se deve conservar dessa suposição o caráter fúnebre desses poderes misteriosos e divinos. Nas iniciações, o candidato era submetido a provas honrosas, mas sem perigo; depois, revestiam-no com trajes magníficos, faziam-no sentar sobre um trono aclarado por mil luzes; punham-lhe na cabeça uma coroa de oliveira, uma cinta de púrpura em redor dos rins, e a seus olhos os outros iniciados executavam danças simbólicas.

Pretenderam outros autores que os cabiros, na sua origem, eram apenas hábeis mágicos que se encarregavam de expiar o crime dos homens por meio de certas formalidades ou cerimônias. Os grandes culpados iam ter com eles e voltavam absolvidos e tranquilos. Quando os cabiros morreram, fizeram-nos deuses, e as suas cerimônias de expiação talvez tenham se tornado o fundo de seus mistérios.

Em uma medalha de Trajano está representado um deus cabiro; a cabeça está coberta com um gorro, terminando em ponta; com uma das mãos segura um ramo de cipreste, e com a outra um esquadro. Cobre-lhe as espáduas um manto, e seus pés estão calçados com coturnos.

Em Tebas, em Lemos, e sobretudo em Samotrácia, as Cabírias, ou festas solenes em honra dos cabiros, celebravam-se à noite.

Os Telquines

Os telquines, filhos do Sol e de Minerva, habitaram muito tempo a Ilha de Rodes. Como os cabiros, com os quais têm mais de um traço de semelhança, dedicavam-se eles à metalurgia e à feitiçaria. Pretendia-se que esses mágicos, regando a terra com água do Estige, tornavam-na estéril e provocavam a peste. Por esta razão, os gregos chamavam-lhes destrutores. Conta Ovídio que, por fim, Júpiter enterrou-os sob as ondas, e transformou-os em rochedos. Não eram menos venerados na Ilha de Rodes, onde seu culto, de caráter misterioso, tornou-se célebre.

Os dátilos ideanos, isto é, do Monte Ida, em Creta, tinham, diz-se, ensinado as teorias teúrgicas dos mistérios a Orfeu, que as levou à Grécia, assim como o uso do ferro. Como os telquines, eram eles filhos do Sol e de Minerva, segundo uns; de Saturno e de Alcipe, segundo outros. Há ainda quem pretenda que eles sejam filhos de Júpiter e da ninfa Ida, porque, tendo ele ordenado às amas que atirassem para trás um pouco de poeira da montanha, dessa poeira nasceram os dátilos. Eram homens industriosos; como sacerdotes, ofereciam a Reia, ou a Terra, sacrifícios nos quais se apresentavam com coroas de carvalho. Depois de sua morte, foram venerados como deuses protetores, os deuses lares. Eram chamados os "dedos" do Monte Ida, sem dúvida porque nessa montanha tinham eles as suas forjas.

Coribantes, Curetes e Galos

Os coribantes e os curetes, nascidos na Frígia, estabeleceram e praticaram em Creta o culto a Cibele. Tendo concorrido para salvar Júpiter da voracidade de Saturno e para educá-lo, receberam as honras divinas. Tinham mesmo uma espécie de supremacia sobre os dátilos e outras divindades secundárias de Creta. Eram também considerados como poderes tutelares.

Seus sucessores, como eles chamados "coribantes", "curetes" e "galos", eram os sacerdotes especialmente encarregados do culto a Cibele. Abstinham-se de comer pão e solenizavam suas festas com grande tumulto e danças frenéticas; ao som da flauta, ao ruído dos tambores, saíam num delírio que se considerava como profético ou inspirado.

Os Deuses Penates

Os povos, nas suas migrações, não esqueciam de levar consigo não somente o culto de seu país de origem, como principalmente as estátuas antigas, veneradas pelos seus antepassados. Esses ídolos ficavam sendo uma espécie de talismã nos novos estados ou nas novas cidades, e eram chamados de "deuses penates". As pequenas aldeias, as simples povoações, as humildes casas, tinham seus deuses, assim como as grandes cidades e os vastos países. Troia teve seu Paládio, a estátua de Minerva, protetora e guardiã de seus destinos; Roma teve os seus penates também. O culto desses deuses é originário da Frígia e da Samotrácia. Tarquínio, o Antigo, instruído na religião dos cabiros, elevou um só templo a três divindades samotrácias, que mais tarde se chamaram "os penates dos romanos".

As famílias escolhiam livremente seus penates entre os grandes deuses ou os grandes homens deificados. Esses deuses, que é preciso não confundir com os deuses lares, transmitiam-se como herança de pais a filhos. Em cada habitação reservavam-lhe um lugar, ao menos um retiro, quase sempre um altar e algumas vezes um santuário.

Os Deuses Lares

Em geral, todos os deuses que eram escolhidos por patronos e protetores de um lugar público ou particular, todos os deuses, cujos estados, cidades, casas recebiam de qualquer modo a sua proteção, eram chamados "lares". Distinguiam-se várias espécies de deuses lares, além dos das casas que eram chamados "domésticos" ou "familiares". Estes, guardiões da família, tinham suas estátuas em um ponto pequeno perto do fogão, e eram cercadas de um cuidado extraordinário. Em certos dias, cercavam-nos com flores, coroavam-nos e faziam-lhes frequentes preces. Entretanto, às vezes acontecia que se lhes perdia todo respeito, como por exemplo, quando morria alguma pessoa querida; acusavam-nos então de não terem velado por sua conservação, de se terem deixado surpreender pelos gênios malfazejos.

Os lares públicos presidiam aos edifícios, às encruzilhadas, às praças da cidade, aos caminhos, aos campos; eram também encarregados de afastar os inimigos. Em Roma, os lares tinham o seu templo no Campo de Marte. Jano, Apolo, Diana e Mercúrio eram considerados deuses lares dos romanos. Parece que o culto dos deuses lares veio de um costume primitivo de enterrar os corpos nas casas. O povo crédulo imaginou que as almas também ali permaneciam, e venerou-os como gênios favoráveis e propícios. Mais tarde, quando se introduziu o costume de enterrar as pessoas ao longo dos caminhos, os deuses lares passaram a ser vistos como protetores das estradas.

É preciso acrescentar que os lares só podiam ser as almas dos bons. Dava-se o nome de lêmures às almas dos maus. Dizia-se que os lêmures, gênios maléficos e inquietos, apareciam sob a forma de fantasmas, e tinham o perverso prazer de assustar e atormentar os vivos. Também eram chamados de "larvas".

Os Gênios

Além das divindades tutelares, designadas pelos nomes de penates e de lares, os impérios, as províncias, as cidades, os campos, enfim, todos os lugares, tinham o seu gênio protetor, e cada homem o seu. Cada um, no dia do aniversário natalício, fazia um sacrifício ao seu gênio. Ofereciam-lhe vinho, flores, incenso; mas não se sacrificavam vítimas nestas espécies de sacrifícios.

Os lares e os penates eram divindades particularmente veneradas pelos romanos, se bem que os gregos muitas vezes invocavam os deuses do lar doméstico. Esses dois povos acreditavam igualmente nos gênios, nos bons que protegem e conduzem ao bem, nos maus que aborrecem e levam ao mal.

O bom gênio é representado sob a figura de um belo jovem, coroado de flores ou de espigas de trigo; o mau gênio é um velho de longa barba, cabelos curtos, trazendo na mão um mocho, ave de mau agouro.

A Fortuna

Uma outra divindade que preside a todos os acontecimentos, à vida dos homens e à dos povos, é a Fortuna, que distribui os bens e os males segundo seu capricho. Os poetas têm-na representado calva, cega, de pé, com asas nos dois pés, um sobre uma roda que gira, o outro no ar. Representam-na também com um Sol e um crescente na cabeça, porque, como estes dois astros, ela preside a tudo quanto se passa na Terra. Algumas vezes dão-lhe um leme para exprimir o império do acaso. Ela é seguida pelo Poder e por Pluto, deus cego da riqueza, mas também da servidão e da pobreza.

A deusa Fortuna tinha um templo em Âncio. Muitas medalhas representam-na com atributos diversos e apropriados aos sobrenomes, complacente, vitoriosa. Em Egina havia uma estátua sua tendo nas mãos uma cornucópia; a seu lado estava Cupido com asas.

A Má Fortuna é representada sob a forma de uma mulher exposta em um navio sem mastro e sem leme, com as velas rasgadas pelas violências dos ventos.

Todos os esforços, todas as promessas, todas as preces do homem só aspiravam a conjurar as flechas da Fortuna; em qualquer condição, em qualquer circunstância da vida, ele encontra a seu lado uma divindade, de quem faz um auxiliar.

No momento em que nasce, sua mãe é assistida e socorrida por Juno, ou por sua filha, Ilítia, a *bela fiandeira*. Cresceu, desenvolveu-se, mas lhe é precisa a saúde. É primeiro a Esculápio quem ela recorre, e depois a Higeia.

Esculápio (em grego Asclépio)

Esculápio, filho de Apolo e de Corônis, filha única de Flégias, rei da Beócia, nasceu no Monte Tition, do lado de Epidauro, no Peloponeso. Como a palavra *coronis* em grego quer dizer "gralha", espalhou-se a notícia de que Esculápio nascera de um ovo dessa ave, sob a figura de uma serpente. Acrescenta-se que Flégias, irritado contra Apolo, que tornara sua filha mãe de Esculápio, incendiou o templo de Delfos, crime de que é eternamente punido no Tártaro, onde um grande rochedo, suspenso sobre sua cabeça, ameaça a cada instante esmagá-lo com a queda. Segundo outros, Corônis foi morta por Diana, ou por Apolo em um acesso de ciúme, e seu corpo já estava sobre a fúnebre fogueira, quando Mercúrio, ou o próprio Apolo, chegou e fez nascer Esculápio. A criança, a princípio confiada a uma ama de nome Trígona, passou depois à escola do centauro Quíron, onde fez rápidos progressos no conhecimento das plantas medicinais e na composição dos remédios: praticou com tanta habilidade e êxito a arte de curar as feridas e as doenças, que foi considerado como o deus da cirurgia e da Medicina.

Acompanhou Hércules e Jasão na expedição da Cólquida, e prestou grandes serviços aos argonautas. Não contente de curar os doentes, chegou a ressuscitar os mortos. Já se viu, na fábula de Apolo, como foi castigada essa temeridade. Esculápio, usurpando os direitos da divindade suprema, senhora da vida dos homens, foi exterminado por Júpiter, que lhe atirou um raio. Mas, depois de sua morte, renderam-lhe honras divinas.

Certo autor pretende que ele formava no céu a constelação que se chamava o "Serpentário". Segundo Pausânias, seus descendentes reinaram em uma parte da Messênia, e foi de lá que Macáon e Podalírio, seus dois filhos, partiram para a Guerra de Troia.

Seu culto foi estabelecido, a princípio, em Epidauro, sua terra natal, de onde se espalhou por toda a Grécia. Veneravam-no em Epidauro sob a forma de uma serpente.

Uma estátua de ouro e marfim, obra de Trasímedo de Paros, representava-o sob a figura de um homem sentado em um trono, tendo o bastão em uma das mãos, apoiando a outra sobre a cabeça de uma serpente; a seus pés estava um cão deitado.

O galo, a serpente e a tartaruga, símbolos da vigilância e da prudência necessárias aos médicos, eram-lhes especialmente consagrados. Alimentavam-se cobras domesticadas no templo de Epidauro, e pretendia-se mesmo que era sob essa forma que Esculápio se mostrava; ao menos os romanos acreditavam que ele fora a seu país sob este disfarce, quando eles enviaram uma embaixada a Epidauro para implorar a proteção do deus contra a peste que assolava Roma.

Atenas e Roma celebravam solenemente festas chamadas "Epidaurias" ou "Esculápias", em honra desse deus. Nas suas estátuas, Esculápio é na maior parte das vezes representado sob os traços de um homem grave, barbado e coroado de louros; com uma das mãos segura uma espécie de taça de metal, e com a outra, um bastão enroscado por uma serpente.

Tudo não é senão prodígio nessa fábula. Se, por exemplo, Apolo feriu com suas flechas a mãe de Esculápio, foi porque o corvo tinha incriminado falsamente Corônis de ter outros amores. Imediatamente o deus se arrependeu de ter dado atenção a essa calúnia e vingou-se do corvo transformando em negra a sua plumagem, branca até então.

Higeia

Higeia, nome que em grego significa saúde, pertencia duplamente à família de Apolo, tanto por seu pai Esculápio, como por sua mãe Lampécia, filha de Apolo e de Clímene.

Os gregos veneravam-na como uma deusa poderosa, encarregada de velar pela saúde dos vivos. Não somente os homens, mas todos os animais mereciam seus cuidados atentos e suas salutares inspirações. Era ela quem sugeria misteriosamente a uns e a outros a escolha dos alimentos necessários à sua existência, e os remédios apropriados a seus males; parecia personificar o instinto da vida, e, sustentando as forças dos mortais, prevenindo as moléstias, evitava a seu pai o trabalho de intervir continuamente com a sua ciência onipotente, a fim de aliviar ou curar a dor.

Em um templo de Esculápio, em Sicífone, Higeia tinha uma estátua coberta com um véu, à qual as mulheres daquela cidade dedicavam a cabeleira. Certos monumentos representam-na coroada de louros, com um cetro na destra, como rainha da Medicina. Sobre seu seio está um imenso dragão, que avança a cabeça para beber em uma taça que ela segura na mão esquerda.

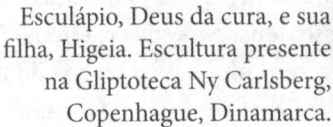

Esculápio, Deus da cura, e sua filha, Higeia. Escultura presente na Gliptoteca Ny Carlsberg, Copenhague, Dinamarca.

Hímen ou Himeneu

O deus Hímen, ou Himeneu, filho de Baco e de Vênus, presidia ao casamento. Alguns poetas fazem-no filho da musa Urânia, outros da musa Calíope e de Apolo. Qualquer que seja a sua genealogia, esse deus desempenha um grande papel na vida humana, e seu culto era venerado em toda parte. Os atenienses o invocavam sempre nas cerimônias do casamento, e durante as festas solenes invocavam-no com um canto triunfal: "Himeneu, Hímen! Oh! Hímen, Himeneu!"

Representam-no sob a figura de um jovem louro, coroado de flores, sobretudo de manjerona, tendo na destra, um facho, e na esquerda um véu de cor amarela, visto que essa cor em Roma era particularmente afeta às bodas. Assim, nos casamentos romanos o véu da noiva era de um amarelo brilhante.

Algumas vezes, esse deus, coroado de rosas, usa uma veste branca, bordada de flores; alguns mitólogos dão-lhe um anel de ouro, uma canga e peias aos pés, alegoria que se tornou ainda mais transparente com dois fachos que têm uma só chama, e que se colocava entre suas mãos ou a seu lado.

Como e Momo

Como, deus da alegria e dos banquetes, presidia aos festins, às danças noturnas e à libertinagem. Representam-no jovem, bem-disposto, a face iluminada pelo vinho, a cabeça coroada de rosas, tendo na mão direita um facho, e a esquerda se apoiando sobre uma estátua. Muitas vezes era acompanhado por Momo, deus da pilhéria, das críticas maliciosas e dos ditos espirituosos. Esse deus é representado levantando a máscara, e tendo na mão um bastão encimado pela cabeça de um boneco, enfeitado de guizos, símbolo da loucura.

Morfeu

Quando o homem, cansado dos trabalhos que os deuses presidem, precisa de repouso, Morfeu, filho do Sono e da Noite, aparece, voando nas asas de borboleta, tendo na mão uma papoula, e o faz dormir, tocando-lhe de leve na fronte com a haste dessa planta.

O Sono, pai dos Sonhos e irmão da Morte, tinha sua agradável morada na Ilha de Lemnos, segundo Homero, ou, segundo Ovídio, no país dos cimérios. Esse deus, que tão misteriosamente penetra no nosso organismo, fazendo-nos esquecer as mágoas, as fadigas, reparando-nos as forças, também repousava, sob a figura de uma criança ou de um efebo, ao fundo de uma gruta silenciosa e impenetrável à luz do dia. Com uma das mãos segurava um dente, com a outra uma cornucópia, e os Sonhos, seus filhos, dormiam dispersos, aqui e acolá, sobre papoulas, ao redor de seu leito.

Noite e dia, a vida humana se passava, pois, na companhia desse deus, e sob seus olhares. Depois da morte, encontravam-se todos nos Infernos, entre outras divindades.

O MUNDO INFERIOR

Os Infernos

Na mitologia grega e romana, os Infernos são os lugares subterrâneos para onde descem as almas depois da morte, a fim de serem julgadas e receberem o castigo de seus crimes ou a recompensa das boas ações. "Todos os caminhos levam aos Infernos", disse um poeta antigo, isto é, à morte e ao julgamento que a ela deve seguir-se. Esses lugares subterrâneos, situados a uma profundidade incomensurável em baixo da Grécia e da Itália, estendiam-se até os extremos confins do mundo então conhecido; e assim como a Terra era cercada pelo Rio Oceano, eram eles circunscritos e limitados pelo reino da Noite. Acreditavam os gregos que sua entrada estava situada nos antros vizinhos do Cabo Tênaro, ao sul do Peloponeso; os romanos supunham que havia outras entradas mais perto deles, como, por exemplo, os abismos do Lago Averno, e as grutas vizinhas de Cumas. De resto, tanto na Grécia como na Itália, era crença geral que todas as cavernas, todas as anfractuosidades, as fendas do solo cuja profundidade ninguém nunca sondara, podiam estar em comunicação com os Infernos.

Será supérfluo e pueril tentar uma descrição desse império subterrâneo, onde a imaginação dos poetas, auxiliada pela credulidade dos povos, se aprouve em introduzir particularidades divergentes e muitas vezes contraditórias.

Entretanto, é possível fazer uma ideia geral da carta geográfica dos Infernos, tal qual a Antiguidade a imaginava no seu conjunto. Distinguiam-se quatro regiões principais.

A primeira, a mais vizinha da Terra, era o Érebo; para além estava o Inferno dos maus; a terceira região compreendia o Tártaro, e a quarta os Campos Elísios.

No Érebo viam-se os palácios da Noite, do Sono e dos Sonhos; era a morada de Cérbero, das Fúrias e da Morte. Era aí que erravam durante cem anos as desgraçadas sombras cujos corpos não tinham recebido sepultura; quando Ulisses evocou os mortos, aqueles que lhe apareceram, diz Homero, saíram todos do Érebo.

O Inferno dos maus era o lugar temível de todas as expiações: era lá que o crime recebia o seu justo castigo; era lá que o remorso atormentava as suas vítimas; era lá, enfim, que se faziam ouvir as lamentações e os gritos agudos de dor. Ali se viam todos os gêneros de tortura. Essa região horrível, cujas planícies não eram senão aridez, cujas montanhas eram apenas rochas e declives, encerrava tanques gelados, lagos de enxofre e pez fervente, onde as almas eram sucessivamente mergulhadas e passavam pelos suplícios de um frio ou de um calor extremo. Era ela cercada de pântanos lamacentos e fétidos, de rios de águas empoçadas ou abrasadas, formando uma barreira impossível de transpor e não deixando às almas nem uma esperança de fuga, de consolação, ou de socorro.

O Tártaro propriamente dito vinha depois desse Inferno: era a prisão dos deuses. Circundado por um tríplice muro de bronze, sustentava os vastos fundamentos da Terra e dos mares. Sua profundidade era tão afastada da superfície da Terra quanto esta era distante do Céu. Era ali que estavam encerrados os Titãs, os gigantes e os deuses antigos expulsos do Olimpo pelos deuses reinantes e vitoriosos; era lá também que estava o palácio do rei dos Infernos.

Os Campos Elísios eram a morada feliz das almas virtuosas; ali reinava uma eterna primavera; a terra sempre alegre e cobria-se incessantemente de verdura, de folhagem, de flores e de frutos. À sombra dos bosques embalsamados, das moitas de roseiras e de mirtos, alegrados pelo canto e pelo gorjeio das aves, regados pelas águas do Lete, correndo em doce murmúrio, as almas afortunadas gozavam do mais delicioso repouso, duma juventude perpétua, sem sobressaltos e sem dor. Deitados sobre leitos de asfódelo[20], planta de pálida folhagem, ou molemente reclinados sobre a fresca relva, os heróis contavam uns aos outros suas empreitadas ou ouviam os poetas que celebravam seus nomes em versos de uma encantadora harmonia. Nos Campos Elísios, finalmente, estavam reunidos todos os encantos e prazeres, assim como no Inferno dos culpados estavam acumulados todas as espécies de tormentos.

Diante do vestíbulo dos Infernos, na estreita passagem que conduz à sombria morada, habitam pavorosos espectros. É ali que a Dor, o Luto, os pungentes Remorsos, as pálidas Moléstias, a triste Velhice, o Terror,

---

20   Gênero de plantas pertencentes à família das liliáceas. (N. do R.)

a Fome, má conselheira, a vergonhosa Indigência, a Fadiga, e o Abatimento, escolheram seu domicílio: a Morte. Aí também se veem o Sono, irmão da Morte, as Alegrias culpadas, e em face delas a Guerra assassina, as jaulas de ferro das Eumênides e a cega Discórdia, cuja cabeleira cheia de serpentes está entrelaçada por fitas ensanguentadas. No meio do vestíbulo, eleva-se um olmo copado, imensamente grande, onde residem os Sonhos Quiméricos, que aderem sob todas as folhas. Encontram-se ainda nesse lugar outros monstruosos espectros, de toda espécie e conformação: são centauros, seres híbridos, gigantes de cem braços, a Hidra de Lerna, uma quimera que vomita fogo, e silvam horrivelmente górgonas e harpias, homens compostos de três corpos em um só. É por esse caminho medonho que chegam as almas e daí se encaminham para seus juízes, mas é preciso que antes de tudo atravessem os rios infernais.

O Estige, o Aqueronte, o Cócito e o Flegetonte

Os principais rios dos Infernos eram o Estige, o Aqueronte, o Cócito e o Flegetonte.

Estige era uma ninfa, filha do Oceano e de Tétis; de todos os filhos que nasceram dessa união, diz Hesíodo, ela foi a mais respeitável. Palas, filho de Créio e de Euríbia, apaixonou-se por ela, e fê-la mãe de Zelo, da Força e de Nice, ou Vitória.

Quando Júpiter, para punir o orgulho dos Titãs, chamou em seu socorro a todos os imortais, foi Estige quem em primeiro lugar chegou com sua perigosa família. O senhor dos deuses soube reconhecer tal solicitude em servi-lo: admitiu à sua mesa os filhos dessa devotada ninfa, e pela mais lisonjeira das distinções, quis que ela fosse o vínculo sagrado dos juramentos dos deuses, e estabeleceu as mais severas penas contra aqueles que violassem os juramentos feitos em seu nome; quando o próprio Júpiter jura pelo Estige, sua palavra é irrevogável. A ninfa Estige presidia a uma fonte da Arcádia, cujas águas silenciosas formavam um regato que desaparecia sob a Terra e ia desaguar nas regiões infernais. Ali, esse regato tornava-se um rio lodoso que extravasava em infetos charcos cobertos por uma noite sombria.

Aqueronte, filho do Sol e da Terra, foi transformado em rio e precipitado nos Infernos, por ter fornecido água aos Titãs quando estes declararam guerra a Júpiter. Três pequenos rios desse nome corriam na

Grécia; em Épiro, em Élida e na Lacônia. Este último desaparecia nos arredores do Cabo Tênaro, o que explica a fábula. O Aqueronte, assim como o Estige, era um rio por onde as almas passavam sem esperança de regressar. Em grego, seu nome exprime tristeza e aflição. É representado sob a figura de um velho, coberto de úmidas vestes; repousa sobre uma negra urna, de onde saem ondas espumantes, porque o curso do Aqueronte é tão impetuoso que arrasta como grãos de areia grandes blocos de rochedo. O mocho, ave lúgubre, é um de seus atributos.

O Cócito, nos Infernos, é um afluente do Aqueronte. Em Épiro, não longe do Lago Aqueruso, havia um curso d'água com esse nome. Nas margens do Cócito infernal, as sombras dos mortos privados de sepultura eram condenadas a errar durante cem anos, antes de comparecer perante o tribunal supremo e de conhecer a sua sorte definitiva. Era o rio dos gemidos: cercava a região do Tártaro; diz-se que o seu curso era formado pelas abundantes lágrimas dos malditos. Apresentavam suas margens teixos, ciprestes e outras árvores de folhagem sombria. Em sua vizinhança, havia uma porta colocada sobre um limiar e gonzos de bronze, entrada dos Infernos.

O Flegetonte, outro afluente do Aqueronte, rolava torrentes de chamas sulfurosas. Atribuíam-lhe as qualidades mais nocivas. Seu curso bastante longo, em sentido contrário ao do Cócito, cercava a prisão dos malvados.

Plutão (ou Hades)

Plutão, ou, na maioria das vezes, em grego, Hades, irmão de Júpiter e de Netuno, era o terceiro filho de Saturno e de Reia. Arrancado graças a Júpiter, do seio de seu pai que o devorara, mostrou-se reconhecido por tal benefício, e não hesitou em auxiliar seu irmão na luta contra os Titãs. Depois da vitória, obteve em partilha o reino dos Infernos. Por causa de sua fealdade ou da dureza de sua fisionomia, por causa sobretudo da tristeza de seu império, nem uma deusa consentiu compartilhar de sua coroa. Foi por isso que resolveu raptar Prosérpina, ou Perséfone, e a fez sua esposa.

Seu palácio está no meio do Tártaro. É de lá que ele vela, como soberano, pela administração de seus Estados, e dita suas inflexíveis leis. Seus súditos, sombras ligeiras e miseráveis quase todas, são tão numerosos como as ondas do mar e as estrelas do firmamento; tudo quanto a morte ceifa na terra recai sob o cetro desse deus, aumenta a sua riqueza, ou se torna sua presa. Desde o dia em que inaugurou o reinado, nenhum de seus ministros infringiu suas ordens, e nenhum de seus súditos tentou uma rebelião. Dos três deuses soberanos que governam o mundo, é o único que nunca precisou temer a insubordinação ou a desobediência, e o único cuja autoridade é universalmente reconhecida.

Mas, para ser obedecido, não é menos odiado e temido. Assim, não tinha ele na Terra nem templo nem altar, e não se compunham hinos em seu louvor. O culto que os gregos lhe rendiam distinguia-se por cerimônias particulares. O sacerdote fazia queimar incenso entre os cornos da vítima, amarrava-a, abria-lhe o ventre com uma faca de cabo redondo e punho de ébano. As coxas do animal eram particularmente consagradas a esse deus. Seus sacrifícios não podiam ser feitos senão nas trevas, sobre vítimas negras, vendadas com fitas da mesma cor, cuja cabeça era voltada para a terra. Era especialmente venerado em Nisa, em Opunto, em Trezene, em Pilos e entre os Eleanos, onde existia uma espécie de santuário que não era aberto senão uma vez no ano, e onde só podiam entrar os sacrificadores. Epimênides, diz Pausânias, fizera colocar sua estátua no tempo das Eumênides, e contra uso comum, estava representado sob uma expressão e atitude agradáveis.

Os romanos tinham posto Plutão não somente no número dos doze grandes deuses, mas também entre os oito escolhidos, os únicos que podiam ser representados em ouro, prata e marfim. Havia, em Roma, sacerdotes vitimários, especialmente consagrados a Plutão. Imolavam-lhe, como na Grécia, vítimas de cor sombria e sempre em número par, enquanto que aos outros deuses elas eram em número ímpar. Essas vítimas ficavam inteiramente reduzidas a cinza, e o sacerdote não reservava nada, nem para o povo nem para si. Antes da imolação, cavava-se um buraco para receber o sangue, e ali se derramava o vinho das libações. Durante esses sacrifícios, os sacerdotes ficavam com a cabeça descoberta, e era recomendado aos assistentes um absoluto silêncio, menos por respeito do que por medo do deus.

Plutão foi de tal maneira temido entre os povos da Itália, que o criminoso condenado ao suplício era-lhe antes consagrado. Depois desse ato religioso, qualquer cidadão que encontrasse o culpado podia impunemente matá-lo. No Monte Soratte, na Itália, Plutão partilhava as honras de um templo em comum com Apolo. Assim os faliscos, habitantes do lugar, tinham julgado dever venerar ao mesmo tempo o calor subterrâneo e o fulgor do astro do dia. Os povos do Lácio e dos arredores de Crotone tinham consagrado ao rei dos Infernos o número dois como um número fatídico; pela mesma razão os romanos consagraram-lhe o segundo mês do ano e, nesse mês, o segundo dia foi especialmente designado para lhe oferecer sacrifícios.

Plutão é ordinariamente representado com uma barba espessa e um ar severo, muitas vezes com um capacete, presente dos Ciclopes, cuja propriedade era torná-lo invisível; algumas vezes cinge-lhe a fronte uma coroa de ébano, de avenca ou de narciso. Quando está sentado em seu trono de ébano ou de enxofre, tem na direita ora um cetro negro, ora uma forquilha ou uma lança. Algumas vezes mostra chaves na mão, para exprimir que as portas da vida são fechadas sem retorno àqueles que vão ter ao seu império. Também é representado em um carro puxado por quatro cavalos negros e fogosos. O atributo que mais comumente se vê a seu lado é o cipreste, cuja folhagem sombria exprime a melancolia e a dor. Os sacerdotes desse deus, nos dias de sacrifícios, enfeitavam suas vestes com coroas.

Plutão em gravura de Nicolaes Braeu (1586 - 1600) que foi baseada em um desenho de Karel van Mander (1548 - 1606).

Prosérpina (em grego Perséfone ou Core)

Filha de Ceres e de Júpiter, Prosérpina foi raptada por Plutão, num dia em que estava colhendo flores, apesar da resistência teimosa de Cianeia, sua companheira. Ceres, acabrunhada de mágoa pela perda da filha, ao voltar de suas longas viagens através do mundo, sem obter notícias dela, soube enfim por Aretusa, ou pela ninfa Cianeia, o nome do raptor. Indignada, pediu a Júpiter que fizesse a filha voltar dos Infernos. O deus concordou, contanto que lá ela nada ainda houvesse comido. Ascálafo, filho de Aqueronte e oficial de Plutão, informou tê-la visto comer seis grãos de romã depois de sua entrada nas moradas sombrias.

Em consequência, Prosérpina foi condenada a ficar nos Infernos como esposa de Plutão, e rainha do império das Sombras.

Segundo outros, Ceres obteve de Júpiter que Prosérpina passasse seis meses do ano em sua companhia. A posse dessa deusa por Plutão é colocada em diversos lugares; para uns foi na Sicília, ao pé do Monte Etna, e segundo outros, foi na Ática, na Trácia, ou na Jônia. Outros ainda escolheram como lugar dessa cena uma floresta perto de Megaro, que a tradição fez olhar como sagrada. Orfeu, pelo contrário, diz que a deusa foi conduzida ao mar pelo seu perigoso amante, que desapareceu no meio das ondas.

Nessa fábula, alguns mitólogos julgaram ver o emblema da germinação.

Acreditava-se comumente que ninguém podia morrer sem que Prosérpina, por suas próprias mãos, ou por intervenção de Átropos, lhe tivesse cortado um fio de cabelo fatal, ao qual a vida estava presa.

Na Sicília, o culto dessa deusa era o mais solene, e os sicilianos não podiam garantir a fidelidade de suas promessas por um juramento mais forte do que o de Prosérpina. Nos funerais, as pessoas batiam no peito em seu louvor; os amigos, os servidores do morto, cortavam algumas vezes os cabelos e os atiravam na pira fúnebre, para abrandar essa divindade. Imolavam-lhe cães, como Hécate, e sobretudo vitelas estéreis. Os árcades consagraram-lhe um templo sob o nome de Conservadora, porque invocavam Prosérpina para encontrar os objetivos perdidos.

Essa deusa é ordinariamente representada ao lado de seu esposo, sobre um tronco de ébano, tendo na mão um facho de onde sai uma chama envolta em fumaça negra. Na cena do rapto, ela parece desmaiada de terror no carro que deve transportá-la aos Infernos. A papoula é o seu atributo favorito. Se algumas vezes é representada com um ramalhete de narciso na mão direita, diz-se, é porque ela estava colhendo essa flor primaveril, quando foi surpreendida e raptada por Plutão.

Davam-lhe em grego o nome de Core, isto é, donzela, porque supunham que a rainha do império dos Mortos não devia ter filhos, ou porque ainda era uma adolescente quando desceu aos Infernos. Ela teve, porém, um filho de Júpiter, que se fez amar sob a forma de uma serpente. Esse filho, chamado Sabácio, era de uma habilidade notável; foi ele quem costurou Baco na coxa de seu pai.

Prosérpina e Plutão não eram sempre, e nem toda parte, considerados como divindades infernais. Alguns povos, que se dedicavam sobretudo à agricultura, veneravam-nos como divindades misteriosas da fecundação da terra, e não começavam suas semeaduras senão depois de lhes terem feito sacrifícios.

Rapto de Perséfone, de Jean Cotelle (1645 - 1708), presente no Museu Nacional da Grécia.

Caronte

Caronte, filho de Érebo e da Noite, era um deus velho, mas imortal. Tinha por função transportar para além do Estige e do Aqueronte as sombras dos mortos em uma barca estreita, feia e de cor fúnebre. Era não somente velho, mas avaro; não recebia em sua barca senão as sombras daqueles que tinham tido sepultura, e que lhe pagavam a passagem. A soma exigida não podia ser menos de um óbolo nem superior a três; assim, havia necessidade de colocar na boca do morto o dinheiro necessário para pagar sua passagem.

Caronte repelia impiedosamente as sombras daqueles que haviam sido privados de sepultura, e deixava-as errar durante cem anos sobre as margens do rio, onde em vão estendiam os braços para a outra margem.

Nenhum mortal vivo podia entrar em sua barca, a não ser que tivesse como salvo-conduto um ramo de ouro de uma árvore fatídica, consagrada a Prosérpina. A Sibila de Cumes teve de dar um desses ramos ao piedoso Eneias, quando ele quis descer aos Infernos. Pretende-se mesmo que Caronte foi punido e exilado durante um ano, nas profundezas do Tártaro, por ter passado Hércules em sua barca, que não estava munido desse magnífico e precioso ramo.

Esse piloto dos Infernos é representado como um velho magro, grande e vigoroso; seus olhos vivos, seu rosto majestoso e severo, têm um cunho divino; sua barba é branca, longa e espessa; suas vestes são de uma cor sombria, e manchadas do escuro limo dos rios infernais; ordinariamente, representam-no de pé sobre sua barca, tendo à mão seu remo.

Cérbero

Cérbero, cão de três cabeças, com o pescoço eriçado de serpentes, nascido do gigante Tífon e do monstro Equidna, era irmão da Orto, da Quimera, da Esfinge, da Hidra de Lerna e do Leão de Nemeia. Seus negros dentes afiados penetravam até a medula dos ossos, e injetavam no lugar que mordiam um veneno mortal. Deitado em um antro, à margem do Estige, onde estava amarrado com dois nós de serpentes, guardava a entrada dos Infernos e do palácio de Plutão. Acariciava as sombras que entravam, e ameaçava com seus latidos e suas três goelas escancaradas aquelas que queriam sair. Hércules o amarrou, quando retirou Alceste dos Infernos, e arrancou-o do trono de Plutão, sob o qual se refugiara.

Hércules e Cérbero, gravura à mostra no Museu de Artes de Los Angeles.

Cerberum domat Hercules.

Na Tessália e em diferentes regiões da Grécia, apontavam-se cavernas por onde, dizia-se, Hércules teria trazido para a Terra esse monstro infernal. Mas, segundo a crença, ou a lenda popular mais espalhada, foi pela caverna do Cabo Averno, na Lacônia, que Cérbero, amarrado e com as cabeças humildes, tinha vindo no séquito de seu vencedor. Nesse lugar, e em lembrança dessa vitória, elevaram um templo a Hércules, depois de entulhado o subterrâneo. Orfeu fez Cérbero adormecer ao som da sua lira, quando foi procurar Eurídice; a Sibila de Cumes adormeceu-o também com uma pasta temperada de mel e ópio, quando conduziu Eneias aos Infernos.

Nas medalhas, nas moedas e nos vasos antigos, Cérbero acompanha sempre a Hades; mas é entre os laços ou entre as mãos de Hércules que os pintores e os escultores têm-no representado na maioria das vezes.

Os Juízes dos Infernos

Depois de terem recebido as honras da sepultura, e atravessado o Estige e o Aqueronte, as almas comparecem perante seus juízes. Aí, os príncipes, despojados de seu poder, os ricos, privados de seus tesouros, confundem-se com os humildes e com os pobres: os culpados não podem contar nem com apoio nem com proteção; a calúnia não pode manchar, nem mesmo atingir as pessoas de bem. O tribunal está situado em um lugar chamado "Campo da Verdade", porque nem a mentira nem a maledicência podem aproximar-se; de um lado confina com o Tártaro, do outro com os Campos Elísios.

Os juízes são em número de três: Radamanto, Éaco e Minos. Os dois primeiros instruem a causa, e pronunciam geralmente a sentença; em caso de incerteza ou indecisão, Minos, que ocupa o lugar mais elevado entre os outros dois juízes, intervém como árbitro, e seu veredicto é irrevogável. Castigos e recompensas são proporcionados aos crimes e às virtudes. Há crimes irreparáveis, que dão ensejo a condenações perpétuas; outras há menos graves, que permitem a liberdade do culpado, depois de cumprir a sentença.

Se os três juízes dos Infernos estão investidos de tão importantes funções, é porque foram na Terra modelos de equidade. Radamanto, filho de Júpiter e de Europa, era irmão de Minos. Vindo primeiro à Beócia, onde casou com Alcmena, viúva de Anfitrião, foi depois estabelecer-se na Lícia. Em toda parte adquiriu a reputação de um príncipe justo, mas severo; também nos Infernos, suas decisões têm o cunho não só de justiça mas de uma rigorosa severidade. Ele é designado para julgar particularmente os habitantes da África e da Ásia. Foi ele quem ensinou a Hércules o manejo do arco. É ordinariamente representado com um cetro e sentado em um trono de Saturno, à porta dos Campos Elísios.

Éaco, filho de Júpiter e de Egina, nasceu na ilha que tem o nome de sua mãe, e da qual foi rei. Nos Infernos, é encarregado de julgar os europeus. Tendo a peste despovoado o pequeno reino que governava, obteve de seu pai que as formigas fossem transformadas em homens, e seus novos súditos ficaram sendo chamados "mirmidões" (da palavra grega *murmex*, formiga). Foi o pai de Peleu e avô de Aquiles.

Minos, irmão de Radamanto e, como ele, filho de Júpiter e de Europa, governou a Ilha de Creta com muita sabedoria e doçura. Para dar mais autoridade a suas leis, de nove em nove anos ele se retirava em um antro, onde pretendia que Júpiter lhes ditava. Fundou em Creta muitas cidades, entre as quais Cnossos e Festo. Presidente da corte infernal, perscruta atentamente a vida dos mortais e submete todas suas ações ao mais severo exame.

Representam-no com um cetro na mão, citando os mortos perante seu tribunal, ou sentado entre as sombras, cujas causas se advogam em sua presença.

As Fúrias (ou Eumênides, ou Erínias)[21]

As Fúrias ou, por antífrase, as Eumênides, isto é, em grego, as "Benévolas", são também chamadas as "Erínias". Essas divindades infernais encarregadas de executar sobre os culpados a sentença dos juízes, devem seu nome ao furor que inspiram.

Ministras da vingança dos deuses, devem elas existir desde a origem do mundo; são velhas como o crime que perseguem, e como a inocência que procuram vingar. Segundo uns, foram formadas no mar, com o sangue de Celo, quando esse antigo deus foi ultrajado e ferido por Saturno. Segundo Hesíodo, que as faz uma geração mais moças, nasceram elas da Terra, que as gerara com o sangue de Saturno, ferido por Júpiter. Em outra passagem, esse poeta diz serem elas filhas da Discórdia. Ésquilo diz que elas são filhas da Noite e de Aqueronte. Finalmente, Sófocles dá-lhes por pais a Terra e as Trevas; Epimênides crê que são filhas de Saturno e de Evonime, irmã de Vênus e das Parcas. Elas exerceram seu poder, não somente nos Infernos, mas também na Terra e até no Céu.

As mais conhecidas das Fúrias, as mais geralmente citadas pelos poetas, são Tisífone, Megera e Alecto. Tisífone, vestida com uma roupa ensanguentada, vela dia e noite sentada à porta do Tártaro. Desde que a sentença dos criminosos é pronunciada, ela se arma de seu látego vingador, açoita-os impiedosamente e insulta-os quando eles se lamentam; na mão esquerda, segura horríveis serpentes, e chama suas bárbaras irmãs para auxiliá-la. Era ela quem, para punir os mortais, espalhava a peste e os flagelos contagiosos; foi ainda ela quem perseguiu Etéocles e Polinices, fazendo nascer entre eles o ódio invencível que sobreviveu à sua morte. Essa Fúria tinha no Monte Citerão um templo cercado de ciprestes, onde Édipo, cego e banido, foi procurar asilo.

Megera, sua irmã, tem por missão semear as discórdias e as disputas entre os homens. É ela também quem persegue os culpados com maior sanha. Alecto, a terceira Fúria, não deixa os criminosos em repouso, e atormenta-os

---

21 Uma das peças de Ésquilo, a terceira de sua única trilogia grega publicada, *Oréstia*, leva o nome de *Eumênides*. (N. do R.)

sem descanso. Odiosa ao próprio Plutão, ela só respira vingança, e toma todas as formas para trair ou satisfazer sua raiva. Representam-na armada de víboras, de tochas e de chicotes, com a cabeleira enrodilhada de serpentes.

Algumas vezes se designa por Erínias a primeira das Fúrias, nome que se generalizou para determiná-las em conjunto. As Erínias tinham um templo perto do areópago em Atenas, que servia de asilo inviolável aos criminosos. Era aí que todos quantos devessem comparecer ante esse tribunal ficavam na obrigação de oferecer um sacrifício e de jurar sobre os altares, que tinham o ânimo de dizer a verdade. Nos sacrifícios em honra das Erínias, Eumênides ou Fúrias, empregavam-se o narciso, o açafrão, a genebra, o espinheiro selvagem, o cardo, o sabugueiro ou o ébulo, e queimava-se lenha de cedro, de amieiro e de cipreste. Imolavam-lhes ovelhas grávidas, carneiros e rolas.

Essas temíveis deusas recebiam por toda parte homenagens especiais: era com respeito que seus nomes eram pronunciados, e mal se ousava relancear os olhos sobre as estátuas e santuários que lhes eram consagrados.

Alguns autores confundiam Erínias com Nêmesis, e por conseguinte as Erínias com as Nêmesis. Estas, segundo Hesíodo, eram apenas duas: uma, a Pudor[22], regressou ao céu depois da Idade de Ouro; a outra, a verdadeira Nêmesis, filha do Érebo e da Noite, permaneceu na Terra e nos Infernos, para velar pela punição dos crimes e pela execução das leis imprescritíveis da Justiça. Cuidava especialmente das ofensas que os filhos faziam aos pais. Nêmesis era invocada nos tratados de paz, aos quais assegurava uma estrita observação; era ela quem mantinha a fé jurada, quem vingava a infidelidade das promessas, quem recebia os juramentos secretos, fazia curvar as cabeças orgulhosas, tranquilizava os humildes e consolava os amantes abandonados. Em um mosaico de Herculano, vê-se a infeliz Ariadne consolada por Nêmesis; o navio de Teseu fende os mares e se afasta, enquanto que ao lado da filha de Minos, o Amor se esconde e derrama lágrimas.

Em resumo, as Fúrias e as Nêmesis tinham por missão manter a ordem e a harmonia na família, na sociedade e no mundo moral. Inspiravam o medo dos remorsos, dos castigos inevitáveis, e assim faziam compreender aos homens as doçuras de uma consciência honesta e as

---

22 Pudor, na verdade, é uma daemon, um ser espiritual, tida como a personificação da vergonha, da humildade e do pudor. É controverso, porém, afirmar que Pudor é uma Nêmesis ou que existe mais de uma Nêmesis. (N. do R.)

vantagens da virtude. Nêmesis, pousando um dedo sobre a boca, segurando um freio ou um aguilhão, dava a entender que a todos recomendava a discrição, a prudência, a moderação na conduta, ao mesmo tempo que instigava ao bem.

O Deus Tânatos, ou a Morte

Tânatos, ou a Morte, é um nome grego masculino. Filho da Noite, que o concebera sem o auxílio de nenhum outro deus, irmão de Sono (Hipnos), inimigo implacável do gênero humano, odioso mesmo aos imortais, fixou sua morada no Tártaro, segundo Hesíodo; ou diante da porta dos Infernos, segundo outros poetas. Foi nesses lugares em que Hércules o amarrou com laços de diamantes, quando foi libertar Alceste. Tânatos era raramente pronunciado na Grécia, porque a superstição temia despertar uma ideia desagradável, fazendo acordar no espírito a imagem de nossa destruição.

Os eleanos e os lacedemônios veneravam a Tânatos com um culto particular, mas não se conhecem as cerimônias desse culto. Os romanos também lhe ergueram altares.

Tânatos tinha um coração de ferro e entranhas de bronze. Os gregos representavam-no sob a figura de uma criança de cor preta, com os pés tortos, acariciada pela Noite, sua mãe. Seus pés, às vezes, mesmo não sendo disformes, estão cruzados, símbolo da posição incômoda em que os corpos ficam na sepultura.

Essa divindade também aparece nas esculturas antigas, com o rosto desfeito e emagrecido, os olhos fechados, cobertos com um véu, e tendo, como o Tempo, uma foice na mão. Esse atributo parece significar que os homens são ceifados em multidão, como as flores e as ervas efêmeras.

Estatueta de Hipnos, exposta no Museu de História da Arte, em Viena, Áustria.

Os escultores e pintores conservaram essa foice à Morte e lhe deram a mais horrível expressão de semblante. A maneira mais comum de representá-la é sob a forma de esqueleto.

Os atributos de Tânatos e da Noite são as asas e o facho derrubado, mas o primeiro se distingue por ter uma urna e uma borboleta. Julga-se que a urna contém cinzas, e a borboleta abrindo voo é o emblema da esperança de uma outra vida.

Hipnos, sobre os túmulos, designa o sono eterno.

Suplícios dos Grandes Criminosos

Os criminosos mais conhecidos pelo seu gênero de suplício nos Infernos são Tício, Tântalo, Sísifo e Ixíon.

Tício, filho da Terra, cujo corpo estendido cobria novecentas varas quadradas, tinha tido a insolência de querer atentar contra a honra de Latona, um dia em que ela atravessava os deliciosos campos de Panopeia, na Fócida, para ir a Pito ou Delfos. Foi morto por Apolo e Diana, a flechadas, e precipitado no Tártaro, onde um insaciável abutre, preso ao seu peito, rasga e devora sem cessar suas entranhas, que eternamente renascem para o seu suplício.

Tântalo, filho de Júpiter e da ninfa Plota, e rei da Lídia, raptou Ganimedes, para vingar-se de Tros que o não convidara para a primeira solenidade que se fez em Troia. Os antigos não estão de acordo nem sobre a natureza do crime nem do castigo. Uns acusam-no de ter feito servir aos deuses os membros de seu próprio filho; outros o censuram por ter revelado os segredos dos deuses de que ele era o grande sacerdote, isto é, ter descoberto os mistérios de seu culto. Segundo Píndaro, fez-se merecedor do castigo, porque, tendo sido admitido à mesa dos deuses, furtou o néctar e a ambrosia para oferecer aos mortais; enfim, segundo Luciano, porque roubara um cão que Júpiter lhe havia confiado para guardar seu templo na Ilha de Creta, e respondera ao deus ignorar o que havia acontecido ao animal.

Quanto ao suplício que ele sofre nos Infernos, Homero, Ovídio e Virgílio representam-no devorado por uma sede abrasadora, no meio de um regato fresco e límpido que incessantemente se furta aos seus lábios ressequidos, e angustiado pela fome, estando debaixo de árvores, às quais o vento ciumento eleva bem alto os frutos, cada vez que a mão de Tântalo tenta colhê-los.

Uma outra tradição representa esse criminoso sob um rochedo que, prestes a cair, ameaça a todo instante esmagar sua cabeça: diz-se, porém, que esse suplício era de Flégias, avô de Esculápio.

Sísifo, filho de Éolo e neto de Hélen, era o irmão de Salmoneu, o qual, tendo conquistado toda Élida, foi fulminado por Júpiter e precipitado no Tártaro, porque, querendo fazer-se passar por deus, imitava o ruído da tempestade, arrastando um carro sobre uma ponte de bronze, e lançando tochas acesas sobre alguns desgraçados. Sísifo reinou em Corinto, depois da retirada de Medela. Diz-se que ele conseguira prender a Morte e que a conservou amarrada até que, a pedido de Plutão, cujo império estava deserto, Marte foi soltá-la. Homero explica que Sísifo ligou a Morte, evitando a guerra e se empenhando em manter a paz entre os vizinhos. Acrescenta o mesmo poeta que Sísifo é o mais sábio e o mais prudente mortal.

Entretanto, todos os poetas o colocam nos Infernos e dizem que ele está condenado a rolar incessantemente um enorme rochedo até o alto de uma montanha; ao chegar ao cimo, a imensa pedra desce atraída pelo seu próprio peso, e ele é obrigado a recomeçar imediatamente a ascensão, com um trabalho sem tréguas.

Por que mereceu ele esse suplício? Alegam-se muitas razões; uma delas é que, como Tântalo, revelara os segredos dos deuses. Tendo Júpiter raptado Egina, filha do Rio Asopo, este dirigiu-se a Sísifo para saber o paradeiro de sua filha; Sísifo, que estava a par do rapto, prometeu a Asopo dar-lhe esclarecimento a respeito, com a condição de que ele fornecesse água à cidadela de Corinto. Com essa paga, Sísifo revelou o segredo e foi punido nos Infernos. Segundo outros, foi por ter desviado de seus deveres Tiro, sua sobrinha, filha de Salmoneu. Finalmente outros, sem deferência à honrosa descrição que Homero faz de Sísifo, alegaram que ele exercia todas as espécies de latrocínios na Ática, e que fazia morrerem todos os estrangeiros que caíam entre suas mãos. Conta-se também que Teseu, rei de Atenas, declarou-lhe a guerra, matou-o em combate, e que é castigado nos Infernos pelos crimes que cometeu na Terra. O rochedo, que ele rola sem descanso, pode bem ser o emblema de um príncipe ambicioso que revolveu muito tempo na cabeça projetos sem execução.

O Castigo de Ixíon, imagem retirada do Jornal da Universidade de Cambridge, Volume I, p. 199, 1914.

Ixíon, filho de Antíon, rei dos lápitas na Tessália, casou-se com Clia, filha de Deioneu, e recusou os presentes que ele lhe oferecera para desposá-la, o que obrigou Deioneu a retirar-lhe os cavalos. Ixíon, dissimulando em seu ressentimento, conseguiu que o sogro fosse visitá-lo, e fê-lo cair em um poço ardente, onde morreu. Esse crime causou uma impressão horrível. Ixíon não encontrou ninguém que quisesse resgatá-lo e foi obrigado a evitar todos os olhares. Abandonado por todo o mundo, recorreu a Júpiter, que teve piedade de seus remorsos, recebeu-o no céu e o admitiu à mesa dos deuses. Deslumbrado pelos encantos de Juno, o ingrato Ixíon teve a insolência de declarar-lhe o seu amor.

Ofendida por essa temeridade, a severa deusa foi queixar-se a Júpiter, que de uma nuvem fez um fantasma que era a figura de sua esposa; Ixíon caiu na armadilha, e dessa união imaginária nasceram os centauros, monstros meio homens, meio cavalos.

Júpiter, olhando-o como um louco a quem o néctar turvara a razão, limitou-se a bani-lo do céu; vendo, porém, que ele se vangloriava de haver desonrado o pai dos deuses, com um raio precipitou-o no Tártaro, onde Mercúrio, por ordem sua, amarrou-lhe os braços e as pernas a uma roda cercada de serpentes, e que gira sem jamais parar.

O Lete

Depois de um grande número de séculos passados nos Infernos, as almas dos justos e as dos maus que, tinham expiado seus crimes, aspiravam a uma vida nova, e obtinham o favor de voltar à Terra, habitar um corpo e associar-se ao seu destino. Mas, antes de sair das moradas infernais, deviam perder a lembrança de sua vida anterior, e, para consegui-lo, bebiam as águas do Lete, Rio do Esquecimento.

A porta do Tártaro, que dava para esse rio, era oposta à que abria sobre o Cócito. Aí, as almas puras, sutis e leves, bebiam com avidez essas águas, cuja propriedade era de apagar da memória todo o vestígio do passado, ou de apenas deixar vagas e obscuras reminiscências. Aptas então a reentrar na vida e a sofrer-lhe as provações, as almas eram chamadas pelos deuses a tomar sua nova encarnação.

O Lete corria lenta e silenciosamente; era, dizem os poetas, "o rio de óleo", cujo curso tranquilo não deixava ouvir nem um murmúrio. Ele separava os Infernos do mundo exterior, do lado da vida, assim como o Estige e o Aqueronte separavam-nos do lado da morte.

É geralmente representado sob a figura de um velho que segura com uma das mãos uma urna, e com a outra a taça do olvido.

TEMPOS HEROICOS – CRENÇAS POPULARES

As diferentes idades

Era tradicional entre os gregos e os latinos que a humanidade primitiva, isenta de vícios, tinha possuído todas as alegrias, todos os prazeres e todas as perfeições. Daí se origina a concepção da Idade de Ouro, que começa sob o reinado de Saturno. Mas, insensivelmente, a perversidade se insinuou no coração dos homens, e já no fim do reinado do mesmo deus, a Idade de Ouro cedeu o lugar à Idade de Prata. Ainda os homens eram bons e virtuosos, havia muita gente de bem, mas não eram tão respeitados os princípios rigorosos da justiça; e a Natureza, até então generosa e pródiga em benefícios, mostrou-se mais avara; os campos continuavam férteis, as estações clementes, mas a terra, que antes abria espontaneamente o seio e oferecia seus produtos, começou a dissimular os tesouros e a deixar-se cultivar.

Findo o reinado de Saturno, a injustiça levantou a cabeça, mesmo que a perversidade não se mostrasse abertamente. Tinha passado a Idade de Prata; sucedia-lhe a Idade de Bronze. Até essa época, todos os bens tinham sido comuns; mas as injustas pretensões e as discórdias entre vizinhos surgiram e fizeram compreender a necessidade de recorrer a partilhas, de fixar limites às propriedades e de promulgar leis. Não obstante, restavam certos vestígios da honestidade primitiva, e os homens, nas suas relações, eram moderados; para haver um pouco de recompensa, a terra fornecia muitos frutos e alimentos que os dispensavam de duras e ingratas fadigas.

Mas logo veio a Idade de Ferro, e extravasaram todas as injustiças e todos os crimes. Os homens e os povos se armaram, uns contra os outros; a maldade, a mentira, a perfídia, a traição, a libertinagem e a violência, triunfaram imprudentemente; vendo-se repelidos e desconhecidos na terra, o santo Pudor, a inviolável Justiça, a Boa Fé, retornaram ao céu. Então, começou para o homem a vida de sofrimentos e de misérias. Para arrancar os alimentos da terra, foi preciso cultivá-la e regá-la com suor; a Natureza guardou para si suas riquezas e os tesouros, e não foi senão ao preço de longas vigílias, de cálculos, de esforços e de paciência, que o homem conseguiu arrancá-los.

Deucalião e Pirra

Deucalião, filho de Prometeu, era marido de Pirra, filha de seu tio Epimeteu. Cansado da morada selvagem de Cítia, para onde o desterrara o pai, foi estabelecer-se e reinar na Tessália, perto do Parnaso. Foi sob o seu reinado que desabou o famoso dilúvio.

Júpiter, vendo desenvolver-se a malícia dos homens, resolveu afogar o gênero humano. A superfície da Terra ficou inundada, exceto uma montanha da Fócida, onde parou a barquinha que conduzia Deucalião, o mais justo dos homens, e Pirra, a mais virtuosa das mulheres. Assim que as águas se retiraram, os esposos foram consultar a deusa Têmis, que divulgava oráculos ao pé do Parnaso; e dela ouviram esta resposta: "Saí do templo, velai o rosto, desprendei os vossos cintos, e atirai para trás os ossos de vossa avó". De início, não compreendendo o sentido do oráculo, sentiram alarmar-se a sua piedade ante uma ordem que parecia cruel. Mas Deucalião, depois de muito refletir, compreendeu que, sendo a terra a mãe comum, os seus ossos eram pedras. Apanharam-nas, pois, e, atirando-as para trás, as de Deucalião se transformaram em homens, e as de Pirra em mulheres.

Assim foi repovoada a Terra; mas a Idade de Ferro continuou com o gênero humano, cuja dureza de coração e sofrimento no trabalho lembram essa segunda origem.

Anfictião, filho de Deucalião e Pirra, partilhou com Heleno, seu irmão, os Estados de seu pai; obteve o Oriente e reinou nas Termópilas, onde estabeleceu o famoso conselho dos anfictiões. Esse conselho, formado por delegados de doze cidades gregas confederadas, reunia-se para deliberar sobre os interesses comuns da Grécia, duas vezes por ano.

LEGENDAS TEBANAS

Rapto de Europa

Agenor, filho de Netuno e da oceânide Líbia, rei da Fenícia, casou-se com Argíope ou Teléfassa, que lhe deu uma filha, Europa, três filhos, Cadmo, Fênix e Cílix. A uma incomparável beleza, reunia Europa uma brancura tão deslumbrante, que se suspeitava ter ela roubado as cores de Juno. Júpiter, um dia, violentamente apaixonado, vendo-a brincar junto do mar com suas companheiras, transforma-se em um touro, aproxima-se da princesa com um ar suave e carinhoso, deixa-se ornar de grinaldas, come as ervas de sua bela mão, deixa-a montar no seu dorso, atira-se ao mar, e a nado alcança a Ilha de Creta.

Chegou ela à ilha pela embocadura do Rio Lete, que passava em Gortina. Os gregos, vendo que sobre essas margens os plátanos estavam sempre verdes, espalharam que foi sob essas árvores que se deram os encontros entre Júpiter e Europa. Por esse motivo, representaram a princesa muito triste, sentada sob um plátano, ao pé do qual está uma águia, a quem ela vira as costas. Dos seus três filhos, Minos, Radamanto e Sarpedão, os dois primeiros são juízes nos Infernos; o terceiro, querendo usurpar o trono de seu irmão mais velho, foi obrigado a sair de Creta e a refugiar-se na Ásia Menor, onde fundou uma colônia.

Europa, depois de morta, foi considerada uma divindade pelos cretenses, que instituíram até mesmo uma festa em honra sua, chamada Helótia, donde o nome de Europa Helótis. Quando Agenor soube que sua filha fora raptada, fê-la procurar por todos os lados, e ordenou a seus filhos que embarcassem e que não voltassem sem ela. Tendo sido vãs as suas buscas, nunca mais regressaram à pátria.

Cadmo — Fundação de Tebas

Cadmo, filho mais velho de Agenor, tendo chegado à Grécia, consultou o oráculo de Delfos para saber em que lugar poderia estabelecer-se, e recebeu ordens de construir uma cidade no local a que um boi o conduziria. Ele obedeceu a essa ordem, e encontrou em Prócida uma novilha que lhe serviu de guia, e que parou no sítio em que mais tarde foi construída a cidade de Tebas, sob o modelo da Tebas do Egito.

Antes de lançar os fundamentos da cidadela, que de seu nome foi chamada Cadmeia, quis oferecer um sacrifício a Palas. Nessa intenção enviou seus companheiros a buscar água em um bosque vizinho consagrado a Marte; mas um dragão, filho desse deus e de Vênus, devorou-os. Cadmo vingou a sua morte matando o monstro, e semeou os dentes no chão, seguindo o conselho de Minerva. Dessa cultura, nasceram homens inteiramente armados que a princípio o agrediram, mas em seguida se enfureceram contra eles mesmos, e mataram-se uns aos outros, salvando-se apenas cinco que ajudaram Cadmo a construir a cidade.

Cadmo se casou com a Harmonia, filha de Marte e de Vênus, ou segundo outros, de Júpiter e de Electra, uma das atlântidas. Todos os deuses, menos Juno, assistiram suas bodas e lhes fizeram muitos presentes. Foi Harmonia quem levou à Grécia os primeiros conhecimentos da arte que guardou seu nome. Diz-se também que foi Cadmo quem ensinou aos gregos o uso das letras ou do alfabeto, e lhes levou o culto de muitas divindades fenícias. Os filhos de Cadmo e de Harmonia são Polidoro, e quatro moças, Ino, Agave, Autônoe e Sëmele. Toda essa família foi extremamente infeliz, dando origem à seguinte fábula: Vulcano, para vingar-se da infidelidade de Vênus, deu a sua filha Harmonia um vestido manchado com todos os crimes, o que fez com que todos os seus filhos fossem perversos. Harmonia e Cadmo, depois de terem sofrido muitas desgraças e assistido às de seus filhos, foram transformados em serpentes.

Antíope

Antíope, filha de Nicteu, rei de Tebas, foi célebre em toda a Grécia por sua beleza; julgavam-na filha do Rio Asopo, que rega o território dos plateanos e dos tebanos. Foi seduzida por Júpiter, metamorfoseado em sátiro. Seu pai, tendo percebido, resolveu puni-la cruelmente. Antíope, para evitar a cólera paterna, refugiou-se na corte de Épafo, ou Epopeu, rei de Sicião, que a desposou. Nicteu declarou guerra ao genro; mas tendo sido ferido mortalmente, encarregou Lico, seu irmão, de castigar o crime de sua filha. A morte de Épafo, em consequência do ferimento, pôs fim à guerra, e entregou Antíope a Lico, que a reconduziu a Tebas. No caminho, no Monte Citerão, ela deu à luz a dois gêmeos, Anfião e Zeto.

Tendo se deitado com Lico, seu tio, foi logo depois repudiada e perseguida por Dirce, segunda mulher desse príncipe, que a pôs na prisão, de onde ela conseguiu escapar e ir reunir-se a seus dois filhos, graças à intervenção de Júpiter. Contando-lhes os seus sofrimentos, inflamou-os no desejo de vingança. Os dois irmãos partiram armados para Tebas; ali chegando, mataram Lico e amarraram Dirce à cauda de um touro indomável que a arrebatou sobre os rochedos, deixando-a em pedaços. Os deuses, comovidos por essa desgraça, transformaram-na em uma fonte que tem o seu nome. Acrescenta-se que, como castigo ao assassinato de Dirce, Baco, a quem ela dedicava um culto especial, fulminou Antíope com a demência. Fora de si, ela percorria toda a Grécia, quando Focas, neto de Sísifo e rei de Corinto, tendo-a encontrado por acaso, curou-a e desposou-a.

Anfião

Os filhos de Júpiter e de Antíope, Anfião e Zeto, foram educados por pastores sobre o Citerão e as outras montanhas da Beócia. Suas vocações foram diferentes: Zeto deu-se aos cuidados dos rebanhos, e Anfião procurou o doce convívio das musas. Apaixonou-se pela música, e Mercúrio, de quem foi discípulo, deu-lhe uma lira maravilhosa.

Depois da morte de Lico e de Dirce, tornou-se ele senhor do reino de Tebas, com Zeto, seu irmão. Em Tebas, já existia uma cidadela, a Cadmeia, mas não havia baluartes. Esse benefício foi feito por Anfião, que os construiu ao som de sua lira. As pedras, sensíveis à doçura dos acordes, vinham por si mesmas colocar-se umas sobre as outras. Diz Boileau que,

Anfião e Zeto, amarrando Dirce ao touro que a arrebatou, causando sua morte. A obra leva o nome de *Toro Farnese*, exposta no Museu Arqueológico de Nápoles.

"*Aux accords d'Amphion les pierres se mouvaient*
Et sur les murs thébains en ordre s'élevaient,
L'harmonie en naissant produisit ces miracles"...[23]

engenhoso emblema do poder da eloquência e da poesia sobre os homens primitivos, espalhados nos bosques.

Níobe

Filha de Tântalo e irmã de Pélope. Níobe casou-se com Anfião, rei de Tebas, de quem teve muitos filhos. Homero conta doze, Hesíodo vinte e Apolodoro quatorze, metade moças e metade rapazes. Os nomes destes eram Sípilo, Agenor, Fraédimo, Ismeno, Ulinito, Tântalo, e Damasícton; as filhas eram Etoseia ou Tera, Cleódosa, Astíoque, Ftia, Pelópia, Melibeia e Ogígia.

Níobe orgulhava-se de ter tantos filhos e desprezava Latona, que só tinha dois, chegando a fazer-lhe censuras e a opor-se ao culto religioso que se lhe tributava, reclamando que ela merecia com mais razão os altares que tinha aquela. Latona, ofendida com o orgulho de Níobe, recorreu a seus filhos para vingá-la. Apolo e Diana, vendo um dia nas planícies vizinhas de Tebas os filhos de Níobe que se exercitavam, mataram-nos a flechadas. A esse ruído sinistro, as irmãs dos infortunados príncipes acorreram sobre os baluartes, e no mesmo instante sentiram-se feridas, caindo sob as setas invisíveis de Diana. Finalmente, chega Níobe, arrebatada de dor e desespero; senta-se junto dos corpos dos seus queridos filhos e rega-os com suas lágrimas. Sua dor torna-a imóvel; não dá nem um sinal de vida, e se transforma em um rochedo. Um turbilhão arrebata-a para a Líbia, deixando-a sobre o cume de uma montanha, onde ela continua a derramar lágrimas que correm de um bloco de mármore.

Segundo alguns autores, Clóris, a mais nova das filhas de Níobe, escapou à vingança de Latona e mais tarde se casou com Neleu, pai de Nestor. O primeiro nome dessa órfã era Melibeia; foi-lhe dado o de Clóris, que significa "pálida", porque não tendo nunca voltado a si do terror que lhe causara a morte dos irmãos e das irmãs, conservou por toda a vida uma palidez extrema.

---

23 Ao som que tocava Anfião, as pedras se moviam/ E se erguiam em ordem sobre os muros de Tebas/ Foi essa harmonia que deu origem aos feitos miraculosos. (N. do R.)

Esta fábula tornou-se célebre nos tempos modernos, sobretudo pelo grupo de Níobe e seus filhos, hoje exposto em Florença, que foi descoberto em Roma, em 1593. Essa obra é atribuída a Praxíteles ou a Escopas. Existem ainda três grupos notáveis de Níobe: na Villa Borghese, no Vaticano e na Villa Albani.

Hércules (em grego Héracles)

Homero dá o nome de *heróis* aos homens que se distinguem pela força, pela coragem, e pelos empreendimentos; Hesíodo designa especialmente por esse nome os filhos de um deus e de uma mortal. O tipo de Hércules convém tanto a uma, como a outra concepção.

A lenda de Hércules, com variantes, com ampliações, encontra-se em quase todos os povos da Antiguidade: no Egito, em Creta, na Fenícia, nas Índias e até mesmo na Gália. Cícero conta seis heróis com o nome de Hércules, e Varrão, quarenta e três. O mais conhecido, aquele a quem adoravam os gregos e os romanos, e ao qual se referem todos os monumentos, é incontestavelmente o Hércules Tebano, filho de Júpiter e de Alcmena, mulher de Anfitrião. Tebano por nascimento, ele é, entretanto, argivo de origem. Pelo lado de Alcmena e Anfitrião, pertence à família de Perseu, e, por causa do nome do seu avô paterno Alceu, é muitas vezes designado pelo de Alcides.

Anfitrião, filho de Alceu e neto de Perseu, tendo, por descuido, matado Electrião, rei de Micenas, seu tio, pai de Alcmena, afastou-se de Argos, sua pátria, e se retirou em Tebas, onde desposou a prima, que, como condição ao casamento, impôs a Anfitrião vingar a morte de seu irmão, morto pelos telebranos, habitantes de pequenas ilhas do Mar Jônico, vizinhos de Ítaca. Foi durante essa expedição que Júpiter, sob os traços de Anfitrião, procurou por Alcmena, e tornou-a mãe de Hércules, nome que significa: glória de Hera ou de Juno.

Ao mesmo tempo que Hércules, Alcmena deu à luz a Íficles. Anfitrião, querendo saber qual dos gêmeos era seu filho, diz Apolodoro, colocou duas serpentes ao lado dos dois berços: Íficles, horrorizado, quis fugir; Hércules, porém, estrangulou as duas serpentes, mostrando desde o nascimento que era digno de ser filho de Júpiter.

Porém, quase todos os mitólogos dizem que foi Juno quem, desde os primeiros dias de Hércules, deu provas do ódio que tinha à sua mãe, enviando dois terríveis dragões para devorá-lo; a criança, porém, sem se assustar, os fez em pedaços. A deusa abrandou, e a pedido de Palas, consentiu em amamentá-lo para o fazer imortal. Foi então que o leite de Juno, sugado fortemente por Hércules, espalhou-se no céu e formou a Via Láctea.

O jovem herói teve muitos mestres: com Radamanto, aprendeu a atirar o arco; Castor ensinou-lhe a combater armado; o centauro Quíron foi seu professor de Astronomia e Medicina; Lino, filho de Ismênio, foi o seu professor de instrumentos que se tocavam com o arco, e como Hércules desentoava, Lino repreendeu-o com alguma severidade; Hércules, pouco dócil, não suportando a censura, atirou-lhe o instrumento à cabeça e matou-o de um golpe.

Tomou-se de uma altura extraordinária e de força incrível. Era também grande amador de comidas e bebidas. Um dia, em que estava com fome, matou um boi e comeu-o. Para beber, possuía um imenso copo, de tal peso que, para carregá-lo, dois homens eram necessários; entretanto, para esvaziá-lo, Hércules se servia de uma só mão.

O apólogo de Pródico, reproduzido por Xenofonte, merece ser aqui reproduzido:

"Quando Hércules cresceu, retirou-se para um lugar afastado de todos, a fim de pensar na escolha do seu gênero de vida. Nesse retiro, apareceram-lhe duas mulheres de grande estatura, uma das quais muito bonita, a Virtude, tinha um rosto majestoso e cheio de dignidade; nos seus olhos via-se o pudor, e pairava a modéstia em todos os seus gestos; estava vestida de branco. A outra, a Moleza, ou a Volúpia, era gorda e de uma cor viva; seu olhar ousado e suas roupas magníficas mostravam bem quem era ela. Cada uma quis conquistar Hércules com as suas promessas; finalmente, escolheu ele a Virtude, que no caso em questão é sinônimo de Valor."

Em uma medalha vê-se Hércules sentado entre Minerva e Vênus; a primeira, facilmente reconhecida pelo capacete e pela lança, é a imagem da virtude; a outra, precedida pelo Cupido, é o símbolo da Volúpia.

Tendo então escolhido um gênero de vida, duro e laborioso, foi, pela sorte do seu nascimento, apresentar-se a Euristeu, rei de Micenas, sob as ordens do qual devia empreender seus trabalhos e suas canseiras.

Euristeu era o filho de Estênelo e de Nícipe, filha de Pélope. Tendo Júpiter jurado que, de dois rapazes que iam nascer, um filho de Estênelo, e outro de Alcmena, aquele que primeiro visse a luz do dia obteria o domínio sobre o outro, Juno, que estava irritada contra Alcmena, vingou-se em seu filho, adiantando o nascimento de Euristeu, que assim ganhava superioridade sobre o concorrente.

Esse príncipe, ciumento da reputação de Hércules e receando ser um dia destronado, perseguiu-o sem descanso, e teve o cuidado de dar-lhe sempre ocupações fora de seus Estados, para evitar que ele perturbasse a marcha do governo. O herói exerceu sua grande coragem e suas forças em empresas igualmente delicadas e perigosas, isto é, nos *Trabalhos de Hércules*, em número de doze:

O *primeiro* é o combate contra o Leão de Nemeia.

Em uma floresta próxima a Nemeia, na cidade da Argólida, existia um leão de enorme tamanho, que devastava o país. Hércules, aos dezesseis anos, atacou esse monstro, gastou sobre sua pele impenetrável as setas, usando todas as flechas de seu carcás, e quebrou a clava de ferro. Finalmente, depois de muitos e inúteis esforços, agarrou o leão, estraçalhou-o com as próprias mãos, e com as unhas arrancou-lhe a pele, que depois lhe serviu de escudo e vestimenta.

O *segundo* é o combate contra a Hidra de Lerna.

No território de Argos havia o Lago de Lerna, cujo circuito, diz Pausânias, não tinha mais de quarenta e um passos geométricos. Era pois um grande charco profundo, de cerca de sessenta e dois metros de circunferência. Nesta espécie de cloaca lamacenta, vivia uma hidra terrível, monstro de muitas cabeças. Uns lhe atribuem sete; outros, nove, e outros ainda, cinquenta. Quando se cortava uma, outra renascia imediatamente, a não ser que se queimasse com fogo a ferida. O veneno desse monstro era tão sutil, que uma flecha nele embebida causava infalivelmente a morte. Essa hidra devastava os campos e os rebanhos. Para combatê-la, Hércules subiu ao seu carro, guiado por Iolau, seu sobrinho, filho de Íficles.

Juno, vendo Hércules prestes a triunfar sobre o monstro, enviou em socorro da hidra um caranguejo que o picou no pé. Hércules tendo-o esmagado logo, a deusa então o colocou entre os astros, onde ele forma a constelação de Câncer. A hidra foi morta em seguida, sem obstáculo. Cortou-lhe todas as cabeças em um só golpe.

O *terceiro* consistia em matar o Javali de Erimanto.

Erimanto é uma montanha da Arcádia, célebre por um javali que destrói seus arredores. Hércules apanhou vivo esse terrível animal; e Euristeu, vendo o herói trazer nos ombros o javali, tomou-se de tal espanto, que foi se ocultar sob uma cuba de bronze.

O *quarto* lhe assegurou a vitória sobre a Corça dos Pés de Bronze.

Nos declives dos vales do Monte Ménalo, na Arcádia, existia uma corça dos pés de bronze e cornos de ouro, tão rápida na carreira, que ninguém podia alcançá-la. Essa corça deu muito trabalho ao herói, que sabendo ser ela consagrada a Diana, não queria atravessá-la com suas flechas. Limitou-se a persegui-la com todo seu ardor, e conseguiu apanhá-la no momento em que atravessava o Ládon.

O *quinto* foi a exterminação dos pássaros do Lago Estínfalo.

Na Arcádia, sobre o lago, viviam pássaros monstruosos, cujas asas, cabeças e bicos eram de ferro, e as unhas aduncas e penetrantes; lançavam dardos de ferro contra os que os atacavam. O deus Marte, ele próprio, os havia preparado. Eram em tão grande número e de tamanho tão extraordinário, que, quando voavam, as asas interceptavam o brilho do sol. Hércules, tendo recebido de Minerva címbalos de bronze, próprios para espantar tais pássaros, serviu-se deles para atraí-los fora do bosque onde se refugiaram, e os exterminou a golpes de flechas.

No *sexto*, domou o Touro da Ilha de Creta, enviado por Netuno contra Minos, e o conduziu a Euristeu. Este deixou escapar o perigoso animal, que foi devastar a planície de Maratona. Hércules empreendeu nova luta contra o touro, matando-o finalmente.

No *sétimo*, furtou os cavalos de Diomedes.

Diomedes, rei da Trácia, filho de Marte e de Cirene, tinha alguns cavalos furiosos que vomitavam fogo e chamas. Diz-se que Diomedes os alimentava com carne humana, e lhes dava a devorar todos os estrangeiros que tinham o azar de cair em suas mãos. Hércules dominou Diomedes, entregou-o à voracidade de seus cavalos, conduziu-os depois a Euristeu e os abandonou no Monte Olimpo, onde foram estraçalhados por animais ferozes. Foi nessa expedição que Hércules construiu na Trácia a cidade de Abdera, em memória de seu amigo Abdero, morto pelos cavalos de Diomedes.

O *oitavo* dos trabalhos de Hércules é a sua vitória sobre as Amazonas.

A nação das Amazonas, estabelecida às margens e vizinhanças do Ponto Euxino, na Ásia e na Europa, tornara-se temível. Essas mulheres guerreiras viviam do saque e dos produtos da caça. Vestiam-se de peles de animais ferozes, presas ao ombro esquerdo, caindo até o joelho, e deixando descoberta toda a parte direita do corpo. As armas se compunham de um arco, de uma aljava guarnecida de flechas ou dardos, e de um machado. O escudo tinha a forma de uma Lua crescente, com o diâmetro de cerca de um pé e meio. Em campanha, sua rainha usava um espartilho guarnecido de pequenas escamas de ferro, amarrado com um cinturão; todas tinham na cabeça um capacete ornado de plumas, mais ou menos brilhantes, insígnias de sua categoria ou dignidade. Muitas vezes, Pentesileia tinha ido em socorro de Troia. Uma de suas rainhas, Harpálice, estava a cavalo; mas combatiam também a pé. Comandadas por sua rainha célebre pela rapidez na corrida, reduziu toda a Trácia ao seu poder. No tempo de Hércules, reinava a rainha Hipólita.

Tendo Euristeu ordenado ao herói que lhe trouxesse o cinturão dessa princesa, Hércules partiu em busca das Amazonas, matou Mídon e Âmico, irmãos de Hipólita, que lhe disputavam a passagem, desbaratou as guerreiras, raptou-lhes a rainha, que obrigou a casar-se com o seu amigo Teseu.

No *nono* de seus trabalhos, limpou ele as estrebarias de Augias.

Rei de Élida e filho do Sol, Augias, um dos argonautas, tinha uns estábulos que continham três mil bois, e que desde trinta anos não se limpavam. Tendo sabido da chegada de Hércules aos seus Estados, o rei fez-lhe a proposta de limpá-los, sob a promessa de dar-lhe um décimo do rebanho. O herói desviou o curso do Rio Alfeu, e fê-lo passar através do curral. O esterco desapareceu na enxurrada, purificou-se o ar, e Hércules foi receber o preço de seu trabalho. Augias, hesitante, e, não ousando recusar abertamente, disse-lhe que fosse ter com seu filho Fileu. Este decidiu em favor de Hércules. Seu pai expulsou-o de sua presença, e obrigou-o a refugiar-se na Ilha de Delos. Hércules, indignado com tal procedimento, saqueou a cidade de Élida, matou Augias, chamou Fileu e lhe entregou os Estados do pai.

No *décimo*, ele combateu Gerião e furtou-lhe os bois.

Gerião, filho de Crisaor e de Calírroe, segundo Hesíodo, o mais forte de todos os homens e rei da Erítia, região espanhola e vizinha do oceano. Os poetas posteriores a Hesíodo descrevem-no como um gigante de três corpos, que tinha, para guardar os seus rebanhos, um cão com duas cabeças e um dragão com sete. Hércules o matou com toda sua guarda, e apoderou-se dos bois.

No *décimo primeiro*, roubou as maçãs de ouro do Jardim das Hespérides, filhas de Atlas; no *décimo segundo*, retirou Teseu dos Infernos.

Atribuem-se a Hércules muitas outras ações memoráveis; cada país e quase todas as cidades da Grécia honravam-se de ter sido o teatro de algum feito maravilhoso desse herói. Assim, exterminou ele os centauros, matou Busire, Anteu, Hipocoonte, Euristeu, Poriclimeno, Erix, Lico, Caco, Laomedonte, arrebatou Cérbero dos Infernos, e daí retirou Alceste; livrou Hesíone do monstro que ia devorá-la e Prometeu da águia que lhe comia o fígado; aliviou Adas, que vergava as espáduas ao peso do céu; separou as duas montanhas depois chamadas as "Colunas de Hércules"; combateu contra o Rio Aqueloo, a quem tomou um dos cornos; enfim, chegou a combater contra os próprios deuses.

Diz Homero que esse herói, para vingar-se das perseguições que Juno lhe havia suscitado, atirou contra a deusa uma flecha de três pontas que a feriu gravemente. O mesmo poeta acrescenta que Plutão, na sombria morada dos mortos, também foi ferido na espádua, por uma flecha, e que teve de ir ao céu para se fazer curar pelo médico dos deuses. Um dia, quando os ardores do Sol o incomodavam, Hércules distendeu o arco para atirar contra o astro. O Sol, admirado de tão grande coragem, fez-lhe de presente uma barca de ouro sobre a qual, diz Ferécides, o herói embarcou. (A palavra grega *skáfos* significa ao mesmo tempo "uma barca" ou "uma taça".) Tendo Hércules, enfim, se apresentado nos Jogos Olímpicos, para disputar o prêmio, e não ousando ninguém concorrer com ele, o próprio Júpiter, sob a figura de um atleta, quis lutar contra seu filho; e como, depois de um longo combate, a vantagem foi igual para os dois lados, o deus se deu a conhecer, e felicitou o filho por sua força e seu valor.

Hércules teve muitas mulheres: as mais conhecidas são Mégara, Ônfale, Íole, Jocasta, Partênope, Augeia, Astíoque, Astidâmia, Dejanira, e a jovem Hebe, que ele desposou no céu, sem contar as cinquenta filhas de Téspio, rei da Etólia.

Quantos filhos deixou ele? A Mitologia não enumerou. Supõe-se um grande número. Mais tarde muitas famílias se honraram de descender desse herói.

A morte de Hércules foi motivada pela vingança do centauro Nesso e do ciúme de Dejanira. Essa princesa, filha de Eneias, rei de Cálidon, na Etólia, foi antes noiva de Aqueloo, o que motivou uma disputa entre esse rio e Hércules. Tendo Aqueloo sido vencido em combate singular, se bem que tivesse tomado a forma de uma serpente, Dejanira foi o prêmio do vencedor, que se dispunha a levá-la à sua pátria, quando viu contrariado o seu plano pelo Rio Eveno, cujas águas subiram extremamente. Como ele considerava voltar atrás, o centauro Nesso foi oferecer-se para atravessar Dejanira às costas. Hércules consentiu e atravessou o rio em primeiro lugar; ao chegar à outra margem, percebeu que o centauro, em vez de passar Dejanira, já se dispunha a arrebatá-la à viva força; então o herói, indignado com semelhante audácia, arremessou-lhe uma flecha embebida no sangue da hidra de Lerna, que o feriu gravemente. Nesso, sentindo-se morrer, entregou a Dejanira a sua túnica ensanguentada, dizendo-lhe que se ela conseguisse persuadir seu marido a usá-la, teria um meio seguro de conservá-lo para sempre fiel. A jovem esposa, demasiadamente crédula, aceitou o presente, disposta a servir-se dele na primeira oportunidade. Pouco depois, sabendo que Hércules se retivera em Eubeia, preso aos encantos de Íole, filha de Eurito, enviou-lhe a túnica de Nesso por um jovem escravo chamado Licas, a quem recomendou que dissesse de sua parte ao marido as coisas mais ternas e mais tocantes. Hércules, que nada suspeitava dos desígnios de sua mulher, recebeu com alegria o presente fatal; mas apenas envolveu-se nele, pois o veneno de que a túnica estava impregnada fez sentir seu efeito funesto. Imediatamente espalhou-se por suas veias e penetrou até a medula dos ossos. Em vão, o guerreiro tentou desembaraçar-se da túnica; ela lhe colara à pele, como se fizesse parte de seus membros. À medida que a rasgava,

Obra de nome *Hercules Farnese*, exposta no Museu Arqueológico de Nápoles. Hércules repousa sobre sua clava, parcialmente coberta pela pele do Leão de Nemeia. Em sua mão direita, segura uma das maçãs do Jardim das Hespérides, escondida atrás de si.

rasgava também a epiderme e as carnes. Então, dá gritos horrorosos e faz as mais terríveis imprecações contra a pérfida esposa. Em seu furor, apodera-se de Licas e atira-o ao mar, onde foi transformado em rochedo.

Vendo todos os seus membros dissecados e seu próximo fim, ele prepara uma fogueira sobre o Monte Eta, estende a sua pele de leão, deita-se em cima, põe a clava sob a cabeça, e ordena a Filoctetes, seu amigo, que ateie fogo e guarde suas cinzas.

Desde que se acendeu a fogueira, diz-se que um raio

o feriu, e consumiu tudo em um instante, para purificar o que houvesse de mortal em Hércules. Júpiter arrebatou-o então ao céu e o colocou entre os semideuses.

Quando Dejanira soube da morte de Hércules, teve tal mágoa que se suicidou. Os poetas dizem que de seu sangue brotou uma planta chamada "ninfeia" ou "heracléon".

Filoctetes, tendo construído um túmulo para as cinzas do seu amigo, foi depois oferecer sacrifícios ao novo deus. Os tebanos e outros povos da Grécia, testemunhas das belas ações de Hércules, construíram-lhe templos e altares. Mais tarde, seu culto foi levado a Roma, às Gálias, à Espanha, e até à Ilha de Taprobana, hoje Ceilão.

Em Roma, Hércules tinha muitos templos; em Cádis havia um muito célebre, onde se viam as famosas colunas.

Este herói foi pintado com uma poderosa musculatura, espáduas quadradas, a tez negra ou bronzeada, um nariz aquilino, os olhos fechados, a barba espessa, os cabelos crespos e horrivelmente descuidados. Nos monumentos, aparece geralmente sob os traços de um homem robusto, com a clava na mão, com os despojos do Leão da Nemeia, ora no braço, ora na cabeça. Também o representam com um arco e aljava; algumas vezes barbado, mas geralmente imberbe.

A mais bela de todas as estátuas desse semideus, que a Antiguidade nos legou, é o Hércules Farnésio, obra-prima de arte, devida ao ateniense Glicão, e descoberta no décimo sexto século, nos banhos de Caracala. Hércules é aí representado repousando sobre a sua clava em parte recoberta com a pele do leão, e tendo em uma das mãos as maçãs do Jardim das Hespérides.

O álamo-branco lhe era consagrado.

Euristeu, não contente de ver seu inimigo apenas morto, quis exterminar os restos de um nome tão odioso para ele. Perseguiu os Heráclides, ou descendentes de Hércules, de país em país, até o seio da Grécia. Tendo eles se refugiado em Atenas, perto de um altar de Júpiter, para contrabalançar Juno que animava Euristeu contra eles, Teseu tomou a sua defesa, e se recusou a entregá-los ao seu perseguidor. Vindo tentar prendê-los, com armas na mão, pereceu, com toda a família, em um combate.

Alcmena teve a mágoa de sobreviver a seu filho Hércules; mas lhe foi dada também a cruel satisfação de ter entre as suas mãos a cabeça de Euristeu, e de lhe arrancar os olhos. Depois da morte de seu primeiro marido, ela se casou com Radamanto, com quem mais tarde se uniu nos Infernos. Conta-se que, enquanto os Heráclides se ocupavam dos seus funerais, Júpiter ordenou a Mercúrio que arrebatasse o seu corpo e o transportasse aos Campos Elíseos. Em Tebas, era ela associada à glória do filho, e lhe rendiam honras divinas.

De cinco em cinco anos, os atenienses celebravam as Heráclias, grandes festas em honra de Hércules. As mesmas festas se celebravam em Sicone, onde duravam dois dias. Algumas vezes Hércules é designado pelo nome de herói de Tirinto, cidade da Argólida, onde se diz que foi educado.

DIVERSOS PERSONAGENS OU HERÓIS SECUNDÁRIOS, CUJA FÁBULA ESTÁ ESTREITAMENTE LIGADA A DE HÉRCULES

Íficles

Íficles, irmão de Hércules, filho de Alcmena e de Anfitrião, foi durante algum tempo o companheiro do herói. Foi ferido na primeira expedição de seu irmão contra Argeu, rei dos eleanos, e morreu em Feneia, na Arcádia. Os feneates lhe prestavam, todos os anos, sobre sua sepultura, as honras heroicas.

Hilo

Hilo, filho de Hércules e de Dejanira, foi educado por Ceix, rei de Traquina, na Tessália, a quem o herói tinha confiado a mulher e os filhos, enquanto estava ocupado com os seus famosos trabalhos. Enviado por Dejanira à procura de seu pai, tem a mágoa de encontrá-lo no momento em que ele acaba de vestir a túnica de Nesso. Sentindo que está a sucumbir, Hércules recomenda-lhe que o coloque sobre o Monte Eta, sobre uma fogueira, que faça fogo com as suas próprias mãos, e, enfim, que despose Íole.

Foi Hilo quem matou Euristeu no seu combate contra os heráclidas. Mais tarde, porém, tendo desafiado Astreu, chefe dos pelópidas, com a condição de que, se fosse vencido, os heráclidas não poderiam entrar no Peloponeso senão cem anos após sua morte, perece no combate, e seus descendentes foram obrigados a observar o tratado.

Ceix e Alcíone

Ceix, rei de Traquina, filho de Lúcifer e amigo de Hércules, pereceu em um naufrágio, quando ia para Claros, a fim de consultar o oráculo de Apolo. Sua esposa Alcíone, filha de Éolo, da raça de Deucalião, tomada de desespero, precipitou-se no mar. Os deuses recompensaram sua fidelidade conjugal, metamorfoseando-os em dois alcíones, e quiseram que o mar permanecesse tranquilo durante todo o tempo em que esses pássaros preparassem seu ninho. O alcíone era consagrado a Tétis, porque, dizem, este pássaro choca sobre a água e entre os caniços. Olhavam-no como um símbolo de paz e de tranquilidade. Em Roma, os dias em que não havia litígios, chamavam-se comumente "dias de Alcíone".

Iolau

Iolau, filho de Íficles e sobrinho de Hércules, foi o seu companheiro de trabalhos, e com ele tomou parte na expedição dos Argonautas. Casou-se com Mégara, repudiada pelo herói, pôs-se à frente dos heráclides, com Hilo, e o ajudou na vitória contra Euristeu. Transportou uma colônia de tespíades a Sardenha, passou pela Sicília e regressou à Grécia, onde, depois de sua morte, dedicaram-lhe monumentos heroicos. Hércules dera o exemplo, porque na Sicília, dedicara um bosque a Iolau e instituíra sacrifícios em sua honra. Os habitantes de Agira, na Sicília, dedicavam-lhe a cabeleira.

Folo

Hércules, quando foi à caça do Javali de Erimanto, hospedou-se na casa do centauro Folo, que o recebeu e o tratou muito bem. No meio do festim, Hércules quis apoderar-se de um odre de vinho que pertencia aos outros centauros, mas que Baco só lhes oferecera sob condição de que o oferecessem a Hércules quando por ali passasse. Os centauros, porém, recusaram entregar-lhe, e estabeleceu-se uma viva luta. O herói afastou-os a flechadas, e a muitos matou com sua clava. Folo não se meteu no combate, e limitou-se a render aos mortos as honras da sepultura; mas, por desgraça, uma flecha, que arrancou do corpo de um dos centauros, feriu-o na mão, e dessa ferida morreu dias depois. Hércules lhe fez magníficos funerais, e o enterrou na montanha mais tarde chamada Fóloe, do nome de Folo.

Busire

Busire, rei, ou antes, tirano de Espanha, era famoso por suas crueldades. Sacrificava a Júpiter todos os estrangeiros que tinham a desgraça de chegar aos seus Estados. Diz-se que, tendo ouvido gabar a prudência e a beleza das filhas de Atlas, fez raptá-las por piratas; mas Hércules perseguiu os raptores, matou-os, salvou as atlântidas, e se dirigiu à Espanha, a fim de matar Busire. Afirmam outros que esse tirano era rei do Egito.

Anteu

Anteu, gigante, filho de Netuno e da Terra, a quem a fábula atribui sessenta e quatro cúbitos de altura, detinha todos aqueles que passavam pelo deserto da Líbia, os obrigava a lutar com ele, e facilmente os esmagava com seu peso, porque fizera promessa de construir um templo com crânios de homens.

Hércules, a quem o gigante provocou, abateu-o três vezes, mas em vão, porque a Terra, sua mãe, lhe dava forças novas cada vez que ele a tocava. O herói percebeu isso: então, levantou-o no ar e o estrangulou entre os seus braços. Foi Anteu quem construiu a cidade de Tíngis (hoje Tânger) no Estreito de Gibraltar, onde foi enterrado.

Hipocoonte

Hipocoonte, filho de Ébalo, rei de Esparta, e de Gorgófona, filha de Perseu, disputou a coroa com seu irmão Tíndaro, e o expulsou do reino. Hércules interveio, matou Hipocoonte e restabeleceu Tíndaro no trono.

Eurito

Eurito, rei de Ecália, cidade de Etólia setentrional, era célebre pela habilidade com que atirava o arco. Prometera sua filha Íole àquele que o sobrepujasse. Hércules o venceu, mas tendo Eurito recusado cumprir a promessa, o herói o matou.

Erix

Erix, filho de Vênus e de Butes, foi rei de um cantão da Sicília, chamado Ericina. Orgulhoso da sua força prodigiosa e de sua reputação no pugilato, desafiava ao combate aqueles que se apresentavam em sua casa, e matava o vencido. Ousou mesmo atacar a Hércules, quando este acabava de chegar à Sicília. O prêmio do combate era, de um lado os bois de Gerião e do outro o reino de Erix, que a princípio ficou chocado com a comparação, mas aceitou a proposta sabendo que Hércules perderia, com os bois, a esperança da imortalidade. Foi vencido e enterrado no templo dedicado a Vênus.

Aclemão e Pássalo

Aclemão e Pássalo, seu irmão, eram dois cercopes, isto é, originários de Pitecusa, ilha vizinha da Sicília, cujos habitantes, por causa de sua insolência e de sua maldade, tinham sido transformados em macacos por Júpiter. A palavra *cecrops*, em grego, se refere a uma espécie de macaco.

Pela sua malícia, esses dois irmãos não desmentiam sua origem. Discutidores incorrigíveis, provocavam quem quer que encontrassem pela frente. Sénon, sua mãe, recomendou-lhes que tivessem cuidado para não cair entre as mãos de Melampígio, isto é, do homem de coxas negras.

Um dia, encontraram eles a Hércules, dormindo sob uma árvore e o insultaram. Hércules ligou-os pelos pés, amarrou-os à sua clava, de cabeça para baixo, e levou-os ao ombro, como o caçador faz com a caça. Foi nessa ridícula posição que disseram: "Eis o Melampígio que devíamos temer." Hércules pôs-se a rir e lhes devolveu a liberdade.

Foi o que deu lugar ao provérbio grego: "Toma cuidado com o Melampígio".

Caco

Caco, em grego *Cacos*, perverso filho de Vulcano, metade homem e metade sátiro, era de uma altura colossal, e vomitava turbilhões de fogo e fumo. À porta de sua caverna, situada na Itália, pendiam sempre cabeças ensanguentadas; essa caverna ficava no Lácio, ao pé do Monte Aventino.

Hércules, depois da derrota de Gerião, conduziu os seus rebanhos de bois às margens do Tibre, e adormeceu enquanto eles pastavam. Caco roubou quatro pares, e para não ser traído por suas pegadas, levou-os ao seu antro, recuando, puxando-os pela cauda. Dispunha-se o herói a abandonar as pastagens, quando os bois que lhe restavam começaram a mugir; as vacas, presas no antro, respondiam com mugidos. Hércules, furioso, correu para a caverna, mas a abertura estava tapada com um enorme rochedo, preso por correntes forjadas por Vulcano. Ele abala os rochedos, consegue uma passagem, atira-se na caverna, através de turbilhões de chamas e fumo que o monstro vomita; ele segura-o, aperta-o entre as suas mãos robustas, e o estrangula. Diz Ovídio que Hércules matou Caco a golpes de clava.

Em lembrança dessa vitória, os habitantes da vizinhança celebravam todos os anos uma festa em honra de Hércules. Antigas pedras gravadas representam Caco no momento do roubo; e no reverso de uma medalha de Antonino Pio, vê-se o monstro derrubado, sem vida, aos pés do herói, em torno do qual se esbarra o povo agradecido. Nos tetos pintados em Bolonha, no palácio Zampieri, pelos Caracci[24], Caco tem a cabeça de um animal sobre um corpo de homem.

---

24 Artistas italianos que se destacaram durante o período da Renascença, todos da mesma família. (N. do R.)

Laomedonte e Hesíone

Laomedonte, filho de Ilo e pai de Príamo, reinou por vinte e nove anos em Troia. Fez cercar sua capital de muralhas tão fortes, que se atribuía a obra a Apolo. Os resistentes diques que fez construir contra as ondas do mar eram atribuídos a Netuno. Mais tarde, quando as inundações destruíram em parte esses diques, divulgou-se que Netuno, frustrado da recompensa prometida, se vingara da perfídia do rei. Apolo, por seu lado, vingou-se por meio da peste. Recorreu-se ao oráculo para fazer cessar os dois flagelos, e a resposta foi que o deus do mar não se acalmaria enquanto os troianos não expusessem a um monstro marinho aquele dentre seus filhos que a sorte designasse. Foi Hesíone, filha de Laomedonte, que a sorte designou.

O rei foi obrigado a abandonar sua filha, amarrada na borda do mar, quando Hércules desceu à Terra, com os outros argonautas. Desde que a jovem princesa lhe contou seu infortúnio, desfez ele as cadeias que a mantinham presa, e, entrando na cidade, prometeu ao rei que havia de matar o monstro. Encantado com essa oferta generosa, Laomedonte lhe prometeu, como recompensa, seus cavalos invencíveis, tão ligeiros que corriam sobre as águas.

Tendo Hércules acabado essa expedição, deu-se a Hesíone a liberdade de seguir seu salvador, ou de ficar em sua pátria, com sua família. Hesíone preferiu seu benfeitor a seus pais e concidadãos, e consentiu em acompanhar os estrangeiros. Hércules, porém, deixou Hesíone e os cavalos prometidos sob a guarda de Laomedonte, com a condição de que ele lhes restituiria, em seu regresso da Cólquida.

Depois da expedição dos argonautas, Hércules enviou seu amigo Télamo a Troia, para exigir do rei o cumprimento da palavra, mas Laomedonte encarcerou o enviado, e preparou emboscadas aos outros argonautas. Hércules veio sitiar a cidade, saqueou-a, matou Laomedonte, raptou Hesíone, e deu-a como esposa a Télamo.

O rapto de Hesíone pelos gregos foi, a seguir, a causa ou o pretexto do rapto de Helena por um príncipe troiano.

Alceste

Alceste, filha de Pélias e de Anaxíbia, era desejada em casamento por um grande número de pretendentes. Seu pai fez saber que a daria àquele que atrelasse ao seu carro animais ferozes de diferentes espécies.

Admeto, rei da Tessália, recorreu a Apolo. Esse deus, reconhecido pelo acolhimento que recebera do rei, deu-lhe um leão e um javali domesticado, que arrastaram o carro da princesa. Alceste, acusada de haver tomado parte no assassinato de Pélias, foi perseguida por Acasto, seu irmão, que declarou guerra a Admeto, fê-lo prisioneiro, e se dispunha a vingar sobre ele o crime de Pélias, quando a generosa Alceste foi oferecer-se espontaneamente ao vencedor, para salvar o esposo.

Acasto conduzia já a Iolcos a rainha da Tessália, no intuito de imolá-la aos manes de seu pai, quando Hércules, a pedido de Admeto, tendo perseguido Acasto, alcançou-o para além do Rio Aqueronte, e arrebatou-lhe Alceste, para entregá-la ao marido.

Daí se originou a fábula que representa Alceste morrendo por seu marido, e Hércules combatendo a morte, amarrando-a com cadeias de diamantes até que ela consentisse em restituir Alceste à luz do dia. Essa tradição foi adotada por Eurípedes em sua tragédia *Alceste*.

Mégara

Mégara, filha de Creonte, rei de Tebas, e mulher de Hércules, foi concedida a esse herói em recompensa pelo socorro que ele prestara a Creonte contra Ergino, rei de Orcômeno. Durante a descida de Hércules aos Infernos, Lico quis apoderar-se de Tebas, e obrigar Mégara a desposá-lo. Hércules regressou a tempo, matou Lico e restabeleceu Creonte. Juno, indignada com a morte de Lico, inspirou em Hércules um violento furor; em um desses acessos, matou ele Mégara e os filhos que ela tivera.

Segundo outra lenda, o herói matou apenas os filhos, e depois repudiou a esposa, cuja vista lhe lembrava o seu furor, e fê-la casar-se com o seu sobrinho Iolau. A demência do herói forneceu a Eurípedes o assunto da tragédia *Hércules Furioso*.

Ônfale

Ônfale era rainha da Lídia, na Ásia Menor. Hércules, viajando, demorou-se na casa dessa princesa, e ficou tão deslumbrado por sua beleza, que esqueceu o valor de suas obras para se entregar aos prazeres do amor. Diz Lucano que "enquanto Ônfale, coberta com a pele do Leão de Nemeia, segurava a clava, Hércules, vestido de mulher, fazia tarefas de lã e suportava que ela lhe desse algumas vezes pancadinhas com a chinela." Assim se vê Hércules representado em alguns monumentos. Hércules teve com Ônfale um filho chamado Agesilau, que se crê pai de Creso. Mális também foi amada por Hércules, durante a escravidão do herói na corte de Ônfale. Era uma dama do séquito da princesa.

Íole

Íole, filha de Eurito, rei de Ecália, perseguida por Hércules, que devastava os Estados de seu pai, atirou-se do alto das muralhas; mas o vento, enfunando seus vestidos, susteve-a no ar e fê-la descer sem que experimentasse mal algum. Segundo outros, Eurito recusou a filha ao herói, o que causou sua perda e a de seu filho Ífito. Foi o amor de Hércules por Íole que motivou o ciúme de Dejanira, e daí, o presente da fatal túnica de Nesso.

Outras Mulheres de Hércules

Jocasta, filha de Áugias, teve de Hércules uma filha chamada Tessala. Partênope, filha de Estínfalo, teve dele um filho, Everes.

Auge, mulher de Hércules, e filha de Aleu, rei da Arcádia, foi a mãe de Télefo, cujas desgraças forneceram assunto a muitas tragédias do teatro antigo.

Astiaqueia, filha de Filanto, tendo sido feita cativa por Hércules, na cidade de Éfira, na Élida, teve dele um filho chamado Tlepólemo.

Astidâmia, filha de Amintor, rei dos dólopes, e mãe de Léprea, foi amada por Hércules e reconciliou seu filho com ele. Com o herói teve um outro filho, chamado, segundo uns, Tlepólemo, e segundo outros, Etésipo. Léprea, filho de Astidâmia e de Glaucon, tinha conspirado com Áugias, rei dos eleanos, para amarrar Hércules quando ele pedisse a recompensa do seu trabalho, conforme a promessa feita por aquele rei. Desde esse tempo, Hércules procurava ocasião de se vingar.

Graças a Astidâmia, os dois inimigos se reconciliaram; mas depois Léprea disputou com Hércules para ver quem lançaria melhor o disco, tiraria mais água em um certo tempo, comeria mais depressa um touro de igual peso e beberia mais. Hércules foi sempre vencedor. Enfim, Léprea, em um acesso de cólera e de embriaguez, tendo desafiado Hércules para o combate, foi morto pelo herói.

OS LABDÁCIDAS

Édipo

Lábdaco, rei de Tebas, era filho de Polidoro e neto de Cadmo e de Harmonia. Casou-se com Nictis e foi pai de Laio, que o sucedeu. Deste e de Jocasta, filha de Meneceu, príncipe da família real de Tebas, nasceu Édipo. Laio, quando se casou, teve a curiosidade de perguntar a Delfos se o seu casamento seria feliz. O oráculo respondeu-lhe que a criança que nascesse lhe causaria a morte. Jocasta, tendo dado à luz, Laio, inquieto, mandou expor a criança no Monte Citerão. O criado que ele encarregou dessa missão, fendeu-lhe os pés e a suspendeu em uma árvore. Daí o seu nome de Édipo (radical *oidein*, ser inchado, adicionado de *pous*, pé). Por acaso, Forbas, pastor de Pólibo, rei de Corinto, conduziu àquele sítio o seu rebanho, correu aos gritos da criança, desatou-a e a levou consigo. A rainha de Corinto quis vê-la, e, como não tinha um filho, adotou-a e cuidou de sua educação. Édipo, ao tornar-se homem, consultou o oráculo sobre o seu destino, e obteve esta resposta: "Édipo será o assassino de seu pai e marido de sua mãe; dele nascerá uma raça odiosa." Impressionado por esta horrível predição, e para evitar que ela se cumprisse, exilou-se de Corinto, e orientando sua viagem pelos astros, tomou o caminho da Fócida.

Achando-se em uma estrada estreita que ia ter a Delfos, encontrou Laio no seu carro, escoltado apenas por cinco guardas, e que ordenou com altivez a Édipo que deixasse a passagem livre; começaram a lutar, sem se conhecerem, e Laio foi morto.

Chegando a Tebas, Édipo encontrou a cidade desolada pela Esfinge. Esse monstro, nascido de Equidna e Tífon, tinha sido enviado por Juno, irritada contra os tebanos. Tinha a cabeça e o peito de moça, as garras de leão, o corpo de cão, a cauda de dragão, e asas de pássaro. Exercia sua devastação às portas de Tebas, no Monte Ficeu, de onde, atirando-se sobre as pessoas que passavam, propunha-lhes enigmas difíceis, e estraçalhava os que não podiam adivinhar. Eis o enigma que ordinariamente propunha: "Qual é o animal que, de manhã, tem quatro pés, dois ao meio-dia, e três à tarde?" Marcava o destino que ela morreria, desde que alguém decifrasse o seu mistério. Já muitas pessoas tinham sido vítimas do monstro, e a cidade estava alarmada.

Obra de Jean-Baptiste Hugues (1849-1930), exposta no Museu d'Orsay, em Paris. *Oedipe à Colene* representa Antígona e seu pai, Édipo, já idoso e cego.

Creonte, irmão de Jocasta, que assumira o governo depois da morte de Laio, fez publicar em toda a Grécia que daria a mão de sua irmã e a sua coroa àquele que livrasse Tebas do vergonhoso tributo que pagava ao monstro. Édipo apresentou-se para explicar o enigma, e foi bastante feliz em adivinhá-lo. Disse que esse animal era o homem, que, na sua infância, que é a manhã da existência, se arrasta geralmente sobre os pés e as mãos, isto é, engatinha; ao meio-dia, ou seja, no vigor da idade, só necessita de suas duas pernas; mas, à tarde, na velhice, precisa de um bastão, como de uma terceira perna, para se sustentar. A Esfinge, furiosa de despeito, por se ver adivinhada, atirou-se em um precipício e quebrou a cabeça contra os rochedos.

Jocasta, prêmio da vitória, tornou-se a mulher de Édipo, e lhe deu dois filhos, Etéocles e Polinices, e duas filhas, Antígona e Ismênia.

Muitos anos depois, o reino foi desolado por uma peste cruel. O oráculo, refúgio ordinário dos infelizes, de novo consultado, declarou que os tebanos estavam sendo punidos por não terem vingado a morte de seu rei, e por não terem procurado os autores de seu crime. Édipo ordenou pesquisas para descobrir o assassino; e gradativamente conseguiu levantar o véu do mistério sobre seu nascimento, e se reconhece parricida e incestuoso. Jocasta, em desespero, sobe ao mais alto do palácio; prende ali o seu diadema, do qual faz um laço fatal e se mata. Édipo, com o gancho do manto, arranca os próprios olhos, e expulso por seus filhos, afasta-se de Tebas, conduzido por Antígona, sua filha que não o abandona na desgraça[25]. Detém-se perto de uma povoação da Ática, chamada Colona, em um bosque consagrado às eumênides.

Alguns atenienses, tomados de horror, à vista de um homem parado nesse lugar, onde não era permitido a nenhum profano pôr o pé, querem empregar a violência para fazê-lo sair. Antígona intercede por ela e por seu pai, e obtém o favor de ser conduzida a Atenas, onde Teseu os recebe favoravelmente, e lhes oferece seu poder como apoio e seus Estados como refúgio. Recordou-se Édipo de que um oráculo de Apolo predisseram a sua morte em Colona, e que o seu túmulo seria o penhor da vitória dos atenienses sobre todos seus povos.

Creonte, irmão de Jocasta, à frente dos tebanos, vem suplicar a Édipo que regressasse a Tebas. O infortunado príncipe, suspeitando que Creonte queria privá-lo da proteção dos atenienses e desterrá-los em algum país desconhecido, rejeitou seus oferecimentos. Livre das importunações dos tebanos por Teseu, ouviu ele um trovão, e suspeitando que era um presságio de sua morte, dirigiu-se para o lugar em que devia expirar. Chegando à beira de um precipício, em uma encruzilhada, assenta-se sobre um banco de pedra, tira a roupa de luto, depois de se purificar, reveste-se de uma roupa especial dos mortos, faz chamar Teseu, recomenda-lhe as suas filhas Antígona e Ismênia, que faz afastarem-se. Em seguida, a terra treme e se entreabre suavemente para receber Édipo, sem violência e sem dor, em presença de Teseu, o único que sabe o segredo do gênero de sua morte e do lugar do seu túmulo[26].

Apesar de seu crime ter sido inconsciente e apesar de não ter tomado parte nos horrores de sua existência, os poetas não deixam de colocá-lo no Tártaro, com todos os criminosos célebres.

Tal a história desse príncipe, segundo os poetas trágicos, e sobretudo, segundo Sófocles, que, para melhor inspirar o terror e a piedade, acrescentou muitas circunstâncias à lenda tradicional. Diz Homero que Édipo, em verdade, casou com sua mãe, mas que eles não tiveram filhos dessa união, porque Jocasta se matou assim que se reconheceu incestuosa. Édipo, depois da morte de Jocasta, casou-se com Eurigameia, de

---

[25] Tema da tragédia *Édipo Rei*, de Sófocles, considerada por muitos como a obra teatral mais perfeita do mundo. (N. do R.)

[26] Tema de outra notável tragédia de Sófocles, intitulada *Édipo em Colono* (ou Colona), que o poeta escreveu aos 90 anos de idade. (N. do R.)

quem teve quatro filhos, e reinou com ela em Tebas, onde acabou os seus dias. É verdade que se mostrava seu túmulo, em Atenas, mas era preciso que seus ossos fossem levados de Tebas.

Etéocles e Polinice

Etéocles, filho mais velho de Édipo e de Jocasta, depois da deposição, da retirada ou da morte de seu pai, combinou com seu irmão Polinice reinarem ambos alternativamente, um ano cada um, e que, para evitar disputas, o que estivesse fora do trono se ausentaria de Tebas. Etéocles reinou em primeiro lugar, mas, passado o ano, recusou entregar o trono a seu irmão. Frustrado em suas esperanças, Polinice recorreu aos argivos, de quem Adrasto, seu sogro, era o rei.

Este, para vingar seu genro e restabelecê-lo em seus direitos, arregimenta um exército formidável que marcha contra Tebas. Esta guerra chamou-se a Guerra dos Sete Chefes, por ser o exército comandado por sete príncipes, a saber: Polinice, Tideu, Anfiarau, Capaneu, Partênope, Hipomedonte e Adrasto.

A luta foi encarniçada; todos os chefes, exceto Adrasto, sucumbiram sob as muralhas de Tebas. Os dois irmãos inimigos, Etéocles e Polinice, querendo poupar o sangue dos povos, propuseram terminar sua rixa por meio de um combate singular, e, em presença dos dois exércitos, mataram-se mutuamente[27].

Acrescenta-se que a sua discórdia foi tão grande enquanto viveram, e o seu ódio tão irreconciliável, que persistiu mesmo depois de mortos. Julgaram perceber que as chamas da fogueira sobre a qual se queimavam os seus corpos se separavam, e que o mesmo fenômeno se produzia quando lhes ofereciam sacrifícios em comum, porque, apesar de sua desunião e de sua maldade, não se deixava de lhes tributar honras heroicas na Grécia. Virgílio, com mais justiça, colocou-os no Tártaro, com Tântalo, Sísifo, Atreu, Tieste e todos os famosos celerados da Antiguidade.

Creonte, que herdou a coroa, concedeu honras de sepultura às cinzas de Etéocles, como tendo combatido contra os inimigos da pátria, e ordenou que as de Polinice fossem lançadas ao vento, por ter ele atraído à sua pátria um exército estrangeiro.

---

27 Tema de *Os Sete Contra Tebas*, peça de Ésquilo. (N. do R.)

Segundo uma outra tradição, seguida por diversos poetas trágicos, o corpo de Polinice ficou estendido na planície sob as muralhas de Tebas, e foi proibido por Creonte que lhe fizessem honras, sob pena de morte.

Dez anos mais tarde, os filhos dos chefes gregos, mortos diante de Tebas, empreenderam uma nova guerra para vingá-los. Foi a guerra chamada dos "Epígonos" ou dos "Descendentes".

A cidade foi devastada, e os epígonos fizeram um grande número de prisioneiros que levaram com eles.

No número dos cativos, estava o adivinho tebano Tirésias, que, dizem, viveu sete gerações. Este adivinho, velho e cego, tinha predito a Jocasta e a Édipo todas as desgraças que deviam feri-los e aos seus filhos.

Antígona

Antígona, filha de Édipo e de Jocasta, foi ao mesmo tempo um modelo de piedade filial e de dedicação fraterna. Depois de ter servido de guia a seu pai cego e assistido aos seus últimos momentos, voltou a Tebas e testemunhou a luta tão triste e tão encarniçada entre Etéocles e Polinice. Depois da morte desses dois príncipes, Creonte, seu tio, então rei, proibiu expressamente que se enterrasse o corpo de Polinice, morto com armas na mão contra o país. Antígona resolveu infringir essa ordem para cumprir um dever que ela considerava como sagrado. Esforçou-se por obter o assentimento e a cooperação de sua irmã Ismênia. Esta, porém, de caráter fraco, temendo ante o poder do rei, não teve coragem de associar-se a tão nobre e piedoso intento. Procura mesmo desviar Antígona de ato tão perigoso e temerário.

Mas Antígona, cujos sentimentos estavam acima das apreensões pusilânimes de Ismênia, saiu de Tebas durante a noite, e afrontando a vigilância de Creonte, rendeu a seu irmão Polinice os últimos deveres. Nesse momento, é surpreendida e presa por um guarda, que a conduziu ao rei, o qual a condenou à morte impiedosamente. Antígona ouviu com firmeza sua sentença, e respondeu altivamente ao tirano que "mais vale obedecer aos deuses do que aos homens".

A corajosa princesa foi conduzida a um antro que se fecharia sobre ela e onde devia morrer de fome. Enquanto ela marcha ao suplício, não pode deixar de apiedar-se, ela mesma, de sua sorte. E Hêmon, filho de Creonte, que a ama e quer desposá-la, é impotente para salvá-la, e se mata de desespero. Acrescenta-se que Antígona, para livrar-se da horrível morte a qual Creonte a havia conduzido, estrangulou-se no seu escuro cubículo[28].

Tirésias

Tirésias, um dos mais célebres adivinhos da Mitologia, era filho de Everes e da ninfa Caricló. Fazia-se passar por descendente de Udeu, um dos heróis que tinham nascido dos dentes da serpente, semeados em terra por Cadmo. Era principalmente em Tebas que ele proferia seus oráculos. Não só conhecia o passado, o presente e o futuro, como também interpretava o voo e mesmo a linguagem dos pássaros.

Diz-se que Júpiter lhe concedeu uma existência sete vezes maior que a de outros homens. Aos tebanos e aos reis de Tebas, predisse o destino: finalmente, nos Infernos, mesmo depois da sua morte, Plutão, por um favor especial, manteve-lhe o poder de proferir oráculos. Assim, em Homero, Circe aconselha a Ulisses que desça aos Infernos para consultar o célebre adivinho; e o herói, depois de tomar conhecimento do que desejava, prometeu venerá-lo como a um deus, quando regressasse a Ítaca.

Entretanto, Tirésias era cego, e os mitólogos dão várias causas a essa triste enfermidade. Segundo uns, os deuses tinham-no tornado cego, como castigo de revelar aos mortais os segredos que eles queriam guardar; segundo outros, essa cegueira tinha uma origem bem mais extraordinária.

Um dia, Tirésias, tendo encontrado sobre o Monte Cilene duas serpentes entrelaçadas, separou-as com o seu bastão, e imediatamente tornou-se mulher; ao cabo de certo tempo, encontrou as mesmas serpentes ainda entrelaçadas e retomou sua primitiva forma. Ora, como ele conhecera os dois sexos, foi escolhido como juiz, e numa discórdia que surgiu mais tarde entre Júpiter e Juno, pronunciou-se contra a deusa, que ficou tão irritada a ponto de privá-lo da vista; mas foi indenizado por Júpiter com o dom da profecia. De resto, Minerva deu-lhe um bastão, com o qual ele se conduzia tão facilmente como se tivesse excelentes olhos.

---

28 Existe uma notável tragédia escrita por Sófocles, cujo título coincide com o nome da protagonista: *Antígona*. (N. do R.)

Tirésias morreu ao pé do Monte Tilfuso, na Beócia, bebendo água de uma certa fonte. Foi enterrado no lugar de sua morte, e em Tebas renderam-lhe honras divinas.

Anfiarau

Um outro adivinho famoso, cuja lenda está estreitamente unida à guerra dos Sete contra Tebas, é Anfiarau, filho de Apolo e de Hipernestre, bisneto de Melampo. Por um serviço importante prestado às mulheres do país, recebera uma porção do reino de Argos. Essa partilha motivou grandes debates, entre o adivinho e Adrasto, herdeiro presuntivo do reino, que, não estando em situação de fazer frente aos partidários de Anfiarau, que usurpara a coroa, matando Talau, seu pai, foi obrigado a abandonar a pátria. Tendo, porém, o usurpador casado com Erifila, irmã de Adrasto, apaziguaram-se os conflitos, e Adrasto foi restabelecido no trono.

Tendo previsto pela sua arte de adivinho que devia perecer na Guerra de Tebas, Anfiarau ocultou-se; mas sua mulher, Erifila, seduzida pelo dom de um colar, revelou o lugar do esconderijo a Polinice. Obrigado a partir, Anfiarau encarregou seu filho, Alcmeão, de sua vingança.

Diante de Tebas, na véspera de sua morte, estando à mesa com alguns companheiros de armas, uma águia pousou sobre sua lança, arrebatou-lhe, e deixou-a cair em um sítio, onde se converteu em um loureiro. No dia seguinte, a terra se abriu sob o seu carro, e o devorou com os cavalos. Segundo outros, foi o próprio Júpiter que, com um raio, precipitou a ele e ao carro nas entranhas da Terra, ou tornou-o imortal. Apolodoro é o único que o coloca entre os argonautas. Teve de sua mulher, Erifila, além de Alcmeão, o adivinho Anfíloso e três filhas, Eurídice, Demonassa e Alcmena.

Afirmavam os gregos que ele voltou dos Infernos, e mostravam mesmo o lugar da sua ressurreição. Recebeu as honras de divindade, pois tinha um templo em Argos, e outro na Ática, onde divulgava oráculos. Os que iam consultá-lo, depois de imolar um carneiro, estendiam a pele desse animal no chão, adormeciam sobre ela, e esperando que o deus dissesse em sonho o que eles desejavam saber.

Alcmeão, seu filho, vingou-o impiedosamente, matando sua mãe, Erifila. Muito tempo foragido e perseguido pelas Fúrias, por causa desse matricídio, foi enfim admitido à expiação, na corte de Elegias, rei da Arcada. Tendo casado com Arsínoe, filha desse príncipe, fez-lhe presente do fatal colar que causara a morte de sua mãe; depois, infiel aos seus juramentos, teve um novo casamento com Calírroe, filha de Aqueloo. Tomou de Arsínoe o colar para dá-lo de presente à nova esposa, sob o pretexto de o consagrar a Apolo, para livrá-lo das Fúrias. Os irmãos da princesa abandonada vingaram esse ultraje, matando Alcmeão. Os dois filhos que deixou, mataram não só os assassinos, mas também Fegeia e Arsínoe. O colar de Erifila, portador de desgraça, parecia perpetuar os parricídios na família de Alcmeão. O túmulo desse pobre príncipe, em Psófis, na Arcádia, era cercado de ciprestes bastante altos para fazer sombra sobre a colina que dominava a cidade. Essas árvores, chamadas Virgens, eram consideradas invioláveis, e era proibido cortá-las.

LENDAS ATENIENSES

Cécrope — Fundação de Atenas

Cécrope, natural de Saís, no Egito, e primeiro rei dos atenienses, construiu, ou segundo outros, embelezou a cidade de Atenas. Desposou Aglauro, filha de Acteu e deu o nome de Cecrópia à cidade que fundara. Submeteu o povo mais pela doçura do que pela força, distribuiu a Ática em doze cantões, constituiu o Tribunal do Areópago, estabeleceu o culto de Júpiter como deus soberano, aboliu o costume de sacrificar vítimas humanas, e determinou leis para a instituição dos casamentos. Foi apelidado "Difues", o que quer dizer "biforme", talvez porque, sendo egípcio de origem, era também grego pela sua residência na Ática. Representam-no metade homem e metade serpente.

Cécrope deixou três filhas: Aglauro, Herse e Pândroso.

Herse, voltando um dia do templo de Minerva, acompanhada de moças atenienses, atraiu os olhares de Mercúrio, que a pediu em casamento; Aglauro, sua irmã, enciumada com esta preferência, perturbou os amores do deus: este bateu-lhe com o seu caduceu e a transformou em pedra. Herse teve um templo em Atenas e recebeu as honras heroicas. Apesar da sua enciumada maldade, Aglauro teve também um templo em Salamina depois de sua morte, e restabeleceu-se em sua honra o bárbaro costume de imolar uma vítima humana.

Conta-se de uma outra maneira a fábula das filhas de Cécrope. Foi a essas três irmãs que Minerva confiou a cesta misteriosa onde estava encerrado Erictônio, filho de Vulcano, com a proibição de abri-la. A curiosidade, porém, foi mais forte; abriram a cesta, e encontraram um monstro; agitadas pelas fúrias, precipitaram-se do ponto mais escarpado da cidadela de Atenas.

Segundo uma outra versão, Pândroso, a mais moça das filhas de Cécrope, foi a única que se conformou com as recomendações de Minerva, e como recompensa à sua obediência, os atenienses, depois de sua morte, elevaram-lhe um templo perto do da deusa, e instituíram uma festa em sua honra. Diz-se que, de Mercúrio, tivera ela um filho chamado Cérix, que se tornou o tronco de uma poderosa família ateniense.

Pandião

Pandião, filho de Erictônio e quinto rei de Atenas, foi infeliz pai, porque suas duas filhas, ambas formosíssimas, Filomena e Procne, foram vítimas da brutalidade de seu genro, Tereu, rei da Trácia. Este, marido de Procne, tendo ultrajado sua cunhada Filomena, cortou-lhe a língua; Procne, para vingar sua irmã, serviu a Tereu, em um festim, os membros de seu filho, Ítis, cuja cabeça foi colocada sobre a mesa no fim do jantar. Vendo-a, Tereu, transportado de raiva, quer perseguir as duas irmãs. Elas, porém, se salvam metamorfoseadas, Procne em andorinha e Filomena em rouxinol.

Tereu, mesmo transformado em gavião, não as pôde alcançar. Quanto a Ítis, os deuses, condoídos da sua sorte, transformaram-no em um pintassilgo.

Erecteu

Erecteu, sexto rei de Atenas, filho de Pandião, era conhecido por haver estabelecido o culto de Ceres e os Mistérios de Elêusis. A fábula dá-lhe quatro filhas, Prócris, Creusa, Ctonia e Orítia, que se amavam tão ternamente, que juraram não sobreviver uma à outra. Erecteu, estando em guerra com os eleusianos, soube pelo oráculo que seria o vencedor, se quisesse imolar uma de suas filhas. A vítima escolhida foi Ctonia, mas as irmãs mantiveram o juramento. Seu pai repeliu Eumolpo, filho de Netuno, mas foi precipitado vivo no seio da Terra, que esse deus entreabriu com o tridente. Os atenienses, colocaram Erecteu no número dos deuses e lhe construíram um templo na cidadela.

Segundo outra tradição, Prócris tornou-se esposa de Céfalo, que a matou numa caçada; Creusa casou com Xuto, pai adotivo de Íon; Ctonia com o sacerdote Butes, e Orítia foi raptada por Bóreas, cuja fábula já é conhecida.

Céfalo, marido de Prócris, era filho de Éolo. Aurora, deslumbrada por sua beleza, arrebatou-o, mas inutilmente. Segundo outros, teve dele Faetonte, e consentiu que voltasse para Prócris, que ele amava apaixonadamente. Para experimentar a fidelidade de sua esposa, disfarçou-se de negociante e tentou seduzi-la. Ofereceu-lhe tão ricos presentes, que ela estava prestes a atender às suas solicitações, quando ele, fazendo-se conhecer, repreendeu-lhe a fraqueza. Prócris, confundida, abandonou o marido e refugiou-se nos bosques. Essa ausência serviu para reacender o amor de Céfalo, que foi à sua procura, reconciliou-se com ela, e recebeu de suas mãos dois presentes que deviam ser funestos a ambos: era um cão que Minos lhe dera, e um chuço que nunca errava a mira. Esses presentes aumentaram a paixão de Céfalo pela caça.

Prócris, inquieta com sua ausência e ciumenta, tomou o partido de segui-lo secretamente, e se emboscou numa espessa moita. O marido, exausto de fadiga, tendo ido, por acaso, repousar sob uma árvore vizinha, invocou, segundo seu costume, o doce hálito de Zéfiro. Ao ouvi-lo, sua esposa, supondo que ele falava a uma rival, fez um movimento que agitou a folhagem. Céfalo, julgando que fosse um animal feroz, atirou o dardo que dela recebera, e a matou. Reconhecendo o erro, desesperado, atravessou-se com o mesmo dardo. Júpiter, comovido com a desgraça dos dois esposos, os transformou em astros.

Butes, filho de Pandião e de Zeuxipe, marido de Ctonia, sacerdote de Minerva e de Netuno, obteve, depois da morte, as honras divinas, e tinha um altar no templo de Erecteu, em Atenas.

Egeu

Egeu, nono rei de Atenas, filho de Pandião II, pai de Teseu, e irmão de Niso, Palas e Lico, descendia de Erecteu. Diz-se que foi ele quem introduziu em Atenas o culto de Vênus Urânia. Quando enviou Teseu a combater o Minotauro, recomendou-lhe que içasse velas brancas em seu navio, no momento do regresso, se voltasse vencedor — recomendação que foi esquecida. Tendo visto do alto de um rochedo, a que todos os dias impacientemente subia, o navio que voltava com velas negras, julgou que seu filho estivesse morto, e escutando apenas a voz do seu desespero, precipitou-se no mar que, desde então, tem o seu nome.

Os atenienses, para consolar seu filho, salvador da cidade, colocaram Egeu no número dos deuses marinhos, e o declararam filho de Netuno.

Niso

Niso, irmão de Egeu, reinava em Nisa, cidade vizinha de Atenas. Quando Minos, rei de Creta, foi fazer a guerra de Ática, cercou de início a primeira dessas cidades. A sorte de Niso dependia de tiras de cabelo púrpura que trazia em sua cabeça, segundo uma profecia. Cila, sua filha, apaixonada por Minos, que ela vira do alto dos baluartes, cortou essas tiras, o que foi fatal a seu pai, durante seu sono, e o ofereceu ao príncipe amado. Minos, horrorizado com uma ação tão indigna, e aproveitando-se da traição, expulsou de sua presença a pérfida princesa.

Desesperada, quis ela atirar-se ao mar, mas os deuses a transformaram em uma calhandra. Niso, metamorfoseado em gavião, não cessa de persegui-la nos ares, e a estraçalha a bicadas.

Teseu

Teseu foi o décimo rei de Atenas. Nasceu em Trezeno, e aí foi educado sob os cuidados de sua mãe Etra, na corte do discreto Piteu, seu avô materno. Os poetas designam muitas vezes Teseu pelo nome de Erectide, porque o olhavam como um dos mais ilustres descendentes de Erecteu, ou pelo menos de seus sucessores. Chamam-lhe, também, algumas vezes, filho de Netuno. Com efeito, Piteu, querendo esconder a aliança que tinha contraído com Egeu, declarou, quando a criança nasceu, que seu pai era Netuno, o grande deus dos trezenianos. Mais tarde, Teseu prevaleceu-se, pelo menos uma vez, deste nascimento.

Conta Pausanias que Teseu, tendo ido a Creta, Minos o ultrajou, dizendo que ele não era, como pretendia, filho de Netuno; e para desafiá-lo a dar uma prova, lançaria seu anel no mar. Teseu imediatamente atirou-se também, encontrou o anel, e o trouxe, com uma coroa que Anfitrite lhe tinha posto na cabeça.

Entretanto este herói, no curso de sua existência e de suas façanhas, deu-se geralmente por filho de Egeu; e o título de filho de Netuno não lhe é atribuído senão por alguns poetas, sem consideração pela continuação de sua história.

Narram-se diversos fatos da valentia e da força de que Teseu deu provas nos seus primeiros anos. Os trezenianos contavam que, tendo Hércules vindo ver Piteu, tirou sua pele de leão para sentar-se à mesa. Muitas crianças da cidade, entre as quais Teseu, que só tinha sete anos, atraídas pela curiosidade, correram para a casa de Piteu; todas, porém, tiveram grande medo da pele do leão, com exceção de Teseu, que tomando um machado das mãos de um escravo, e acreditando ver um leão, veio para atacá-lo.

Antes de deixar Trezena, Egeu colocou seu sapato e sua espada debaixo de uma grande pedra, e ordenou a Etra que não enviasse seu filho a Atenas antes que ele tivesse condições para levantar essa pedra. Teseu, tendo apenas completado dezesseis anos, levantou-a e tomou a espécie de depósito que ela cobria, e pelo qual ele se devia fazer reconhecer por filho de Egeu. Voltou à Atenas, mas antes de se fazer conhecer como herdeiro do trono, resolveu tornar-se digno desse título por suas empresas, e imitar a Hércules, objeto da sua admiração. De resto, havia entre eles laços de parentesco: Piteu, pai de Etra, era irmão de Lisídice, mãe de Alcmena.

Começou por expurgar a Ática dos malfeitores que a infestavam, entre os quais Sínis ou Cércion. Esse bandido, dotado de uma força extraordinária, obrigava os viajantes a lutar contra ele, e matava os vencidos. Fazia curvarem-se as maiores árvores e, segurando a cimeira, ali amarrava suas vítimas, que ficavam em pedaços quando as árvores outra vez se levantavam.

Depois de ter se purificado no altar de Júpiter, às margens do Cefiso, por ter sujado as mãos com o sangue de tantos criminosos, regressou a Atenas, para se dar a conhecer. Encontrou a cidade numa estranha confusão. A feiticeira Medeia estava governando sob o nome de Egeu; tendo tido conhecimento da chegada de um estrangeiro de quem muito se falava, ela procurou tomá-lo suspeito ao rei, e decidiu mesmo fazê-lo envenenar em um banquete na mesa do rei. Porém, no momento em que Teseu ia levar aos lábios a taça de veneno, Egeu teve o prazer de reconhecer seu filho, pelo copo da espada, e expulsou Medeia, cujos maus desígnios foram descobertos.

Entretanto, os palântidas, ou filhos de Palas, irmãos de Egeu, vendo Teseu reconhecido, não puderam ocultar seu ressentimento e conspiraram contra Egeu, de quem se julgavam os únicos herdeiros. A conspiração foi descoberta e desfeita pela morte de Palas e de seus filhos, que caíram sob os golpes de Teseu. Esses assassínios, se bem que necessários, obrigaram o herói a ausentar-se de Atenas por um ano, e, decorrido esse tempo, foi absolvido pelo tribunal dos juízes que se reuniram no templo de Apolo Delfiano.

Algum tempo mais tarde, Teseu se propôs a livrar a pátria do vergonhoso tributo que ela pagava a Minos, rei de Creta.

Androgeu, filho de Minos, tendo ido a Atenas para assistir às Panateneias, combateu com tanta habilidade e sorte, que obteve todos os prêmios. A mocidade de Mégara e de Atenas, ofendida com esses êxitos, ou talvez os próprios atenienses, inquietos com a aliança de Androgeu com os palântidas, mataram-no. Para vingar esse assassinato, Minos sitiou e se apoderou de Atenas e de Mégara, e impôs aos vencidos as mais duras condições. Os atenienses ficaram obrigados a enviar a Creta, de sete em sete anos, sete rapazes e outras tantas moças, designados pela sorte, os quais deviam servir de pasto ao Minotauro, no famoso labirinto. O tributo já fora pago três vezes, quando Teseu se ofereceu para salvar os concidadãos. Antes de partir, procurou tornar os deuses favoráveis à sua vontade, fazendo-lhes muitos sacrifícios.

Também consultou o oráculo de Delfos que lhe prometeu um êxito feliz na expedição, se o Amor lhe servisse de guia. Com efeito, Ariadne, filha de Minos, apaixonada pelo herói, facilitou-lhe o feito. Deu-lhe um novelo de linha com cujo auxílio pôde ele sair do labirinto onde matou o Minotauro[29].

Deixando Creta, Teseu trouxe consigo sua libertadora, mas abandonou-a na Ilha de Naxo, onde Baco a consolou e a desposou.

De regresso a Atenas, soube da morte de seu pai Egeu, rendeu-lhe as últimas honras e mandou executar a promessa que fizera a Apolo ao partir, isto é, fazer sacrifícios em Delos, todos os anos, em ação de graças. Em consequência, não deixou nunca de ali mandar, todos os anos, enviados coroados com ramos de oliveira. Para essa missão, ou teoria, era empregado o navio em que embarcara Teseu, tratado com muito cuidado, para que sempre pudesse servir, o que fez com que os poetas dissessem ser ele imortal.

Tranquilo possuidor do trono dos atenienses, reuniu em uma cidade os habitantes da Ática, até então dispersos em diferentes povoações, onde instituiu um governo, promulgou leis, e, deixando o povo governado pela própria legislação, retomou o curso de suas aventuras e de suas missões. Esteve na Guerra dos Centauros, na conquista do Tosão de Ouro, na caça de Cálidon, e segundo alguns, nas duas Guerras de Tebas.

---

29 Portanto, a expressão "fio de Ariadne" é usada para denotar algo que nos auxilia a desvendar um enigma. (N. do R.)

Foi também à Trácia em busca das Amazonas, e como Hércules, teve a glória de combatê-las e vencê-las. Casou-se com a sua rainha Hipólita ou Antíope, feita prisioneira, de quem teve um filho, o infeliz Hipólito.

Conta-se que, já aos cinquenta anos, teve o desejo de raptar a bela Helena, então apenas saída da infância. Mas os tindáridas, seus irmãos, reconquistaram-na, e a seu turno raptaram a mãe de Teseu, Etra, que fizeram escrava de Helena.

Tendo enfim combinado Pirítoo, com seu amigo, raptar a mulher de Aidoneu, rei do Épiro, ou, segundo a fábula, Prosérpina, mulher de Plutão, foi feito prisioneiro até que Hércules o libertou: chama-se a isso de "a descida de Teseu aos Infernos".

Conta a fábula que esses dois heróis, tendo descido aos Infernos, e fatigados da longa viagem que tinham feito para lá chegar, sentaram-se numa pedra onde ficaram presos, sem que conseguissem levantar-se. Hércules obteve de Plutão a liberdade de Teseu.

É a esta fábula que Virgílio faz alusão, quando representa Teseu no Tártaro, eternamente sentado em uma pedra, da qual não pode se livrar, e gritando sem cessar aos habitantes dos sombrios lugares: "Aprendei, com o meu exemplo, a não serem injustos e a não desprezarem os deuses".

O resto da vida de Teseu foi uma série de desgraças. O fim trágico de seu filho, Hipólito, e de Fedra, sua mulher, inspirou os poetas trágicos, sobretudo Eurípides e Racine, e forneceu ao pintor francês, P. Guérin, o assunto de um admirável quadro.

Em seu regresso a Atenas, encontrou seus súditos revoltados contra ele. Indignado, transportou a família para a Ilha de Eubeia, atirou maldições sobre Atenas, e retirou-se à Ilha de Ciros, para aí acabar os seus dias na paz da vida privada. Mas Licomedes, rei de Ciros, ciumento da sua reputação, ou excitado por seus inimigos, precipitou-o do alto de um rochedo, onde o atraíra, sob pretexto de lhe mostrar o campo.

Teseu teve três mulheres: Antíope, mãe de Hipólito; Ariadne, filha de Minos, de quem teve Enópion e Estáfilo; e Fedra, que deixou um filho chamado Demofoonte.

Os atenienses, muitos séculos mais tarde, procuraram reparar sua ingratidão para com Teseu. Por conselho do oráculo de Apolo, foram procurar suas cinzas em Ciros, levaram-nas solenemente para Atenas, e colocaram-nas em um soberbo túmulo no centro da cidade. Depois, ergueram-lhe um templo, onde recebeu sacrifícios.

Pirítoo

Pirítoo, filho de Ixíon, era rei dos lápitas, célebre não somente por sua habilidade em manejar cavalos, como também pela guerra contra os centauros, habitantes do mesmo país. Tendo esse rei pedido e obtido a mão de Hipodâmia, filha de Adrasto, rei de Argos, convidou os centauros para a solenidade do casamento. Estes, excitados pelo vinho, insultaram as mulheres; um deles, Eurito, quis de fato raptar a jovem esposa. Mas Hércules, Teseu e os lápitas, se opuseram. Mataram um grande número e puseram os outros em fuga. Estes se refugiaram, dizem, nas Ilhas das Sereias, onde morreram todos.

Pirítoo, entretanto, impressionado com as grandes façanhas de Teseu, quis medir forças com ele, e procurou ocasião para desafiá-lo; quando, porém, esses dois heróis ficaram em presença um do outro, uma secreta e mútua admiração se apoderou de seus espíritos, e seus corações se descobriram sem fingimento; os dois se abraçaram e juraram uma eterna amizade.

Pirítoo tornou-se o fiel companheiro de viagem de Teseu. Tendo combinado o projeto de raptar a bela Helena, e tendo-o conseguido, recorreram à sorte, sob a condição de que, aquele a quem ela coubesse, ficava obrigado a procurar uma outra mulher para seu amigo. Helena coube a Teseu, que se comprometeu a descer aos Infernos com seu amigo para arrebatar Prosérpina. Cérbero, porém, atirou-se sobre Pirítoo e estrangulou-o. Sabe-se o que aconteceu a Teseu e a quem ele ficou obrigado por tê-lo libertado.

Hipólito

Hipólito, filho de Teseu e da rainha das Amazonas, Hipólita ou Antíope, era educado em Trezene, sob as vistas do ilustre Piteu, seu avô. O jovem príncipe, unicamente ocupado com o estudo e a prudência, e com os prazeres da caça, atraiu a indignação de Vênus, que, para se vingar de seus desdéns, inspirou em Fedra uma violenta paixão.

A rainha fez uma viagem a Trezene, sob o pretexto de elevar um templo a Vênus, mas, na realidade, foi para ver o jovem príncipe e declarar-lhe seu amor.

Desdenhada e furiosa, ela acusa Hipólito em uma carta, e suicida-se. De regresso, Teseu, iludido pela carta impostora, entrega o filho à vingança de Netuno, que lhe prometeu satisfazer a três desejos seus. O desgraçado pai é ouvido em demasia: um monstro horrível, instigado pelos deuses marinhos, assombra os cavalos; Hipólito é atirado do carro, e morre, vítima dos furores de uma madrasta e da credulidade de um pai.

Segundo Ovídio, Esculápio dá-lhe a vida, e Diana o recobre de uma nuvem para fazê-lo sair dos Infernos. Os trezenianos renderam-lhe honras divinas em um templo que Diomedes lhe fez elevar.

Fedra

Fedra, filha de Pasífae e de Minos, rei de Creta, irmã de Ariadne e de Deucalião, o segundo deste nome, casou-se com Teseu, rei de Atenas, ou, segundo outros, foi por ele raptada. Seu amor culposo por Hipólito causou, ao mesmo tempo, a sua perda e a do jovem herói. Desprezada, enforcou-se de desespero. Sua sepultura era em Trezene, perto de um mirto, cujas folhas estavam inteiramente perfuradas. Dizia-se que esse mirto não nascera assim, mas que no tempo em que Fedra estava mais possuída por sua paixão, não encontrando nenhum alívio, procurava matar o seu aborrecimento furando com um grampo as folhas da planta.

Esta fábula e a precedente inspiraram a Eurípides e a Racine duas tragédias célebres. Na peça grega (*Hipólito*), Hipólito é o principal personagem; na obra de Racine, todo o interesse se concentra na esposa de Teseu, sobre "Fedra, malgrado seu, pérfida, incestuosa".

Minos

Minos, segundo deste nome, filho de Licasto e neto do primeiro Minos, o juiz dos Infernos, tornou-se temido entre os vizinhos, submeteu várias cidades e tornou-se o senhor do mar. Tendo seus dois irmãos querido disputar-lhe a coroa, pediu ele aos deuses que lhe dessem um sinal de sua aprovação; e Netuno, satisfazendo seus desejos, fez sair do mar um touro de maravilhosa brancura. É com este derradeiro Minos que se relacionam as fábulas de Pasífae, do Minotauro, da guerra contra os atenienses, e de Dédalo. Morreu perseguindo esse artista até a Sicília, onde o rei Cócalo o asfixiou no banho. O corpo, entregue aos seus soldados, foi por eles enterrado na Sicília; e, para ocultar ou fazer respeitar seus restos, elevaram um templo a Vênus, no próprio local da sepultura. Mais tarde, quando se construíram as muralhas de Agrigento, descobriu-se o túmulo, e suas cinzas foram solenemente levadas a Creta.

Pasífae

Pasífae, filha do Sol e de Creta, ou, segundo outros, de Perses, casou-se com o segundo Minos, de quem teve muitos filhos, entre os quais Deucalião, Androgeu, e três filhas: Astreia, Ariadne e Fedra.

Vênus, para se vingar do Sol, que aclarava seus amores com Marte, inspirou à sua filha uma paixão desordenada pelo touro branco que Netuno fizera sair do mar. Segundo outros mitólogos, essa paixão foi um efeito da vingança de Netuno contra Minos que, tendo costume de lhe sacrificar todos os anos o mais belo de seus touros, encontrou certa vez um tão bonito que o quis conservar, e imolou um de menor valor. Netuno, irritado, fez com que Pasífae se apaixonasse pelo touro conservado. Dédalo, então a serviço de Minos, fabricou, para favorecer Pasífae, uma vaca de bronze.

Essa fábula tem sua explicação no ódio dos gregos, e em particular dos atenienses, por Minos. Sua origem verossímil está numa ambiguidade da palavra Tauro, nome de um almirante cretense, por quem a rainha, desprezada por Minos, amante de Prócris, ou durante uma longa moléstia do príncipe, se apaixonou loucamente. Dédalo foi provavelmente o confidente dessa aventura. Pasífae teve dois gêmeos, dos quais um se parecia com Minos, e o outro com Tauro, o que motivou a fábula do Minotauro, monstro metade touro e metade homem.

Dédalo e Ícaro

Dédalo, filho de Himétion, neto de Eumolpo, e bisneto de Erecteu, rei de Atenas, discípulo de Mercúrio, artista incomparável, arquiteto, estatuário, inventor da machadinha, do nível, da pua, entre outros, substituiu o uso das velas pelo dos remos, e fez estátuas que marchavam e pareciam animadas. Tendo matado seu sobrinho, de quem estava ciumento, foi condenado à morte por Areópago. Fugiu depois de Atenas e se escondeu em Creta, na corte de Minos.

Foi lá que construiu o famoso labirinto, cercado, cheio de madeiras e construções, dispostas de tal maneira que, uma vez lá dentro, ninguém podia encontrar a saída. Dédalo foi a primeira vítima de sua invenção. Minos, irritado contra ele, por haver favorecido os amores de Pasífae, encerrou-o no labirinto, com seu filho Ícaro e o Minotauro.

Então, Dédalo fabricou asas artificiais que adaptou com cera às suas espáduas e às de seu filho, a quem recomendou que não se aproximasse demasiadamente do Sol. Depois, ao mesmo tempo, abriram as asas e partiram através dos ares. Ícaro, esquecendo as instruções paternas, elevou-se demais: o sol derreteu a cera das asas, ele caiu e se afogou no Mar Egeu, que tomou o nome de Icário.

O desgraçado pai continuou seu caminho, e foi ter à Sicília, com o rei Cócalo, que lhe deu asilo, mas o sufocou em uma estufa, como Minos, para evitar a cólera do rei de Creta. Segundo outros, Dédalo aportou ao Egito, e enriqueceu Mênfis com algumas obras-primas de suas mãos. Depois de sua morte, os habitantes dessa cidade veneraram-no como um deus. Segundo Virgílio, Dédalo desceu em primeiro lugar na Itália, em Cumes, colônia de Cálcis, cidade da Eubeia. Ali consagrou as suas asas a Apolo, e lhe ergueu um templo magnífico, em cuja porta gravou ou esculpiu toda a história de Minos e de sua família. Duas vezes tentou representar também a queda de Ícaro, e duas vezes suas mãos desfaleceram à lembrança de sua dor.

Demofoonte e Fílis

Demofoonte, filho de Teseu e de Fedra, acompanhou como um simples particular a Elpenor à Guerra de Troia. Depois da tomada da cidade, encontrou, ao lado de Helena, sua avó Etra, mãe de Teseu, e trouxe-a consigo.

Em seu regresso, parou em Dáulis, cidade da Fócida, onde foi bem acolhido pela jovem rainha, Filis, que sucedeu a Licurgo, seu pai. Fez-se amar por essa princesa. Depois de alguns meses da mais terna união, o príncipe, obrigado pelos negócios do reino a voltar a Atenas, prometeu a Filis regressar em breve, mas deixou passar o dia fixado para esse regresso. Julgando-se desprezada, a princesa abandonou-se ao desespero, e, num acesso de delírio, atirou-se ao mar.

Acrescenta-se que os deuses, apiedados da sorte da rainha tão jovem e terna, transformaram-na em uma amendoeira. Dias mais tarde, como Demofoonte havia voltado, a amendoeira floriu, como se Filis sentisse o regresso daquele a quem tão ardentemente amara.

Em uma certa estação, o povo, vendo que estavam úmidas as folhas dessa árvore, dizia que estavam molhadas com as lágrimas de Fílis.

Demofoonte, tranquilo herdeiro do trono de Atenas, depois da morte do usurpador Mnesteu, concedeu generosamente hospitalidade aos heráclides, perseguidos por Euristeu, e fez de fato perecer seu inimigo. Acolheu igualmente a Orestes, depois do assassinato de Egisto e de Clitemnestra[30]. Entretanto, teve escrúpulos, e não quis admitir imediatamente à sua mesa esse parricida, fazendo com que ele fosse servido separadamente; e, para disfarçar essa espécie de afronta, ordenou que se servisse separadamente a cada convidado uma taça especial, contra os costumes de então. Em memória desse acontecimento, os atenienses instituíram uma festa, em cujas refeições havia tantas taças quantos eram os convidados. Essa cerimônia se chamava "Festa das Taças".

---

30 Vide a terceira peça da trilogia *Oréstia*, de Ésquilo, intitulada *As Eumênides*. (N. do R.)

LENDAS ETÓLIAS

Meleagro

Meleagro era filho de Eneu, rei de Cálidon, na Etólia, e de Alteia, filha de Téspio (ou Téstio). Tendo sua mãe consultado o oráculo sobre o destino do filho que ia nascer, foi-lhe respondido que esse filho só viveria o tempo necessário para que se consumisse o tição que ardia no fogão. Alteia apressou-se em retirar do fogo esse tição, apagou-o e conservou-o com grande cuidado.

O rei Eneu, em um sacrifício que fez aos deuses, esqueceu-se de Diana; essa deusa ficou tão irritada que enviou um monstruoso javali para devastar os campos de Cálidon. Reuniu o rei todos os jovens príncipes do país para combater a fera, e à frente de todos colocou seu filho, Meleagro. Ele já tomara parte na expedição dos argonautas, sob as ordens de seu tio Leódaco, irmão de Eneu; com os caçadores e os cães, foi bem depressa vencedor e matou o terrível javali. Mas Atalanta, filha de Jásio, rei da Arcádia, e de Clímene, que também tomara parte na caça, dera o primeiro golpe no javali. Por essa façanha audaciosa, mereceu a admiração e o amor de Meleagro, que lhe quis oferecer a cabeça do monstro. A isso se opuseram os dois tios maternos do jovem príncipe, pretendendo que essa honra lhes cabia. Então, rebentou uma guerra entre os etólios e os coribantes, comandados pelos descontentes. Apesar da inferioridade numérica, os etólios são vencedores, enquanto estão sob o comando de Meleagro; este, porém, os abandona, irritado com Alteia, sua mãe, que, desesperada com a morte dos dois irmãos que ele matara em combate, o dedica às Fúrias. A sorte muda, e as vantagens passam para os coribantes. Meleagro, cedendo às súplicas de sua esposa Cleópatra, retoma as armas, repele definitivamente o inimigo, mas as Fúrias, invocadas pelas imprecações de sua mãe, abreviam seus dias. Tal é a narração de Homero.

Segundo outros autores, Alteia, mãe de Meleagro, tendo sabido que seus dois irmãos tinham sido mortos por seu filho, deixou-se dominar pelo furor, e atirou imediatamente ao fogo o tição a que as Parcas tinham unido o destino de Meleagro. Em seguida, o príncipe se sente devorado por um fogo secreto, definha, consome-se como o tição, e exala o último suspiro. Cleópatra não pôde sobreviver à morte de seu marido, e Alteia, que fora a causa da sua perda, enforca-se de desespero. A morte de Meleagro é representada em muitos baixos relevos antigos. Carlos Lebron inspirou-se no assunto; seu quadro faz parte da coleção do Museu do Louvre.

Tideu

Tideu, filho de Eneu, rei de Cálidon e de Euribeia, ou de Alteia, foi banido da pátria por haver matado por descuido seu irmão Melanipo. Retirou-se para Argos, na corte de Adrasto, que lhe deu em casamento sua filha Deífile, de quem nasceu Diomedes. Essa aliança o empenhou na disputa de Polinice, que era, como ele, genro de Adrasto. Foi ele um dos comandantes do exército dos argivos contra Tebas. Adrasto, antes de começar a campanha, enviou Tideu a Etéocles, querendo assim acomodar os dois irmãos. Durante sua estada em Tebas, tomou parte em diversos jogos e combates que se realizaram para exercitar a mocidade; venceu sem trabalho os tebanos e ganhou todos os prêmios, porque, diz Homero, Minerva o protegia. Os tebanos, indignados, prepararam emboscadas a Tideu e enviaram para a estrada de Argos cinquenta homens bem armados que se atiraram covardemente sobre ele. Tideu, apenas com alguns amigos, defendeu-se com tanta coragem que matou todos os tebanos, exceto um, ao qual encarregou de levar a Tebas a notícia de sua derrota.

Diz Eurípides que Tideu era menos hábil no uso da palavra do que no das armas; hábil nas manhas de guerra, era inferior a seu irmão Meleagro nos outros conhecimentos, mas o igualava na arte militar, e sua ciência estava nas armas. Ávido de glória, cheio de ardor e de coragem, seus empreendimentos faziam a sua eloquência. Depois de muitas ações valorosas, foi morto às portas de Tebas, como a maior parte dos generais. Diz Homero que pereceu por imprudência. Conta, porém, Apolodoro, que Tideu, tendo sido ferido pelo tebano Melanipo, filho de Ástaco, ficou tão furioso que estraçalhou a dentadas a cabeça do inimigo. Minerva, que o protegia, ficou tão ofendida com tal ação bárbara, que o abandonou e o deixou sucumbir.

LENDAS TESSALIANAS

O Centauro Quíron

O centauro Quíron habitava o Monte Pelion, na Tessália. Chamam-lhe, algumas vezes, o Sábio, por causa de sua ciência e habilidade. Nasceu dos amores de Saturno, metamorfoseado em cavalo, com a oceânide Fílira. Esta ficou tão pesarosa de ter dado à luz um monstro, que pediu aos deuses que a transformassem: tornou-se uma tília.

Assim que o centauro cresceu, refugiou-se nas montanhas e florestas, onde, caçando com Diana, adquiriu conhecimento em Botânica e Astronomia. Aprendeu sobretudo as virtudes das plantas medicinais, e ensinou a Medicina e a Cirurgia a muitos heróis. Seu nome, derivado do grego *queir* (mão) já denotava sua habilidade. Sua gruta, situada ao pé do Monte Pelion, na Tessália, tornou-se, por assim dizer, a escola de toda a Grécia heroica. Teve como discípulos Esculápio, Nestor, Anfiarau, Peleu, Telamon, Meleagro, Teseu, Hipólito, Ulisses, Diomedes, Castor e Pólux, Jason, Fênix e outros, mas sobretudo Aquiles, de quem, como avô materno, tomou um cuidado particular. Foi ele quem preparou o calendário de que se serviram os argonautas em sua expedição. Foi na sua escola onde Hércules aprendeu a Medicina, a Música e a Justiça. Tinha tal talento para a Música, que, aos acordes de sua lira, curava as moléstias, e o conhecimento dos corpos celestes, a ponto de saber desviar ou prevenir as influências funestas à humanidade.

Teve uma longa existência e robusta velhice; fazem-no viver antes e depois da expedição dos argonautas, na qual tomaram parte dois netos seus. Na guerra de Hércules contra os centauros, estes, esperando desarmar o furor do herói pela presença de seu antigo mestre, refugiaram-se em Maleia, para onde se retirara Quíron. Mas Hércules não deixou de os atacar, e uma de suas flechas, embebida no sangue da Hidra de Lerna, tendo errado o alvo, foi ferir Quíron no joelho. Hércules, desesperado, acudiu prontamente e aplicou um remédio que seu antigo professor lhe ensinara; o mal, porém, era incurável, e o desgraçado centauro, sofrendo horríveis dores, rogou a Júpiter que terminasse seus dias. O pai dos deuses, emocionado com sua prece, fez passar a Prometeu a imortalidade que Quíron devia à sua qualidade de filho de Saturno, e colocou o centauro no zodíaco, onde forma a constelação do Sagitário.

Um dos restos mais preciosos da pintura antiga é o quadro encontrado em Herculano, em que Quíron é representado dando uma aula de música a Aquiles.

Peleu

Peleu, pai de Aquiles, era filho de Éaco, rei de Egina, e da ninfa Endeis, filha de Quíron. Tendo sido condenado a um exílio perpétuo com seu irmão Telamon, por haver matado seu irmão Foco, ainda que por engano, procurou asilo em Ftia, na Tessália, onde desposou Antígona, filha do rei Eurition, que lhe trouxe como dote a terça parte de seu reino.

Peleu, convidado para a famosa caçada do Cálidon, foi com o seu cunhado, a quem teve a infelicidade de matar atirando contra um javali, outro assassínio involuntário que o obrigou ainda a exilar-se. Transportou-se a Iolco, capital da Tessália, na corte do rei Acasto, que lhe fez a cerimônia de expiação.

Mas uma nova aventura veio ainda perturbar seu sossego nessa corte. Inspirou amor à rainha, que, achando-o insensível, acusou-o a Acasto pela tentativa de sedução. Acasto fez com que o conduzissem ao Monte Pelion, amarrado e preso, e ordenou que lá o deixassem exposto à sanha dos animais ferozes. Peleu encontrou meios de romper as correntes, e com o auxílio de alguns amigos, Jasão, Castor e Pólux, voltou a Iolco e matou a rainha.

Com a falsa notícia de que ia desposar Estérope, filha de Acasto, sua mulher Antígona, suicidou-se de desespero.

Peleu se casou, em segundas núpcias, com Tétis, filha de Nereu e de Dóris, irmã de Nicomedes, rei de Ciros, a mais bela das nereidas. Esta ninfa, pouco satisfeita por ter um mortal como esposo, depois de ver Júpiter, Netuno e Apolo procurarem seu amor, tomou, qual novo Proteu, diferentes formas, para se esquivar a Peleu. Mas o príncipe, a conselho de Quíron, amarrou-a e a reteve em cadeias. As núpcias se realizaram no Monte Pelion, com grande magnificência, e todos os deuses foram convidados, exceto a deusa Discórdia. De Peleu e Tétis nasceram muitos filhos, que morreram em tenra idade, e, finalmente, Aquiles.

Peleu enviou seu filho e seu neto, Pirro ou Neoptólemo, à frente dos mirmidões, ao cerco de Troia. Consagrou ao Rio Espérquio a cabeleira de Aquiles, se este regressasse são e salvo à pátria. Sofreu a dor de tomar conhecimento da morte deste valente herói, e sobreviveu muitos anos à Guerra de Troia.

Em *Andrômaca*, de Eurípides, o velho Peleu aparece no tempo em que Menelau e Hermíona, sua filha, se preparam para fazer morrer Andrômaca; consegue salvá-la de suas mãos, depois de uma viva contestação, na qual os dois príncipes se atacam. Logo depois, tem notícia da trágica morte de seu neto Pirro, e fica desesperado a ponto de desejar ter sido sepultado nas ruínas de Troia. Tétis vem consolá-lo, e promete-lhe a divindade. Para isso, ordena ela que ele se retire para uma gruta das Ilhas Afortunadas, onde receberá Aquiles deificado. Além disso, promete-lhe que virá buscá-lo com cinquenta ninfas para o arrebatar, como seu esposo, ao palácio de Nereu, dando-lhe a qualidade de semideus.

Os habitantes de Pela, na Macedônia, ofereciam sacrifícios a Peleu. Acredita-se mesmo que, em épocas remotas, lhe imolavam, todos os anos, uma vítima humana.

Atamante

Atamante, filho de Éolo, neto de Deucalião, era rei de Tebas ou de Arcomene, na Beócia. Com Néfele, sua primeira mulher, teve um filho e uma filha, Frixo e Hele. Inspirada pelos furores de Baco, Néfele refugiou-se nas florestas. Atamante, depois de havê-la procurado inutilmente, casou com Ino, ou Leucoteia, filha de Cadmo, cujos maus tratos forçaram Frixo e Hele a fugir. Atamante, a quem Tisífone, por ordem de Juno, tornara furioso, começou a correr pelo palácio como um louco, gritando que via uma leoa e dois leõezinhos; arrancou dos braços de Ino, seu filho Learco, esmagando-o contra a parede.

Frixo e Hele

Frixo e Hele, sua irmã, filhos de Atamante e de Néfele, viviam em Tebas ou em Orcômene, no palácio de seu pai, alvos do ódio e da perseguição de Ino, segunda mulher de Atamante. Este ódio tinha por motivo o amor criminoso de Ino, desdenhada por Frixo.

Com a fome afligindo o reino, consultou-se o oráculo sobre os meios de fazê-la cessar. O oráculo respondeu que os deuses exigiam o sacrifício dos dois príncipes. Frixo e Hele foram destinados para servir de vítimas, mas tendo sido informados desse desígnio, resolveram fugir para longe da Grécia, logo que a ocasião se apresentasse. Já os conduziam ao sacrifício quando Néfele, sua mãe, metamorfoseada em nevoeiro, veio em seu socorro. Envolveu-os, subtraindo-os a todos os olhos, e deu-lhes um carneiro do Tosão de Ouro, no qual eles montaram, e os transportou da Europa para a Ásia.

Percorriam assim o estreito que separa a Trácia da Tróade, quando Hele, assustada com o barulho das ondas, caiu ao mar, que por essa razão se chamou Helesponto, isto é, "Mar de Hele".

Depois de ter tentado em vão todos os esforços para salvar sua irmã, Frixo continuou seu caminho. Exausto de cansaço, fez parar seu carneiro em um cabo habitado por bárbaros, vizinhos da Cólquida. Os habitantes dispunham-se a massacrá-lo, quando o carneiro acordou-o, sacudindo-o, e avisou-o, com voz humana, do perigo ao qual estava exposto. Frixo montou de novo, e dirigiu-se à Cólquida, atualmente Mingrélia, província da Ásia, que confina com o Mar Negro. Ali foi acolhido pelo rei Eetes, filho do Sol e de Persa, irmão de Circeu e de Pasífae, pai de Absirto e de Medeia; sacrificou o carneiro, segundo uns a Júpiter, segundo outros ao deus Marte, e dependurou o tosão em uma faia, num campo consagrado a Marte. Destinou-se para guarda um dragão que velava dia e noite; e para mais segurança, cercou-se o campo com touros furiosos, que tinham os pés de bronze e lançavam chamas pelas narinas.

Tendo Eetes feito assassinar Frixo, todos os príncipes da Grécia, informados dessa barbaridade e das precauções tomadas para guardar o precioso tosão, resolveram o extermínio do assassino, e combinaram reconquistar o Tosão de Ouro, o que foi executado por Jasão, acompanhado pelos argonautas.

Os Argonautas

Os argonautas são assim chamados por causa do navio Argo, no qual embarcaram para ir à Cólquida conquistar o Tosão de Ouro. Esse célebre navio, que transportou a fina flor da mocidade grega, chamou-se "Argo", quer por sua velocidade, pois a palavra grega *argos* significa "ágil", quer por causa de Argos, que fizera o seu desenho, ou pelos argivos, que nele embarcaram em maior número. Minerva presidira à sua construção. A madeira foi cortada do Monte Pelion, o que valeu ao navio o sobrenome de Peleias ou Pelíaca. O mastro foi feito do carvalho da floresta de

Dodona, o que fez dizer que o navio Argo pronunciava oráculos, e por isso lhe deram os epítetos de "facundo" e de "sagrado".

Julga-se que os argonautas eram em número de cinquenta e dois[31], não compreendidas as pessoas de seu séquito; Jasão, promotor da missão, foi também reconhecido como chefe. Os outros: Hércules; Acasto, filho de Pélias; Eurito, famoso centauro; Menécio, pai de Pátroclo; Admeto, rei da Tessália; Etálides, filho de Mercúrio; Anfiarau; Anfidamas e Cefeu; Arcádies, filho de Áleo; Anfion, filho de Hiperásio, rei de Paleno, na Arcádia; Tifis, da Beócia, piloto do navio; Anceu, filho de Netuno; Anceu, filho de Licurgo, rei dos Tegéates, na Arcádia; Argos, filho de Frixo; Castor e Pólux; Astério, da raça dos eólidas; Astério, irmão de Neleu; Augeu ou Augias, filho de Forbas, rei da Élida; Iolau, companheiro dos trabalhos de Hércules; Cálais e Zetes, filhos de Bóreas; Ceneu, filho de Elato; Clítio e Ífito, filhos de Eurito, rei de Ecália; Eumédon, filho de Baco e de Ariadne; Deucalião, filho do primeiro Minos; Equíon, filho de Mercúrio, que serviu de espião durante a viagem; Ergino e Eufeu, filhos de Netuno, que também exerceram as funções de piloto; Glauco, filho de Sísifo; Idas e Linceu, filhos de Afareu; Idmon, famoso adivinho, filho de Apolo; Iolau, primo de Hércules; Íficlo, filho de Téstio; Íficlo, pai de Protesilau; Laertes, pai de Ulisses; Linceu, filho de Afareu, que tinha uma vista muito poderosa; Meléagro, filho de Eneu, rei de Cálidon; Tideu, pai de Diomedes; Mopso, célebre adivinho; Butes, ateniense; Nauplio, filho de Netuno e de Amimone; Neleu e seu filho Periclímene; Oileu, pai de Ájax; Peleu, pai de Aquiles; Filamon, filho de Apolo e de Quíone; Teseu e seu amigo Pirítoo; e enfim, o poeta Orfeu.

Os argonautas embarcaram no Cabo de Magnésia, na Tessália, e abordaram junto à Ilha de Lemnos, então habitada por uma colônia de mulheres, talvez as Amazonas; de lá passaram à Samotrácia, onde consultaram o rei Fineu, filho de Agenor, que lhes prometeu, se quisessem livrá-lo das Harpias, fazê-los chegar sãos e salvos a Cólquida. Depois, entraram no Helesponto, costearam a Ásia Menor e desembocaram no Ponto Euxino, pelo Estreito dos Simplégades ou das Ilhas Cianeias.

Essas ilhas, ou antes, esses escolhos, situados à entrada do Ponto Euxino, não deixam entre eles senão um espaço de vinte estádios. As ondas do mar vão quebrar-se com ruído, e as brumas formam um nevoeiro que obscurece

---

31 No *Dicionário de Mitologia Greco-Latina*, de Tassilo Orpheu Spalding, são listados mais de oitenta argonautas. (N. do R.)

o céu. Horrorizados à vista desse estreito, os argonautas não tentaram a passagem senão depois de sacrifícios a Juno e a Netuno. Diziam que esses terríveis escolhos eram móveis, que se aproximavam uns dos outros, devorando os navios que tentavam passar. Netuno então impediu que eles se chocassem contra o navio Argo e os fixou para sempre.

Continuando seu curso, os argonautas seguiram pela costa da Ásia, e chegaram a Ea, capital da Cólquida, onde executaram sua missão. Arrebatado o Tosão de Ouro com o auxílio de Medeia, partiram eles para a Grécia, e foram perseguidos pelos Eetes; atravessaram o Ponto Euxino, entraram no Adriático por um braço do Danúbio, e chegaram ao Mar de Sardenha, pelo Erídano e pelo Ródano. Tétis e as suas ninfas dirigiram o navio grego através do Estreito de Caríbdis e Cila, e quando passaram à vista da ilha habitada pelas sereias, os acordes da lira de Orfeu preservaram-nos de seus sortilégios.

Em Corfu, antigamente *Feácia*, encontraram a frota da Cólquida que, tendo-os perseguido, através dos Simplégades, tinha ido intimar Alcino a entregar Medeia. O príncipe consentiu, caso ela não estivesse ainda unida a Jasão: o que determinou o casamento. Novamente se fizeram à vela, e foram atirados sobre os escolhos do Egito; salvos ali pela proteção dos deuses tutelares do país, carregaram o navio nos ombros até o Lago de Triton, na Líbia.

De novo começaram a navegar, e sua viagem foi interrompida pelo monstro Talo, gigante de pés de bronze, que desolava Creta. Esse gigante invulnerável, exceto um pouco acima dos calcanhares, opôs-se ao desembarque dos argonautas, lançando na baía grandes pedras cheias de matas, para defender a entrada. Medeia, com seus feitiços, fez com que ele rompesse uma veia, um pouco acima do lugar vulnerável, quando passeava na praia, causando-lhe a morte.

Finalmente, os argonautas desembarcaram em Egina e chegaram à Tessália. Jasão, seu chefe, consagrou o navio Argo a Netuno, ou, segundo outros, a Minerva, no Istmo de Corinto, de onde foi logo transportado ao céu, para ali tomar-se uma das constelações.

Jasão e Medeia

Jasão era filho de Éson e neto de Éolo, de Alcímede. Seu pai, rei de Iolcos, na Tessália, tendo sido destronado por Pélias, seu irmão por parte de mãe, o oráculo então predisse que o usurpador seria expulso por um filho de Éson. Por isso, desde que o príncipe nasceu, seu pai fez correr o boato de que a criança era doente. Poucos dias depois fez comunicar sua morte, fez todos os preparativos dos funerais, enquanto a mãe conduzia secretamente o filho ao Monte Pelion, onde o centauro Quíron lhe ensinou todas as ciências de que fazia profissão. Ensinou-lhe principalmente a Medicina, o que fez dar ao jovem príncipe o nome de Jasão (de uma palavra grega que significa "curar"), em vez do de Palamedes, que recebera ao nascer.

Aos vinte anos, querendo Jasão abandonar seu refúgio, foi consultar o oráculo, e recebeu dele a ordem de se vestir à maneira dos magnésios, de juntar às suas vestes uma pele de leopardo, semelhante à que usava Quíron, de se munir com duas lanças, e de ir com essa equipagem à corte de Iolcos, o que ele executou.

Em seu caminho, viu-se retido pelo Rio ou Torrente Anauro, que transbordara. Uma velha que ele encontrou à margem ofereceu-se para transportá-lo nos ombros. Era Juno, que alguns autores fazem tocada pela beleza do rapaz; outros pretendem que Juno não tinha mais do que afeição por Jasão, por ver nele o herói que devia vingá-la um dia de Pélias, quem ela odiava. Acrescenta-se uma circunstância à passagem do rio: a de ter Jasão perdido um dos sapatos. Esta particularidade minuciosa adquire um pouco mais de interesse, pois o oráculo, ao predizer a Pélias seu destronamento por um príncipe do sangue dos eólidas, acrescentara que se acautelasse contra um homem que aparecesse diante dele com um pé descalço e outro calçado.

Jasão, chegando a Iolcos, atrai a atenção de todo mundo por sua fisionomia agradável e pela singularidade de seu vestuário; dá-se a conhecer como filho de Éson e exige audaciosamente de seu tio a coroa que ele usurpara. Pélias, odiado por seus súditos, e tendo notado o interesse que o jovem príncipe inspirava, nada ousa empreender contra ele; e, sem recusar abertamente, procura frustrar o pedido de seu sobrinho e afastá-lo, propondo-lhe uma expedição gloriosa, mas cheia de perigos. Fatigado por sonhos horríveis, fizera ele consultar o oráculo de Apolo, e soube que era preciso apaziguar os manes de Frixo, descendente de Éolo, cruelmente massacrado na Cólquida, e reconduzi-los à Grécia; mas sua avançada idade é um obstáculo a tão longa jornada. Jasão está na flor da juventude. Seu dever é a glória; o chamam e Pélias jura por Júpiter, autor de sua raça, que a seu regresso lhe entregará o trono que lhe pertencia. Com esta fala e suas exortações, acrescenta que Frixo, obrigado a afastar-se de Tebas, levou consigo um tosão precioso, cuja conquista deve cumulá-lo ao mesmo tempo de riqueza e honrarias.

Jasão estava na idade em que se ama a glória, e avidamente valeu-se dessa ocasião para conquistá-la. Sua expedição é anunciada em toda a Grécia; a elite dos heróis e dos príncipes de toda a parte se dirige a Iolcos, para nela tomar parte. Jasão escolheu cinquenta e dois entre os mais famosos, ou cinquenta e quatro segundo outros; Hércules mesmo se junta a eles e defere a Jasão a honra de ser seu chefe, como àquele a quem mais de perto interessava a expedição, sendo parente próximo de Frixo.

Quando tudo estava pronto para a viagem, Jasão, antes de se fazer à vela, ofereceu um sacrifício solene ao deus Éolo, autor de sua raça, e a todas as divindades que podiam ser favoráveis à sua missão. Júpiter prometeu, pela voz de seu trovão, auxílio a essa tropa de heróis.

A navegação foi longa e perigosa. Em Lemnos, onde arribou, dois anos foram perdidos, enquanto Jasão permanecia apaixonado pela rainha Hipsípile. Enfim, os Argonautas chegam a Ea, capital da Cólquida, e Jasão se dispõe a vencer todos os obstáculos para obter o Tosão de Ouro. Juno e Minerva, que favoreciam o herói, tornam a filha do rei Eetes, Medeia, apaixonada pelo jovem príncipe. Ela possui a arte dos encantamentos, e promete seu socorro a Jasão, se este lhe jurar fidelidade. Depois de juramentos mútuos diante do templo de Hécate, eles se separam, e Medeia vai preparar tudo que lhe é necessário para salvar seu amado.

Eis quais eram as condições que Eetes exigia para transmitir a Jasão o Tosão de Ouro: em primeiro lugar, devia subjugar dois touros, presente de Vulcano, de pés e cornos de bronze, que vomitavam turbilhões de fogo; devia atrelá-los a uma charrua de diamantes, e fazê-los arrotear quatro medidas de um campo consagrado a Marte, para aí semear os dentes de um dragão dos quais deviam nascer homens armados, que era preciso exterminar até o último; finalmente, devia matar o monstro que velava sem cessar pela conservação do precioso depósito, e executar todos esses trabalhos em um só dia.

Certo do socorro de Medeia, Jasão tudo aceita: aprisiona os touros, mete-os sob o jugo, lavra o campo, semeia os dentes do dragão, atira uma pedra no meio dos combatentes que a terra produziu, excita-lhes de tal modo o furor que eles se matam uns aos outros, adormece o monstro com ervas encantadas e uma beberagem mágica, mata-o, e arrebata o precioso tosão.

Os argonautas se afastam com a sua conquista, e Jasão, que com eles foge, leva Medeia. Perseguidos em sua fuga, os dois amantes estrangulam Absirto, irmão de Medeia, e semeiam seus membros esparsos para retardar a marcha do rei Eetes. Circe os espia, sem reconhecê-los, reconhece-os e os expulsa. Chegam à corte de Alcino, rei dos feaces, onde se celebra o seu casamento. Os argonautas terminam sua expedição, dispersam-se, e os esposos se dirigem a Iolcos com a glória de terem triunfado em uma missão na qual Jasão devia naturalmente morrer. Eson, pai do herói, estava velho; Medeia o rejuvenesceu.

Pélias, entretanto, não se apressava em cumprir a promessa, e conservava o trono que tinha usurpado. Medeia encontrou ainda meios para desembaraçar seu esposo, fazendo trucidar Pélias por suas próprias filhas, sob pretexto de rejuvenescê-lo. Diante delas matou um velho carneiro, cortou-o em pedaços, atirou-os a uma caldeira, fê-los ferver com algumas ervas, retirou-os, e os transformou em um cordeirinho tenro. Propôs fazer a mesma experiência na pessoa do rei; mas a pérfida deixou-o na caldeira de água fervendo até que o fogo o tivesse inteiramente consumido, de maneira que suas filhas nem sequer puderam dar-lhe sepultura. Essas infelizes, que se chamam Asterópia e Antenoé, refugiaram-se na Arcádia, onde terminaram os dias entre lágrimas e lamentações. Esse crime não restituiu a Jasão sua coroa. Acasto, filho de Pélias, apoderou-se dela, e obrigou seu rival a abandonar a Tessália e a retirar-se para Corinto com Medeia. Nessa cidade, encontraram amigos e uma fortuna tranquila, ali vivendo dez anos na mais perfeita união, da qual dois filhos foram os laços, até que essa calmaria foi perturbada pela infidelidade de Jasão. Esse príncipe, esquecendo os deveres que tinha para com sua esposa e os juramentos que lhe fizera, apaixonou-se por Glauce, ou Creusa, filha de Creonte, rei de Corinto, e desposou-a, repudiando Medeia.

A vingança seguiu de perto à injúria; a rival, o rei, seu pai e os dois filhos de Jasão e de Medeia foram as vítimas. Segundo velhas poesias, não foi em Corinto, mas em Corcira que Jasão havia se refugiado.

Depois da retirada de Medeia e da morte do rei de Corinto, seu protetor, Jasão levou uma vida errante, sem estabelecimento fixo. Medeia lhe predissera que, depois de haver vivido para sentir o peso de seu infortúnio, pereceria sob os restos do navio dos argonautas, o que efetivamente aconteceu. Um dia, em que repousava ele à beira-mar, ao abrigo desse navio encalhado, uma viga despregada lhe esmagou a cabeça.

Depois da infidelidade de Jasão, Medeia saiu de Corinto em um carro conduzido por dragões, e foi refugiar-se na casa de Hércules, que outrora lhe prometera auxílio se Jasão faltasse à fé jurada. Chegando a Tebas, encontrou Hércules, que estava furioso, e o curou com seus remédios. Vendo, porém, que nenhum socorro poderia dele esperar no estado em que se achava, dirigiu-se a Atenas, para a corte do rei Egeu, que não só lhe deu asilo em seus Estados, mas a desposou, na esperança de fundar uma florescente família. Nesse ínterim, estando Teseu de volta a Atenas para se fazer reconhecer por seu pai, Medeia procurou fazê-lo perecer, envenenando este herdeiro do trono. Vendo que em toda parte a olhavam com desconfiança, como uma envenenadora, fugiu de Atenas e escolheu a Fenícia como refúgio. Em seguida, passou à Ásia superior, onde casou-se com um rei poderoso de quem teve um filho chamado Midas. Este filho, tornado rei por seu turno, deu aos seus súditos o nome de "Medes".

Muitos autores representam Medeia sob cores diferentes. Essa filha de Eetes de Hécale, dizem eles, era uma princesa virtuosa; seu grande erro foi seu amor por Jasão que a abandonou covardemente, apesar das provas que tinha de seu afeto, para casar-se com a filha de Creonte; mas só empregava os segredos que aprendera com sua mãe, para o bem daqueles que a iam consultar. Na Cólquida, não se ocupava senão de salvar os estrangeiros que o rei queria matar; e de lá fugiu porque tinha horror das crueldades de seu pai. Rainha abandonada, obrigada a vagar de corte em corte, a procurar asilo em países longínquos, não foi culpada senão pela fatalidade, pelo concurso dos deuses, sobretudo de Vênus, que perseguiu sem descanso a toda raça do Sol que tinha descoberto seus amores com Marte.

As aventuras dos argonautas forneceram assunto a dois poemas, um grego, de Apolônio de Rodes, o outro latino, de Valérius Flaccus; as de Jasão e Medeia inspiraram os poetas trágicos, entre outros Eurípides e Corneille.

Hipsípile

Hipsípile era filha de Toas, rei da Ilha de Lemnos, e de Mirina. Tendo as mulheres de Lemnos faltado com respeito a Vênus, e se descuidado de seus autores, essa deusa, para castigá-las, tornou-as odiosas e insuportáveis aos seus maridos, que as abandonaram. Ofendidas com essa afronta, formaram uma conspiração contra todos os homens da ilha, e os degolaram em uma noite. Apenas Hipsípile conservou a vida de seu pai, e fê-lo passar secretamente para a Ilha de Quio. Depois do massacre dos homens, ela foi eleita rainha de Lemnos.

Por essa época, os argonautas, que se dirigiam para a Cólquida, retardaram-se nessa ilha, onde Jasão, seu chefe, apaixonou-se pela rainha, e só a deixou depois de ter prometido voltar após a conquista do Tosão de Ouro. Seduzido, porém, por Medeia, Jasão não se lembrou mais de Hipsípile, e esta princesa ficou inconsolável de tanta ingratidão.

Logo depois, teve ela outra mágoa. Os lemnianos, tendo sabido que o rei Toas, poupado por sua filha, reinava na Ilha de Quio, obrigaram Hipsípile a depor a coroa e a fugir. A fugitiva escondeu-se na praia, mas aí foi aprisionada pelos piratas, e em seguida vendida a Licurgo, rei da Nemeia, que a empregou como ama de seu filho Arquêmoro.

Um dia, tendo deixado a criança ao pé de uma árvore, sobre um feixe de plantas silvestres, para ir mostrar uma fonte a uns estrangeiros, ao regressar encontrou-a morta por uma serpente. Licurgo quis matá-la, mas os estrangeiros que não eram outros senão Adrasto, rei de Argos, e os príncipes argivos, tomaram sua defesa e lhe salvaram a vida. A criança teve pomposos funerais.

Em memória desse acidente, a fonte tomou o nome de "Arquemor", e se instituíram, dizem alguns autores, os Jogos Nemeus, que se celebravam de três em três anos, nos quais os vencedores se coroavam de aipo e tomavam luto. Sabe-se que, segundo outros, esses jogos se celebravam em honra de Hércules, vencedor do Leão de Nemeia. Sobre a origem desses jogos, como era geral sobre a de todos os jogos da Grécia, a tradição é incerta.

Orfeu

Orfeu era filho de Eagro, rei de Trácia, e da musa Calíope, ou, segundo outros, filho de Apolo e de Clio, pai de Museu, e discípulo de Lino. Músico hábil, cultivou sobretudo a cítara, que recebera como presente de Apolo ou de Mercúrio; acrescentou mesmo a esse instrumento duas cordas às sete que já possuía. Seus acordes eram tão melodiosos, que Orfeu encantava até os seres insensíveis. Os animais ferozes acorriam a seus pés para depor sua ferocidade; os pássaros pousavam nas árvores dos arredores; os ventos sopravam do lado em que ele estava; os rios suspendiam seu curso e as árvores formavam coros de dança; alegorias ou exagerações poéticas exprimem a perfeição de seus talentos, ou da arte maravilhosa que ele soube empregar para suavizar os costumes ferozes dos trácios, e fazê-los passar da vida selvagem às doçuras da vida civilizada. Sua reputação de sábio e de poeta inspirado pelos deuses se espalhara em todo o mundo antigo, desde o tempo dos argonautas, que se honraram em associá-lo à sua expedição. Seu pai, Eagro, o havia iniciado nos mistérios de Baco, e ele se dedicou a estudar a origem, a história e os atributos de todas as divindades; tornou-se mesmo uma espécie de pontífice qualificado para oferecer aos deuses as honras que eles preferiam. Não contente de penetrar os mistérios da religião grega, empreendeu longas viagens, e habitou algum tempo o Egito para se fazer instruir nas crenças e nas práticas religiosas de diferentes povos.

Diz-se que foi ele quem, de volta do Egito, levou à Grécia a expiação dos crimes, o culto a Baco, a Hécate-Ctônia, ou Terrestre, e a Ceres, assim como os mistérios chamados "órficos". Quanto a ele, abstinha-se de comer carne, e tinha horror ao uso dos ovos, persuadido de que o ovo era o princípio de todos os seres, axioma de cosmogonia que aprendera entre os egípcios.

É célebre a sua descida aos Infernos. Sua noiva, Eurídice, quem ele amava apaixonadamente, tendo morrido no dia das bodas, julgou dever ir procurá-la mesmo entre os mortos. Tomou sua lira, desceu pelo Tênaro, às margens do Estige, domou pela doçura de seu canto as divindades infernais, tornou-as sensíveis às suas dores, e obteve delas a volta à vida de sua noiva. Plutão e Prosérpina, porém, impuseram uma condição, isto é, que ele não a olhasse antes de haver passado os limites dos Infernos. Dirigia-se Orfeu para as saídas das moradas infernais por um caminho em declive, e Eurídice caminhava atrás dele; já os namorados quase alcançavam as portas do mundo, quando, impaciente por ver aquela que o seguia, e esquecendo a proibição que lhe fora feita, o desgraçado amante se voltou. Viu Eurídice, mas pela última vez: ela se esquivou aos seus abraços, e recaiu nos abismos para sempre.

Os deuses não lhe permitiram uma nova descida aos Infernos, e ele retirou-se para a Trácia, onde não cessava de chorar e de cantar sua desgraça, acompanhando-se com a lira. Em vão as mulheres do país tentaram consolá-lo; fiel ao amor de Eurídice, ele repeliu ou desdenhou toda consolação. Conta-se finalmente que, na celebração de suas orgias, as trácias o fizeram em pedaços, e jogaram sua cabeça no Hebro, rio de seu país. Mesmo então, diz a fábula, quando as águas do rio arrastavam essa cabeça em sua rápida corrente, os lábios de Orfeu chamavam por Eurídice, e esse nome era repetido pelo eco das duas margens.

Acrescenta Ovídio que a cabeça de Orfeu, arrastada pelo rio até o mar, parou perto da Ilha de Lesbos, continuando a murmurar tristes e lúgubres sons. Uma serpente quis mordê-la, mas no momento em que abria a goela, Apolo transformou-a em rochedo, e a deixou na atitude de uma serpente prestes a morder.

Tendo ficado impune o crime das mulheres da Trácia, o céu assolou o país com uma peste; o oráculo consultado respondeu que, para fazer cessar o flagelo, era mister encontrar a cabeça de Orfeu e render-lhe honras fúnebres. Enfim, um pescador encontrou-a na embocadura do Rio Meles, na Iônia, sem nenhuma alteração, conservando seu frescor e beleza. Em seguida, construiu-se nesse local um templo, onde Orfeu foi honrado como um deus; mas a entrada desse templo foi sempre interdita às mulheres.

Os habitantes de Dium, cidade da Macedônia, pretendiam que a cena do assassinato de Orfeu tivera lugar em suas paragens, e mostravam seu túmulo perto da cidade.

Atribui-se a Orfeu um certo número de hinos e de poesias, dos quais seguramente não é o autor. Os Licômidas, família ateniense, sabiam-nos de cor, e os cantavam celebrando seus mistérios. Diz-se que Orfeu foi o inventor do verso hexâmetro.

Representam-no ordinariamente com uma lira, cercado de animais ferozes que são atraídos por seus acordes melodiosos.

LENDAS ARGIVAS

Belerofonte

Belerofonte era filho de Glauco, rei de Efira, ou Corinto, e de Eurímedes, filha de Sísifo. Seu verdadeiro nome, Hipónoo (de *hippos*, cavalo, e *nous*, inteligência) foi-lhe dado pois foi ele o primeiro a adestrar o cavalo e o conduzir com auxílio da brida. Segundo certos mitólogos, o nome pelo qual é conhecido lhe veio de Beleros, a quem matara, (de *foneus*, ou *foneutes*, assassino).

Tendo tido pois a desgraça de matar em uma caçada a seu irmão Belero, ou Pirreno, foi refugiar-se na corte de Preto, ou Proclo, rei de Argos. Anteia, ou Estenobeia, mulher desse príncipe, tendo-se apaixonado pelo jovem herói e encontrando-o insensível, acusou-o diante de seu marido de ter querido seduzi-la. O rei, para não violar os direitos da hospitalidade, enviou-o à Lícia, com cartas dirigidas a Iobates, rei desse país e pai de Estenobeia, nas quais dava informações da injúria recebida, e lhe suplicava vingança.

O rei Iobates acolheu-o hospitaleiramente; os nove primeiros dias de sua chegada passaram-se em festas e festins; no décimo dia, porém, tendo o rei de Lícia aberto as cartas de que seu hóspede fora portador, deu-lhe ordens para ir combater a Quimera, monstro filho de Tífon e de Equidna, e criado por Amisodar. Tinha ela a cabeça de leão, a cauda de dragão e o corpo de cabra; sua goela hiante vomitava turbilhões de flama e fogo. Belerofonte venceu-a e exterminou-a. Incitaram-lhe uma infinidade de inimigos, dos quais triunfou, assim como de todos os perigos. Venceu o povo dos sólimos, as Amazonas e os lícios. Foi então que Iobates, reconhecendo a inocência de Belerofonte e a proteção especial com que o céu o honrava, deu-lhe a filha em casamento e o declarou seu sucessor.

No fim da vida, tendo atraído sobre si o ódio dos deuses, entregou-se à mais sombria melancolia, vagando só nos desertos e evitando o encontro dos homens.

Outros contam diferentemente a história desse herói. É esta, pelo menos, a narrativa de Homero. Minerva, dizem, lhe deu o cavalo Pégaso para combater a Quimera. O príncipe, montado sobre esse ginete alado, o coração orgulhoso por tantos triunfos, tendo querido elevar-se até os céus, um moscardo enviado por Júpiter picou seu cavalo e derrubou o cavaleiro, que morreu na queda.

Acrescenta-se que Belerofonte, descontente com Iobates, que o expusera a tantos perigos, pediu a Netuno, seu avô, que o vingasse. À sua prece, as ondas do mar o acompanharam e inundaram o país. Os lícios, alarmados, pediram-lhe que acalmasse Netuno, mas em vão. Só as mulheres conseguiram abrandá-lo. Então, ele voltou-se para o mar e fez retirar as ondas.

Nas moedas antigas vê-se Belerofonte com Pégaso. Havia em Corinto um bosque de ciprestes, chamado Craneu, onde uma parte era consagrada ao herói. Era ali que iam os coríntios solenemente render-lhe homenagens. Também o honravam à margem de sua fonte de Pirene, em memória do cavalo alado, Pégaso, que estava bebendo dessa fonte fresca quando, de surpresa, Belerofonte segurou-o e o montou para ir combater a terrível Quimera.

Io

Segundo Ovídio, Io era filha do Rio Ínaco; segundo outros, de Ínaco, primeiro rei de Argos, ou mesmo de Tríopas, sexto sucessor de Ínaco. Júpiter apaixonou-se por essa princesa, e, para evitar o furor de Juno, ciumenta dessa intriga, cobriu-a com uma nuvem e transformou-a em uma vaca. Juno, suspeitando um mistério, impressionou-se com a beleza do animal, e pediu-o a Júpiter. O deus, não ousando recusar-lhe com medo de aumentar suas suspeitas, satisfez seu desejo e ela o entregou aos cuidados de Argos de cem olhos. Depois que Mercúrio matou esse guarda vigilante e libertou Io, Juno, irritada, enviou uma Fúria, ou, segundo outros, um moscardo, para perseguir a infeliz princesa. Io ficou tão perturbada que atravessou o mar a nado, foi a Ilíria, passou o Monte Hemus, chegou a Cítia e ao país dos cimérios; depois de ter errado em muitos países, parou às margens do Nilo, onde Júpiter lhe restituiu a primeira forma, depois de haver abrandado Juno. Foi ali que ela pôs no mundo Épafo, e pouco tempo depois morreu.

Épafo, desde que nasceu, foi arrebatado pela ciumenta Juno, que o entregou aos cuidados dos Curetes, o que, tendo vindo ao conhecimento de Júpiter, foi motivo para que ele matasse os dois.

Preto e os Prétidas

Preto, irmão de Acrísio, destronado por seu irmão, refugiou-se na corte de Iobates, rei da Lícia, seu sogro, com cujo auxílio subiu ao trono de Argos. Esse príncipe, que casara com Estemobeia, foi morto por Perseu, por haver usurpado a Acrisio o trono de Argos; Megapento, seu filho, vingou-o, matando Perseu.

As prétidas, ou filhas de Preto, tendo ousado comparar sua beleza à de Juno, foram punidas com uma loucura que as fazia crer que tinham sido transformadas em vacas, e percorriam pelos campos soltando mugidos. Melampo, filho de Amition e sobrinho de Jasão, médico muito hábil, curou-as com o eléboro negro, chamado mais tarde pelo seu nome "Melampodium", e desposou uma delas. As três prétidas chamavam-se Ifianissa, Ifínoe e Lísipa. Essa cura realizou-se em praça pública, onde Preto, seu pai, fez construir um templo dedicado à Persuasão, como prova de que as palavras de Melampo tinham sido tão úteis a essa cura como o socorro da Medicina. O heléboro, planta que abunda no Hélicon, era preparado sobretudo em Anticira, cidade da Fócida.

Sobre Melampo conta-se uma história singular. Um dia em que estava dormindo, algumas serpentes domesticadas limparam-lhes as orelhas com as línguas, e ele, ao despertar, ficou muito admirado de entender a linguagem de todos os animais.

Perseu, filho de Dânae

Dânae, filha de Acrísio, rei de Argos, foi presa muito jovem por seu pai em uma torre de bronze, pois um oráculo anunciara a este que seu neto devia um dia tirar-lhe a coroa e a vida; mas Júpiter transformou-se em uma chuva de ouro, e tendo conseguido introduzir-se na torre, fez Dânae mãe de Perseu.

Tendo Acrísio sabido do nascimento da criança, fez expor a mãe e seu filho ao mar, em uma barca frágil, ou em um cofre que as ondas felizmente impeliram para as costas da Ilha de Sérifos. Um pescador, que o percebeu, abriu o cofre, encontrou os dois infortunados ainda vivos e levou-os imediatamente ao rei Polidectes, que os recebeu muito bem, e tomou conta da educação do jovem príncipe.

Mais tarde, Polidectes, apaixonado por Dânae e querendo desposá-la, procurou afastar o filho. Foi por isso que ordenou que ele fosse combater as górgonas e que lhe trouxesse a cabeça de Medusa. Perseu, amado pelos deuses, recebeu para o êxito dessa expedição, de Minerva, o broquel e o espelho; de Plutão o capacete e de Mercúrio as asas e os tacões. Graças a essa armadura divina e também sua valentia, venceu as górgonas e cortou a cabeça de Medusa.

Com receio de ser petrificado pelos olhos de Medusa, colocou diante de si o espelho da deusa, e sua mão, conduzida por Minerva, fez cair a cabeça da górgona, que desde então trouxe consigo em todas as expedições. Dela se servia para petrificar os inimigos.

Do sangue que saiu da ferida de Medusa, quando sua cabeça foi cortada, nasceram Pégaso e Crisaor; e quando Perseu voou sobre a Líbia, todas as gotas de sangue que rolaram dessa fatal cabeça transformaram-se em outras tantas serpentes.

Desde que Pégaso, cavalo alado, viu a luz, voou para a morada dos imortais, para o próprio palácio de Júpiter, de quem, mais tarde, conduziu os raios e os relâmpagos. Foi domado por Minerva. Desde então obedeceu a essa deusa, que às vezes o pôs a serviço de seus favoritos.

Crisaor, no momento em que nasceu, tinha uma espada de ouro na mão, de onde lhe veio o nome (de *crisos*, ouro, e *aor*, espada). Casou com Calírroe, filha do Oceano e de Tétis, de cuja união nasceram Equidna, metade serpente, metade ninfa, Quimera, outro monstro, e o gigante Gerião. A essa monstruosa família pertenciam Tifão, outro gigante, o cão Cérbero, a Esfinge, a Hidra de Lerna e outros.

Perseu, montado sobre o Pégaso que Minerva lhe emprestava, através dos ares transportou-se à Mauritânia, onde reinava o célebre Atlas. Este príncipe, que tinha sido advertido por um oráculo para ter-se em guarda contra um filho de Júpiter, recusou ao herói os direitos da hospitalidade. Imediatamente, porém, foi punido: a cabeça de Medusa, que Perseu lhe mostrou, petrificou-o e transformou-o nesta cadeia de montanhas que hoje tem seu nome.

A Perseu, como a Hércules, atribui-se a honra de haver roubado as maçãs de ouro do Jardim das Hespérides.

Da Mauritânia, passou ele à Etiópia. Ali, Andrômeda, filha do rei Cefeu e de Cassíope, tivera a temeridade de disputar o prêmio de beleza a Juno e às nereidas. Netuno, para vingar a deusa, instigou um monstro marinho que assolasse o país. O oráculo de Ámon, consultado sobre os meios de apaziguar os deuses, respondeu que era preciso expor Andrômeda ao furor do monstro. A jovem princesa foi amarrada em um rochedo pelas nereidas, e o monstro, saindo do mar, estava prestes a devorá-la, quando Perseu, montado no Pégaso, matou-o ou petrificou-o, quebrou as correntes de Andrômeda, entregou-lhe a seu pai, e tornou-se seu esposo. A cerimônia das núpcias foi, porém, perturbada pelo ciúme de Fineu, irmão de Cefeu. Esse príncipe, a quem Andrômeda tinha sido prometida em casamento, reuniu todos os seus amigos, entrou com eles na sala do banquete, provocando uma horrível carnificina. Perseu teria sucumbido ao número dos inimigos, se não tivesse recorrido à cabeça de Medusa, cuja visão petrificou Fineu e seus companheiros.

Depois voltou à Grécia com a jovem princesa. Ainda que tivesse motivos de queixa contra o seu avô Acrísio, que quisera matá-lo desde seu nascimento, não deixou de restabelecê-lo em seu trono de Argos, de onde Preto o expulsara, e matou o usurpador. Pouco tempo depois, porém, teve a desgraça de matar Acrísio com um disco, nos jogos que se celebravam nos funerais de Polidectes. Esse acidente lhe causou tão viva dor, que abandonou a morada de Argos, e foi construir uma nova cidade da qual fez a capital dos seus Estados, chamada Micenas, cinquenta estádios ao norte de Argos.

Diz-se também que ele causou a morte de Polidectes. Um dia, em que num festim este quis ultrajar a Dânae, Perseu não encontrou meio mais rápido para defender sua mãe, e apresentou a cabeça de Medusa ao rei, que imediatamente ficou petrificado.

Retirando-se para Micenas, cedeu generosamente o trono de Argos a Megapente, filho de Preto, esperando assim fazer as pazes com ele. Mas o príncipe foi insensível a esses benefícios; preparou-lhe embustes, e fê-lo morrer com o ressentimento de haver matado Preto, seu pai. Honrado em Argos, em Micenas, em Serifo, no próprio Egito, onde tinha tido um templo, esse herói foi colocado no céu entre as constelações setentrionais, com Andrômeda, sua esposa, Cassíope e Cefeu.

Dânao e as Danaides

Dânao, príncipe egípcio, após tentar usurpar a coroa a seu irmão Egito, foi obrigado a fugir da pátria. Refugiou-se no Peloponeso, expulsou de Argos o rei Esteleno, filho de Perseu e de Andrômeda, e se apoderou do reino. Dânao tinha cinquenta filhas, e seu irmão Egito cinquenta filhos. Este, ciumento do poder de seu irmão, e receando vê-lo crescer ainda mais, se com o casamento de suas filhas contratasse numerosas alianças com os príncipes da Grécia, quis dar por esposas a seus filhos suas primas-irmãs. Enviou-os, pois, a Argos, à frente de um exército, para apoiar o seu pedido.

Dânao, demasiadamente fraco para resistir, consentiu no casamento de suas cinquenta filhas com seus cinquenta sobrinhos, mas sob a condição secreta de que as danaides, armadas de um punhal oculto entre suas vestes, massacrassem seus maridos na primeira noite de suas núpcias.

O projeto se executou, e apenas Hipermnestra poupou Linceu, seu marido. Júpiter, para punir essas jovens cruéis, condenou-as a encherem pela eternidade, no Tártaro, um tonel furado.

Hipermnestra, que tivera horror em executar a ordem de seu pai, apesar de ter jurado cumpri-la, foi lançada à prisão por Dânao, que queria fazê-la morrer como culpada de traição. Denunciou-a à justiça, mas foi absolvida pelos argivos. Em lembrança desse julgamento, Hipermnestra consagrou a Vênus uma estátua sob o nome de "Nicéfora" (que dá a vitória). Mais tarde, Linceu veio a ser o sucessor de Dânao.

Tal é o fundo da lenda das Danaides, mas os poetas estão longe de aceitá-la unanimemente. Segundo uma crença antiga, Argos era de alguma sorte a mãe-pátria dos reis do Egito, pois a casa de Dânao saíra de Io, que era argiva. Tendo saído do Egito com seu pai, para evitar o casamento desejado por Egito, as danaides foram favoravelmente acolhidas por Pelasgo, rei de Argos. Sua chegada a Argos forneceu o tema da tragédia de Ésquilo, intitulada *As Suplicantes*.

Segundo Estrabão, o castigo fabuloso que é infligido às danaides nos Infernos não é senão uma alegoria puramente histórica. Essas princesas, vindas do Egito para Argos, ali levaram o costume de canalizar a água das fontes e das ribeiras, como em seu país. Fizeram-se muitas cisternas e poços, e graças à invenção das bombas, que lhes é atribuída, os argivos tiveram fontes inesgotáveis, manadas por bem dizer, pelas danaides.

OS PELÓPIDAS

Pélops

Pélops, filho de Tântalo, rei da Líbia, tendo sido obrigado a sair de sua pátria por causa da guerra que Tros lhe declarara, para vingar a morte de seu filho Ganimedes, ou, segundo outros, por causa dos terremotos de que o país era afligido, retirou-se para a Grécia, para a corte de Enômao, rei de Pisa, que o recebeu com bondade.

Esse rei, pai de Hipodâmia, jurara não dar a filha em casamento senão àquele dos pretendentes que o vencesse na corrida de carros. O vencido pagaria com a morte a derrota. Possuindo um carro e cavalos rápidos, conduzidos por Mirtilo, o mais hábil dos cocheiros, Enômau estava certo de ser sempre o vencedor. Se ele impôs uma condição tão dura ao casamento de sua filha, é que um oráculo lhe predissera que seu genro seria a causa de sua morte. Queria ele desfazer-se dos pretendentes. Armado de todas as peças, subia em seu carro, deixando seu concorrente partir, e como o superava sempre em rapidez, perseguia-o e o atravessava com a lança ou a espada, sem deixá-lo atingir a meta.

Treze pretendentes já tinham sido vencidos e mortos por Enômao, quando Pélops se apresentou ao concurso: graças à cumplicidade do cocheiro Mirtilo, que serrou em parte o eixo do carro de Enômao antes da corrida, não teve muito trabalho em vencê-lo. O carro partiu-se logo, Enômao morreu na queda, e Pélops vitorioso agora era possuidor de Hipodâmia e rei de Pisa.

A essa cidade, reuniu ele a de Olímpia e muitos outros territórios, aumentando seus Estados, aos quais deu o nome de Peloponeso (ilha, mas na realidade península, de Pélops).

Ovídio conta sobre Pélops a seguinte fábula: "Tendo os deuses ido alojar-se na casa de Tântalo, esse príncipe, para pôr à prova sua divindade, fez-lhes servir o corpo de seu filho, misturado com outras carnes. Ceres, um pouco mais gulosa que os outros, já tinha comido uma espádua, quando Júpiter descobriu o crime, restituiu a vida a Pélops, deu-lhe um ombro de marfim para substituir o que Ceres comera, e precipitou seu pai no fundo do Tártaro".

Atreu e Tiestes

Atreu, filho mais velho de Pélops e de Hipodâmia, sucedeu a Euristeu, rei de Argos, com cuja filha Erope se casara. Tiestes, seu irmão, devorado por uma ambição a que se aliava uma natureza feroz inclinada ao crime, opôs-se a que os Estados de Pélops ficassem como partilha de Atreu.

A felicidade do império e a prosperidade da família estavam ligadas à posse de um carneiro de Tosão de Ouro que Mercúrio havia dado a Pélops; Tiestes, por seus ardis, conseguiu roubá-lo. A esta injúria juntara um sangrento ultraje, corrompendo Erope, mulher de Atreu. Escapou, pela fuga, aos furores de seu irmão; mas não conseguindo levar consigo os filhos, muito receava por eles. Por intermédio de seus amigos, mandou fazer propostas para regressar, e Atreu, tendo fingido consentir, para tornar sua vingança mais cruel e ruidosa, permitiu que Tiestes voltasse ao reino, sendo iludido pelas aparências de uma verdadeira reconciliação.

Atreu ordenara um banquete solene em que os dois irmãos deviam jurar uma recíproca amizade, mas este príncipe, tendo feito esquartejar os filhos de Tiestes, fê-los cortar em pedacinhos e os serviu ao próprio pai. Quando, ao fim da refeição, fizeram aos deuses as libações de costume, os dois irmãos prometeram, tomando o céu por testemunha, o esquecimento de todo o passado, e então, tendo Tiestes pedido para abraçar seus filhos, Atreu fez trazer uma bacia com suas cabeças, pés e mãos. Conta-se que o sol se escondeu para não aclarar tão bárbara ação.

Tiestes, louco de raiva, não respirando senão vingança, encontrou em um filho que lhe restava o instrumento próprio para servi-lo. Esse filho, fruto de um amor culpado, tinha sido abandonado, e finalmente reconhecido por Tiestes: chamava-se Egisto. Não desmentia ele sua origem, pois tamanha era sua ferocidade. Tendo sido encarregado de matar Atreu, escolheu o momento de um sacrifício para assassiná-lo. Depois desse crime, Tiestes subiu ao trono de Argos.

Seus sobrinhos, Agamenon e Menelau, filhos de Plístenes, outro filho de Pélops, tinham sido educados por Atreu e vivido na sua corte. Retiraram-se para a corte de Enômao, rei de Ecália, que os casou com duas filhas de Tíndaro, rei de Esparta, Clitemnestra e Helena, irmãs de Castor e Pólux. Com o auxílio de seu sogro, marcharam contra Tiestes, mas este não os esperou: para evitar um justo castigo, fugiu para a Ilha de Citera.

OS TINDÁRIDAS

Tíndaro e Leda

Tíndaro, filho de Ébalo, rei de Esparta, e de Gorgófona, filha de Perseu e de Andrômeda, devia naturalmente suceder a seu pai, mas Hipocoonte, seu irmão, disputou-lhe a coroa, e obrigou-o a retirar-se para Messena, até que foi restabelecido o trono por Hércules. Casou-se com Leda, filha de Téstio, rei da Etólia. Esta princesa foi amada por Júpiter, que, para ter bom êxito em seus amores, tomou a forma de um cisne, teve quatro filhos, encerrados, segundo a fábula, em dois ovos divinos. Um desses ovos continha Pólux e Helena, considerados como nascidos de Júpiter e por conseguinte imortais; o outro continha Castor e Clitemnestra, ambos mortais, como tendo nascido de Tíndaro.

Segundo uma outra tradição, Leda era o apelido de Nêmesis, a implacável deusa da vingança e do castigo. Dando a Helena essa deusa por mãe, os poetas quiseram sem dúvida exprimir os pesares que sua beleza lhe causou, e a vingança cruel que ela atraiu sobre os troianos e a família de Príamo.

Castor e Pólux

Castor e Pólux são muitas vezes designados sob a denominação comum de Dióscuros, isto é, Filhos de Júpiter (de *kouroi*, homens jovens, e *dios*, de Zeus). Desde que nasceram, Mercúrio os transportou a Paleno, para lá serem alimentados e educados. Os dois irmãos se uniram com uma estreita amizade, e sua primeira missão foi livrar o Arquipélago dos piratas que o infestavam, o que fez com que fossem considerados como deuses marinhos e invocados nas tempestades. Seguiram Jasão à Cólquida e tomaram parte ativa na conquista do Tosão de Ouro. De volta à pátria, retomaram sua irmã Helena, raptada por Teseu, apoderando-se da cidade de Afidna, cujos habitantes pouparam, à exceção de Etra, mãe daquele herói, que foi levada como cativa.

Entretanto, o amor fê-los cair no mesmo erro que eles tinham querido castigar na pessoa de Teseu. Leucipo, irmão de Tíndaro, e Arsínoe tinham duas filhas de rara beleza, chamadas Febe e Ilaíra, noivas de Linceu e Idas. Os dois irmãos se reuniram para raptá-las. Os pretendentes os perseguiram e atingiram os raptores perto do Monte Taigeto. Seguiu-se um combate terrível em que Castor foi morto por Linceu, o qual a seu turno caiu sob os golpes de Pólux, ferido por Idas. Pólux, aflito com a morte de seu irmão, pediu a Júpiter que o tornasse imortal. Essa prece não podia ser inteiramente satisfeita; a imortalidade foi partilhada entre os dois irmãos, de sorte que eles viviam e morriam alternativamente: cada um deles a seu turno, passava seis meses nos Infernos, seis meses no Olimpo, e assim não se encontravam nunca juntos na companhia dos deuses.

Esta ficção é fundada no fato de terem os dois príncipes, depois da morte, formado no céu o signo de Gêmeos; uma das duas principais estrelas que o compõem oculta-se no horizonte quando a outra aparece.

Os Dióscuros eram dois robustos atletas. Entretanto, Pólux levava vantagem ao seu irmão no pugilato. Castor sobressaía-se na arte de domar cavalos. Pólux venceu no combate de manoplas a Âmico, rei de Bebrícia e filho de Netuno, o mais temível atleta do tempo dos argonautas.

Foram eles contados no número dos grandes deuses da Grécia. Elevaram-lhes um templo em Esparta, lugar de seu nascimento e morte, e em Atenas, que tinham salvo de pilhagem. Esses fogos, que às vezes brilham na ponta dos mastros, em épocas de tempestade, e que os marinheiros chamam de "fogos Santo-Elmo", chamavam-se "fogos de Castor e de Pólux", porque durante a expedição dos argonautas, em um dia de procela, viram essas luzes brilharem em torno da cabeça dos tindáridas.

Os romanos tinham essas duas divindades em grande veneração, e juravam, os homens, pelo nome de Pólux (Edpol), e as mulheres pelo de Castor (Edcastor). As histórias grega e romana estão cheias de aparições milagrosas desses dois irmãos. Os atenienses julgaram vê-los combater a seu lado contra os persas, em Maratona; os romanos acreditaram que eles os tivessem auxiliado contra os latinos no Lago Regilo. Em Roma elevou-se um templo em reconhecimento dessa feliz intervenção. Nos sacrifícios, imolavam-se cordeiros brancos a eles.

Nos monumentos e nas medalhas, os Dióscuros estão ordinariamente juntos, sob a figura de robustos adolescentes de uma impecável beleza. Muitas vezes têm na cabeça um gorro ou um capacete em forma da metade de uma casca de ovo, para lembrar sua origem. Representam-nos ora em pé, com uma lança na mão e um cavalo pela brida, ora montados sobre cavalos brancos.

Helena

Helena, filha de Júpiter e de Leda, mulher de Tíndaro, irmã de Pólux, de Castor e de Clitemnestra, foi causa de tantas desgraças por sua fatal beleza, que muitos poetas, como ficou dito acima, não quiseram ver nela senão a filha da terrível e implacável Nêmesis, e assim Leda seria apenas sua ama, sua mãe adotiva. Seja como for, desde seus primeiros anos, sua beleza causou tanto ruído que Teseu a raptou do templo de Diana, onde ela dançava. Liberta por seus irmãos, foi reconduzida a Esparta e pedida em casamento por muitos príncipes. Tíndaro, temendo a irritação daqueles a quem ela recusava sua mão, seguiu o conselho de Ulisses, e fez todos os pretendentes jurarem que, quando sua escolha recaísse sobre algum deles, eles se reuniriam para defendê-lo contra quem quer que ousasse disputar-lhe. Então determinou-se em favor de Menelau.

Os primeiros anos dessa união foram felizes, mas durante uma ausência de Menelau, o troiano Páris, filho de Príamo, veio à Grécia, sob o pretexto de fazer um sacrifício a Apolo-Dafneu; fez-se amar por Helena, raptou-a, e atraiu sobre sua pátria essa guerra longa e sangrenta que é assunto da *Ilíada*.

Este acontecimento não extinguiu a paixão de Menelau, visto que, depois da ruína de Troia, a pérfida Helena abandonou Deífobo, filho de Príamo — quem ela amara depois da morte de Páris — e Menelau matou indignamente esse herói. Reconciliou-se com a mulher, e reconduziu-a a Esparta. Dessa união nasceu uma filha, Hermíona.

Depois da morte de Menelau, Megapente e Nicóstrato, seus filhos naturais, expulsaram Helena e obrigaram-na a refugiar-se em Rodes, onde Polixo, mulher de Tlepólemo, para vingar o marido, morto no cerco de Troia, enviou-lhe, no momento em que ela se banhava, duas mulheres que a enforcaram em uma árvore. Mais tarde, na Ilha de Rodes, Helena foi adorada sob o nome de Deudritis (de *deudron*, árvore). Junto da árvore em que ela foi enforcada, nasceu uma planta chamada "helénion", formada das lágrimas de Helena. Essa planta tinha a virtude de restituir a beleza às mulheres.

Heródoto e Eurípides, contando a vida de Helena, seguiram uma tradição um pouco diferente da lenda ordinária. Conta o primeiro que Páris chegou com Helena ao Egito, e que Proteu o expulsou de seus Estados, e reteve Helena com todas as suas riquezas para restituí-las ao seu legítimo possuidor. Entretanto, os gregos, antes de romperem as hostilidades, enviaram embaixadores à busca de Helena. Responderam os troianos que ela estava no Egito, resposta que lhes pareceu um sarcasmo; depois de um longo sítio, porém, convenceram-se da verdade, e Menelau transportou-se a Mênfis, onde Helena lhe foi entregue; Eurípides representa-a como virtuosa. Diz que foi um fantasma o que Juno colocou em seu lugar, ressentida com Vênus, que lhe arrebatou o prêmio de beleza. A verdadeira Helena, raptada por ela, quando estava colhendo rosas, foi transportada para a Ilha de Faros. Quando, depois da ruína de Troia, a tempestade atirou Menelau no Egito, o fantasma se dissipou, e Menelau entrou em Esparta com sua virtuosa esposa.

Clitemnestra

Clitemnestra, irmã de Helena, filha de Júpiter ou de Tíndaro e de Leda, casou-se em primeiras núpcias com um filho de Tieste, Tântalo, de quem teve um filho. Agamenon matou o pai e o filho, raptou Clitemnestra, malgrado dela. Castor e Pólux, como vingança dessa afronta, declaram-lhe a guerra; mas Tíndaro, que aconselhara o rapto, reconciliou os dióscuros com Agamenon, então seu genro. Este, ao partir para o cerco de Troia, confiou a guarda de sua esposa e de seus Estados a Egisto, mas encarregou ao mesmo tempo um poeta e músico de confiança de vigiar a conduta de seu lugar-tenente e sua esposa. Os dois foram infiéis: Egisto apaixonou-se por Clitemnestra, e planejou com ela a morte de seu marido. Quando Agamenon regressou, a esposa adúltera o fez assassinar. Depois desse assassínio, e o de Cassandra com seus filhos, Clitemnestra se casou publicamente com Egisto, seu cúmplice, e lhe pôs a coroa na cabeça.

Depois de alguns anos de tranquilidade, Egisto e Clitemnestra foram mortos por Orestes, filho de Clitemnestra e de Agamenon.

Em *Electra*, de Sófocles, Clitemnestra toma como pretexto do assassinato de seu marido a morte de Ifigênia, com a qual Agamenon consentira.

O assassínio de Agamenon inspirou, além de Sófocles e Eurípides[32], a Alfieri, Lemercier, Soumet, e também ao célebre pintor Guérin, cujo quadro está no Louvre. Esta composição tão dramática é considerada como uma das mais belas obras da Escola Francesa.

---

[32] O tema não foi abordado apenas por Sófocles e Eurípides em suas tragédias. O primeiro dos três principais dramaturgos gregos, Ésquilo, explorou o mesmo evento na primeira parte de sua trilogia *Oréstia*, na peça que leva o título de *Agamenon*. (N. do R.)

OS ÁTRIDAS

Agamenon

Agamenon, rei de Argos e de Micenas, neto de Pélops, era, como seu irmão Menelau, filho de Plístenes; tendo, porém, sido educados por seu tio Atreu, Homero e outros poetas, os designam sob o nome de átridas. De Clitemnestra, sua mulher, teve quatro filhas, Ifigênia, Electra, Ifianissa, Crisótemis, e um filho, Orestes[33].

Tendo sido resolvida a Guerra de Troia, foi eleito generalíssimo do exército dos gregos. A frota que devia conduzir o exército à Ásia estava reunida no porto de Áulis, mas retida por ventos contrários. A fim de obter ventos favoráveis, Agamenon, incitado pelo oráculo de Calcas, sacrificou à Diana sua filha Ifigênia. Talvez não tenha sido realmente um sacrifício: com efeito, conta-se que Diana, apaziguada com a submissão do rei, raptou a princesa e a substituiu por uma corça, que foi imolada em seu lugar.

Sob os muros de Troia, teve ele uma violenta disputa com Aquiles, a quem foi obrigado a restituir a jovem cativa Briseis que lhe arrebatara.

Depois do cerco de Troia, amou loucamente a profetisa Cassandra, filha de Príamo, sua prisioneira, e levou-a para Argos. Ela lhe predissera sua morte, se voltasse à pátria, mas as profecias de Cassandra estavam condenadas à incredulidade. Ele não fez o menor caso, e caiu vítima das intrigas de Clitemnestra e Egisto. Este filho de Tiestes, matando Agamenon, julgou vingar a morte de seu pai.

No tempo de Pausânias, mostravam-se ainda em Micenas os túmulos de Agamenon, de Eurimédon, cocheiro do seu carro, e de todos aqueles que o príncipe trouxera de Troia e que morreram com ele.

Menelau

Menelau, irmão de Agamenon, e marido de Helena, reinava em Esparta onde sucedera a Tíndaro, seu sogro. Desonrado pelo troiano Páris, e ultrajado com a fuga de Helena, deu sobre isso conhecimento a todos os príncipes da Grécia, que tinham se comprometido por juramento solene

---

33 Em seu *Dicionário* previamente mencionado, Tassilo Orpheu Spalding menciona apenas três filhas e um filho do casal. Segundo ele, Ifianissa é simplesmente outro nome para Ifigênia. (N. do R.)

a prestar auxílio ao esposo de Helena, se esta fosse raptada. Foi por sua instigação que os gregos tomaram as armas e fizeram o cerco de Troia.

Já muito durava esse cerco; um dia, gregos e troianos, achando-se face a face, Páris e Menelau propõem bater-se em combate singular, terminando entre eles a discórdia. Os dois adversários entram na liça: Menelau leva vantagem, mas Vênus, vendo seu favorito prestes a sucumbir, furta-o aos golpes do inimigo e leva-o para a cidade. Isto é, Páris foge. Em vão, Menelau o insulta; de longe, um troiano atira-lhe uma flecha que o fere ligeiramente, e as hostilidades recomeçaram.

Depois da tomada de Troia, Menelau, reconciliado com Helena, não entra em Esparta senão ao cabo de oito anos. Diz-se que foi retido nas costas do Egito, pelos deuses a quem não ofereceu as hecatombes que ele lhes devia.

Censuram-no por haver extorquido de Agamenon o sacrifício de Ifigênia, de ter favorecido o ciúme de Hermíona, querendo fazer morrer Andrômaca e Pirro, e de não haver energicamente defendido seu sobrinho Orestes.

Orestes e Pílades

Orestes, filho de Agamenon e de Clitemnestra, era ainda muito moço quando seu pai, de volta de Troia, foi assassinado por Clitemnestra e por Egisto, seu cúmplice. Electra, sua irmã, conseguiu subtraí-lo ao furor desses assassinos, fazendo com que se retirasse para junto de seu tio Estrófio, rei da Fócida, esposo de Anaxábia, irmã de Agamenon. Foi lá que Orestes construiu com seu primo Pílades, filho desse príncipe, uma amizade que os tornou inseparáveis. Orestes, quando cresceu, formou o plano de vingar a morte do pai, saiu da corte de Estrófio com Pílades, entrou secretamente em Micenas e escondeu-se na casa de Electra.

Combinou-se inicialmente fazer correr na cidade a notícia da morte de Orestes. Egisto e Clitemnestra ficaram tão contentes que imediatamente se dirigiram ao templo de Apolo, a fim de dar graças aos deuses. Orestes ali penetrou com alguns soldados, dispersou os guardas, e matou, com as próprias mãos, sua mãe e o usurpador.

Desde esse momento, as Fúrias, ou Eríneas, começaram a atormentá-lo. Foi ele logo a Atenas, onde o areópago o absolveu, ou, para empregar a expressão consagrada, resgatou-lhe o crime. Como os votos dos juízes empataram, Minerva, ela própria, deu o seu em favor de Orestes. O príncipe, reconhecido a esse benefício, fez elevar um altar à deusa, sob o nome de Minerva Guerreira.

Não contente com esse julgamento, Orestes foi para a terra dos trezenianos, para submeter-se à expiação, e foi obrigado a viver em lugar separado, ninguém ousando recebê-lo. Finalmente, comovidos com suas desgraças, os habitantes de Trezene perdoaram-lhe o crime. Durante muito tempo, exibia-se na cidade a pedra sobre a qual se tinham sentado os nove juízes que procederam a essa expiação, e que era chamada de "pedra sagrada".

Orestes foi, em seguida, restabelecido em seus estados por Demofoonte, rei de Atenas. Entretanto, as Fúrias vingadoras não cessavam de atormentá-lo. Para gozar de algum repouso, consultou o Oráculo de Delfos, do qual soube que, para se ver livre das Fúrias, devia ir a Táurida para raptar a estátua de Diana e sua irmã Ifigênia, que a própria Diana havia ilicitamente levado àquela região no dia de seu sacrifício, e da qual fizera sua sacerdotisa.

Para lá se dirigiu Orestes, em companhia de Pílades, mas, tendo sido preso, esteve prestes a ser imolado à deusa, segundo o costume do país. Uma lei bárbara, proclamada pelo rei Toas, ordenava imolar a Diana todo estrangeiro que aportasse às suas costas. Declarou a sacerdotisa que um só dos companheiros bastava para satisfazer a lei, e que o outro poderia sair são e salvo: Pílades foi o que ela quis reter. Foi então que se viu essa generosa luta de amizade, tão celebrada pelos antigos, e na qual Orestes e Pílades ofereciam a vida, um pelo outro.

Nesse ínterim, Orestes é reconhecido por sua irmã, que faz suspender o sacrifício, alegando que os estrangeiros eram culpados de um assassinato, e que não podiam ser imolados antes da expiação. Devendo a cerimônia realizar-se no mar, embarcou-se a estátua de Diana. Ifigênia, na qualidade de sacerdotisa, sobe a bordo do navio, e afasta-se de Táurida, em companhia de seu irmão e de Pílades. Contam alguns autores que, antes de se afastar, Orestes matou o rei Toas.

De regresso a Micenas, Orestes fez com que Electra casasse com Pílades. Quis também reconquistar Hermíona, filha de seu tio Menelau e de Helena, que lhe tinha sido prometida, e que Pirro, filho de Aquiles e rei de Épiro, raptara. Tendo sabido que seu rival fora a Delfos, dirigiu-se ao seu encontro com Pílades, e, por suas insinuações, causou a morte daquele príncipe, massacrado pelos delfianos. Orestes, em seguida, casou-se com Hermíona, e viveu muito tranquilamente em seus Estados; tendo um dia, porém, ido à Arcádia, foi ali mordido por uma serpente, e disso morreu. Estava, então, em idade muito avançada, e havia reunido ao reino de Micenas o de Esparta, depois da morte de Menelau.

Segundo outra lenda, Orestes se casou com Erígone, filha de Egisto e de Clitemnestra, de quem teve um filho chamado Pentilo, que sucedeu a seu pai no trono de Micenas. Erígone, depois da morte do marido, fez-se sacerdotisa e se consagrou ao culto de Diana.

OUTROS HERÓIS GREGOS DA GUERRA DE TROIA

Aquiles

Aquiles, o eácida, ou neto de Éaco, filho de Tétis e de Peleu, rei da Ftiátida, nasceu em Larissa, cidade da Tessália, situada às margens do Peneu. Ao nascer, Tétis, sua mãe, mergulhou-o nas águas do Estige, e o tornou invulnerável, exceto o calcanhar, por onde ela o segurou. Encarregou-se ela própria de sua primeira educação, e deu-lhe como governante e preceptor Fênix, filho de Amintor, príncipe dos dólopes, refugiado na corte de Peleu. Em seguida, teve como professor o centauro Quíron que, cultivando sua bela inteligência com os mais úteis conhecimentos, não se descuidou de desenvolver-lhe e fortificar-lhe o corpo. Dizem que o alimentava com miolos de leões e tigres, a fim de comunicar-lhe coragem e força irresistíveis.

Em sua infância, tendo-lhe sua mãe proposto optar entre uma carreira longa e obscura, ou uma vida curta, mas gloriosa, preferiu ele a última. Entretanto, Tétis, instruída pelos oráculos de que nunca se tomaria Troia sem o auxílio de Aquiles, mas que ele morreria sob seus muros, enviou-o, com roupas de mulher, e sob o nome de Pirra, à corte de Licomedes, rei de Ciros. Graças a este disfarce, fez-se reconhecer por Deidamia, filha de Licomedes, desposou-a secretamente, e dela teve um filho chamado Pirro.

Quando os príncipes gregos se reuniram para ir ao cerco de Troia, Calcas lhes predisse que esta cidade não seria tomada sem o auxílio de Aquiles, e indicou-lhes o lugar de seu refúgio. Ulisses para lá se dirigiu, disfarçado como um mercador, e apresentou às mulheres da corte joias e armas. Aquiles traiu-se, preferindo as armas às joias. Ulisses conduziu-o ao cerco de Troia, e foi então que Tétis deu a seu filho a armadura impenetrável, obra de Vulcano.

Aquiles tornou-se logo o primeiro herói da Grécia, e o terror dos inimigos. Enquanto Agamenon reunia suas tropas, o filho de Tétis tomou várias cidades da Troada e da Sicília, entre as quais Tebas, pátria de Andrômaca. Mas, durante o cerco, Aquiles tendo sido de opinião de entregar a jovem Criseide a seu pai, sacerdote de Apolo, e de fazer assim cessar a peste que desolava o campo dos gregos, Agamenon, ofendido, tomou-lhe uma outra cativa, Hipodâmia, alcunhada Briscis ou filha de Briseu. Este insulto o irritou a tal ponto que se retirou para sua tenda, e cessou de combater.

Sua retirada assegurou a vitória aos troianos, mas Pátroclo, seu amigo, a quem emprestara suas armas, tendo sido vencido e despojado por Heitor, pediu uma nova armadura à sua mãe, voltou ao combate, e vingou a morte do amigo com a de Heitor, cujo corpo amarrou ao seu carro e arrastou assim muitas vezes em torno das muralhas de Troia e do túmulo de Pátroclo; depois entregou-o às lágrimas de Príamo, seu pai.

Depois da morte de Heitor, os príncipes gregos foram convocados para um banquete, na casa de Agamenon, durante o qual examinaram os meios de se apoderar de Troia. Aquiles se declarou pela luta aberta. Ulisses pelo dolo, resolução aceita que o enfureceu.

Segundo Ovídio, o amor causou a morte de Aquiles; tomado pelos encantos de Polixena, filha de Príamo, pediu-a em casamento, e quando estava prestes a desposá-la, no momento em que Deífobo o abraçava, Páris feriu-o no calcanhar com uma flecha. Diz-se que foi o próprio Apolo quem dirigiu a flecha. Esta ferida foi mortal.

Já se tem observado, com razão, que a fábula a qual julga Aquiles invulnerável não era bem aceita no tempo de Homero. Este poeta não adotaria uma ficção desonrosa para seu herói. Segundo ele, Aquiles foi ferido em combate, e em torno de seu corpo os gregos deram uma batalha sangrenta, que durou todo um dia. Tétis, tendo sabido da morte do filho, saiu do seio das águas, acompanhada por uma legião de ninfas, para vir chorar sobre o seu corpo. As nereidas cercaram o leito fúnebre, dando gritos lamentáveis, e revestiram o cadáver com roupas imortais; e as nove musas, a seu turno, lançaram seus lúgubres lamentos. Durante dezessete dias, os gregos choraram com as deusas; e no décimo oitavo puseram o corpo sobre uma fogueira. As cinzas foram encerradas em uma urna de ouro, e misturadas com as de Pátroclo. Depois de levantado um magnífico túmulo à margem do Helesponto, no Promontório de Sigeu, Tétis fez executar jogos e combates, pelos mais bravos do exército, em volta da sepultura.

Aquiles foi adorado como um semideus. O oráculo de Dodona conferiu-lhe honras divinas, e ordenou que sobre sua tumba se ofertassem sacrifícios anuais.

Nos combates heroicos, o carro tinha um grande papel na luta, e, por conseguinte, a habilidade do cocheiro muito contribuía para a vitória. Por isso, quando se conta a história de Aquiles, deve-se ao menos mencionar seu cocheiro, aliás célebre, Automedonte.

A lança de Aquiles tinha a virtude de curar as feridas que fizera; era preciso, porém, que o herói consentisse.

Pátroclo

Pátroclo, filho de Menécio, rei dos locridianos, e de Estênele, tendo matado o filho de Anfidamas, em um arrebatamento de mocidade causado pelo jogo, foi obrigado a abandonar a pátria. Encontrou asilo na corte de Peleu, que o fez educar por Quíron, com seu filho Aquiles, de onde nasceu a amizade entre os dois heróis.

Sobre os muros de Troia, Pátroclo, não podendo convencer seu amigo a esquecer o ressentimento contra os gregos e reentrar na luta contra os troianos, obteve, entretanto, a permissão para vestir sua armadura e combater em seu lugar. Tomou, pois, as armas de Aquiles, à exceção da lança, tão pesada que nenhum grego podia servir-se dela. Repele os troianos, mas cai mortalmente ferido sob os golpes de Heitor, protegido por Apolo.

Ájax e Menelau fazem recuar Heitor, vencedor, e levam o corpo de seu companheiro de armas. Aquiles jura vingá-lo; a sombra de Pátroclo aparece-lhe e pede que apresse os funerais, para que as portas dos Campos Elísios lhe sejam abertas. Aquiles se esforça em cumprir suas intenções, e pouco depois sacrifica valorosamente Heitor aos manes de seu amigo.

Ájax, filho de Oileu

Ájax, filho de Oileu, rei dos lócrinos de Opunto, equipou quarenta navios para o cerco de Troia. Era um príncipe valente, intrépido, que prestou muitos serviços aos gregos, mas brutal e cruel. Depois da tomada de Troia, ultrajou Cassandra, que se refugiara no templo de Minerva. Esta deusa castigou-o, fazendo submergir toda a sua esquadra perto dos rochedos de Cafareu, promontório da Ilha Eubeia. O intrépido guerreiro, salvo do naufrágio, agarrou-se a um escolho, e disse arrogantemente: "Escaparei malgrado os deuses". Indignada com essa insolência, Palas-Minerva tomou o raio de Júpiter e aniquilou-o sobre o rochedo.

Ájax, filho de Telamon, e seu irmão Teucro

Telamon, irmão de Peleu, expulso de Egina por seu pai Éaco, em consequência de um assassinato involuntário, tornou-se rei de Salamina. Era amigo de Hércules e um dos mais valentes argonautas. Não conseguindo, dada sua avançada idade, tomar parte na Guerra de Troia, enviou a ela seus dois filhos, Ájax, nascido de Peribeia, princesa de Mégara, e Teucro, nascido de Hesíone, irmã de Príamo.

Ájax foi, depois de Aquiles, o mais valente dos gregos, e, como ele, era altivo, arrebatador e invulnerável, exceto em um lugar do peitoral que só ele conhecia. Mostrava-se audacioso, e até mesmo provocador para com os deuses. Distinguiu-se no cerco de Troia, onde comandava os guerreiros de Mégara e de Salamina. Bateu-se um dia inteiro contra Heitor, sem se deixar vencer.

Morto Aquiles, Ájax e Ulisses disputaram suas armas que couberam ao último. Ájax ficou tão furioso, que durante a noite massacrou todos os rebanhos do acampamento, julgando matar seu rival e os capitães do exército. Ao voltar a si desse delírio, arrependido de sua loucura, voltou contra o peito a espada e matou-se.

Calcas, a quem consultou para saber se devia queimar o corpo de Ájax, decidiu que este, tendo morrido ímpio, não merecia as honras da fogueira. Entretanto, os gregos erigiram-lhe um monumento sobre o Promontório de Reteum, na Troada. Conta-se que a alma de Ájax, tendo tido a liberdade de escolher um corpo para voltar a viver na terra, preferiu o de um leão ao de um homem.

Segundo Ovídio, Ájax, depois de morto, foi transformado em uma flor, e as duas primeiras letras de seu nome viam-se traçadas nessa flor, a que o poeta chama jacinto.

Tendo Ulisses perdido em uma tempestade as armas de Aquiles, as ondas levaram-nas até a margem, perto do túmulo de Ájax. Os deuses faziam assim uma homenagem póstuma ao herói.

Teucro não vingou a afronta feita a seu irmão Ájax, nem o impediu de se matar. Tal indiferença tornou-o odioso a Telamon, que lhe deu ordens para nunca mais colocar os pés na Ilha de Salamina. Foi, pois, procurar fortuna em outra parte, e chegando à Ilha de Chipre, construiu ali uma cidade, à qual deu o nome de reino de seu pai. Diz Homero que Teucro era o mais hábil arqueiro do exército dos gregos.

Ulisses (em grego Odisseus)

Ulisses, filho de Laertes, ou talvez de Sísifo, e de Anticleia, marido de Penélope, pai de Telêmaco, era rei de duas pequenas ilhas do Mar Jônio, Ítaca e Dulíquio. Era um príncipe eloquente, fino, ardiloso e engenhoso: com seus artifícios, contribuiu tanto para a tomada de Troia como os outros generais gregos pelo valor. Havia pouco tempo que se casara com a bela e sensata Penélope quando se declarou a Guerra de Troia. O amor que tinha por sua jovem esposa o fez procurar vários meios para não abandoná-la e eximir-se de ir à guerra.

Imaginou fingir-se maluco, e para fazer crer que estava com o espírito desequilibrado, resolveu lavrar a areia da praia, com dois animais de espécies diferentes, e ali semear sal. Mas Palamedes, discípulo de Quíron e filho de Náuplio, rei da Ilha de Eubeia, descobriu o artifício, colocando o pequeno Telêmaco no sulco do arado. Ulisses não querendo ferir o filho, alçou a relha da charrua, dando assim a conhecer que sua loucura era simulada.

Por seu turno, Ulisses descobriu Aquiles, que estava disfarçado de moça na Ilha de Ciros, e levou-o a combater diante de Troia. No decurso dessa guerra, furtou ele o Paládio, estátua de Minerva, protetora da cidade e encerrada na cidadela de Ilion; matou Reso, rei da Trácia, que vinha em auxílio dos troianos, e levou seus cavalos para o acampamento dos gregos; obrigou Filoctetes, se bem que seu inimigo, a segui-lo ao cerco de Troia com as flechas de Hércules.

Era unicamente sob essas três condições que a cidade podia ser tomada, segundo a ordem dos destinos.

Depois da morte de Aquiles, as armas deste herói lhe foram adjudicadas, de preferência a Ájax; mas os debates foram vivos, diante dos chefes gregos, e, tomados como juízes, não ganhou a causa senão graças à sua eloquência.

Pintura de Herbert James Draper (1863-1920), exposta na Galeria de Arte Ferens, Inglaterra. Datada de 1910, aproximadamente, representa as sereias em sua tentativa frustrada de seduzir Ulisses.

Ao seu regresso de Troia, Ulisses teve grandes aventuras, que são o assunto da Odisséia de Homero. Uma tempestade atirou-o às costas dos Cícones, povos da Trácia, onde perdeu vários de seus companheiros; daí foi levado à vizinhança dos lotófagos na África, onde alguns homens de sua frota o abandonaram. Os ventos conduziram-no, em seguida, à terra dos ciclopes, na Sicília, onde correu os maiores perigos. Da Sicília foi ter com Éolo, rei dos Ventos; daí foi ter com os lestrigões, onde viu naufragarem-se onze de seus navios; com o único que lhe restava dirigiu-se à Ilha de Ea, morada de Circe, onde ficou um ano; desceu depois aos Infernos para consultar a alma de Tirésias sobre o seu destino. Escapou aos encantos de Circe e das sereias, evitou os abismos de Caríbdis e Cila; mas uma nova tempestade fez naufragar seu navio com todos os companheiros, e ele foi o único que alcançou a Ilha de Calipso, onde permaneceu durante sete anos. Embarcado em uma jangada, naufragou de novo, e só com muito trabalho aportou à ilha dos feácios. Na praia, foi recebido pela jovem e bela Nausica, filha de Alcínoo, rei da ilha. A princesa conduziu-o ao palácio de seu pai, onde recebeu uma generosa e brilhante hospitalidade. Com auxílio do rei Alcínoo, Ulisses chegou enfim à Ilha de Ítaca, depois de uma ausência de vinte anos.

Alojou-se em casa de Eumeu, seu discreto e fiel intendente. Muitos príncipes vizinhos, que o julgavam morto, tinham-se tornado donos de sua casa, e dissipavam sua fortuna — todos pretendiam a mão de Penélope. Ulisses apresentou-se em seu palácio sob os traços e o disfarce de um velho mendigo. Telêmaco foi o primeiro a quem seu pai se revelou, e juntos tomaram as medidas para desfazer-se de seus inimigos.

À porta do palácio foi reconhecido por seu cão Argos, que deixara ao partir para Troia, e que morreu de alegria ao rever o seu senhor. Foi também reconhecido por Euricleia, sua velha ama. Esta, ao lavar-lhe os pés, percebeu uma ferida que ele tinha na perna, outrora feita por um javali.

Diz-lhe Penélope que já se não pode frustrar às perseguições dos pretendentes, e que prometeu casar com aquele que conseguisse distender o arco de Ulisses. Todos, com efeito, haviam aceitado a proposta da rainha, mas em vão tentaram distender o arco. Ulisses, depois deles, pede licença para experimentar suas forças; entesa o arco muito facilmente, e imediatamente o atira sobre os pretendentes, a quem mata um por um, auxiliado por seu filho e por dois fiéis domésticos.

Reconhecido definitivamente por Penélope, reinou tranquilamente em sua ilha, até que Telégono, que ele tivera dos seus amores com Circe, matou sem o conhecer. Seu velho pai Laertes, antes de morrer, teve a consolação de vê-lo de volta.

A memória de Ulisses foi consagrada por um grande número de monumentos, baixos-relevos, medalhas e camafeus; é facilmente reconhecido pelo gorro pontudo, que lhe dão ordinariamente. Diz-se que foi o pintor grego Nicômaco, quem primeiro o pintou dessa maneira. Ulisses é muitas vezes representado em companhia de Minerva.

Penélope, esposa de Ulisses

Penélope, filha de Icário, irmão de Tíndaro, rei de Esparta, foi, por sua beleza, pedida em casamento por muitos príncipes da Grécia. Seu pai, para evitar as querelas que poderiam surgir entre os pretendentes, obrigou-os a disputar sua posse nos jogos que, para esse fim, fez celebrar. Ulisses foi o vencedor, e a mão da princesa lhe foi concedida.

Durante os vinte anos de ausência de Ulisses, no decurso e depois da Guerra de Troia, Penélope guardou-lhe uma fidelidade à prova de todas as solicitações. Sua beleza atraiu a Ítaca uma centena de pretendentes. Soube ela sempre frustrar-lhes as perseguições e desorientá-los com variados ardis. O primeiro foi dedicar-se a fazer um grande véu, declarando aos perseguidores que não poderia contrair novas núpcias antes de terminar aquele manto, destinado a envolver o corpo de seu sogro Laertes quando ele viesse a morrer. Assim, durante três anos, alegou ela esse engenhoso pretexto, sem que jamais a tela terminasse, pois à noite desfazia o que tecera durante o dia. Daí vem a expressão "o manto de Penélope", usada para falar de obras nas quais sem cessar se trabalha, e que não se terminam nunca.

Quando vieram dizer a Penélope que seu esposo estava de regresso, ela se recusou a acreditar, temendo que a quisessem surpreender com aparências enganadoras; depois, porém, que se assegurou por provas inequívocas de que era realmente Ulisses, entregou-se aos mais ardentes transportes de alegria e de amor.

Depois da morte de Ulisses, ela se casou com Telégono, segundo uns; mas, segundo outros, retirou-se a Esparta, e terminou seus dias em Mantineia. Citam-na como um modelo de fidelidade conjugal. Alguns mitólogos confundiram, erroneamente, a rainha de Ítaca com a ninfa Penélope, mãe do deus Pã.

Telêmaco, filho de Ulisses e de Penélope

Telêmaco, filho de Ulisses e de Penélope, estava ainda no berço, quando seu pai partiu para a Guerra de Troia. Ao chegar à adolescência, julgou seu dever procurar Ulisses em toda a Grécia.

Por conselho de Minerva, que o guiou, assumindo a figura do venerável Mentor, embarcou de noite para ir a Pilos, à casa de Nestor, e a Esparta, à casa de Menelau. Seguindo as informações, durante quatro anos procurou o pai. Ao fim desse lapso de tempo, que o autor de *Telêmaco*, francês, preencheu com tão instrutivas aventuras, voltou a Ítaca, onde encontrou Ulisses na casa do velho servidor Eumeu. Diz-se que sucedeu a seu pai, desposou Circe, e dela teve um filho chamado Latino.

Alguns autores dão-lhe por esposa Nausícaa, filha de Alcínoo, rei dos feácios.

Telégono, filho de Ulisses e de Circe

Telégono, filho de Ulisses e de Circe, nasceu na Ilha de Ea, onde Circe habitava, e onde Ulisses passou algum tempo, no decurso de suas aventuras, depois do cerco de Troia. Muito tempo depois, quando cresceu, Telégono partiu para procurar seu pai. Tendo sido atirado às costas de Ítaca, que não conhecia, foi procurar mantimentos com seus companheiros que se entregaram à pilhagem. Ulisses, à frente dos ítacos, vem para repelir esses estrangeiros; houve um combate na praia, e Telégono feriu a Ulisses com um dardo cuja ponta era feita de uma tartaruga marinha (uma arraia), que se julga ser venenosa.

O rei de Ítaca, mortalmente ferido, lembrou-se então de um oráculo que o advertira de se guardar da mão do seu filho; informou-se quem era o estrangeiro e de onde vinha, reconheceu Telégono e morreu em seus braços. Minerva consolou-os, dizendo-lhes que tal era a ordem do destino; ordenou mesmo a Telégono que se casasse com Penélope e que levasse a Circe o corpo de Ulisses para render-lhe as honras de sepultura. Do casamento de Penélope e Telégono nasceu Ítalo, que, segundo alguns autores, deu o nome à Itália.

Filoctetes

Filoctetes era filho de Peante e fiel companheiro de Hércules que, ao morrer, lhe deixou suas temíveis flechas. Estava comprometido, por um juramento, a nunca revelar o lugar onde depusera as cinzas do herói. Mas os gregos, na véspera da partida para o cerco de Troia, tendo sabido pelo oráculo de Delfos que, para se tornarem senhores da cidade, era preciso que estivessem de posse das flechas de Hércules, enviaram mensageiros a Filoctetes, para saber em que lugar estavam elas escondidas.

Filoctetes, que não queria violar seu juramento nem privar os gregos da vantagem que lhes trariam as flechas, depois de alguma resistência, mostrou com o pé o sítio em que sepultara Hércules, e advertiu que as flechas estavam em seu poder.

Essa indiscrição custou-lhe caro mais tarde: quando ia para Troia, tendo caído uma das flechas sobre o mesmo pé com o qual mostrara o lugar da sepultura de Hércules, formou-se uma úlcera de cheiro tão infeto que, a pedido de Ulisses, deixaram-no na Ilha de Lemnos, onde sofreu durante dez anos todos os males e todas as dores do isolamento.

Entretanto, depois da morte de Aquiles, vendo os gregos que lhes era impossível apoderar-se da cidade sem as flechas que Filoctetes tinha trazido consigo a Lemnos, Ulisses, se bem que inimigo mortal desse herói, encarregou-se de ir procurá-lo e reconduzi-lo, o que efetivamente executou, com o concurso de Diomedes e de Neptólemo, ou Pirro, filho de Aquiles.

Mal havia Filoctetes chegado ao acampamento dos gregos, quando Páris o desafiou para um combate singular: o herói aceitou, e com uma das suas flechas feriu mortalmente o adversário. Como sua úlcera não estava ainda curada, Filoctetes, depois da tomada de Troia, não ousou voltar à pátria; foi para a Calábria, onde construiu a cidade de Petilia, e foi finalmente curado pelos desvelos de Macáon, filho de Esculápio e irmão de Podalirio. Atribuíram a ele a fundação de Turim.

Filoctetes fora um dos mais famosos argonautas, e havia portanto assistido às duas mais célebres expedições dos tempos heroicos. Suas desgraças inspiraram a Sófocles uma das mais belas tragédias da Antiguidade.

Nestor

Nestor, rei de Pilos, era o mais moço dos doze filhos de Neleu. Por parte de Clóris, sua mãe, era neto de Níobe. Tendo os seus onze irmãos tomado parte na guerra de Neleu e de Augias contra Hércules, foram mortos por este herói, e só à sua tenra idade Nestor deveu sua salvação. Na época da Guerra de Troia, na qual conduziu noventa navios, já estava bastante idoso, e reinava sobre a terceira geração.

É o cavaleiro de Gerênia, o velho favorito de Homero. O retrato que dele fez é mais acabado que todos os outros. Retorna a ele sem cessar; e depois de haver-lhe cuidadosamente descrito os traços nos grandes quadros de *Ilíada*, dá-lhe a última demão em Odisseia: prudência, equidade, respeito pelos deuses, polidez, amenidade, doçura, eloquência, atividade, valor; pinta todas as virtudes políticas e guerreiras de Nestor. Para que se tenha uma ideia completa a respeito, é preciso depois de havê-lo visto em *Ilíada*, prudente conselheiro, valente capitão, vigilante soldado, vê-lo em Odisseia, feliz e tranquilo, desfrutando de sua casa numa vida suave, no meio da família, cercado dos muitos filhos que o amam e respeitam, unicamente ocupado com os deveres de um pai e de um príncipe, exercendo a hospitalidade.

As principais épocas de sua vida antes da Guerra de Troia são: a guerra dos pilianos contra os eleanos, o combate dos lápitas e centauros, e a caça do Javali de Cálidon. Morreu tranquilamente em Pilos. Entretanto, alguns autores fazem-no ir à Itália, depois da tomada de Troia, e ali construir Metaponto.

Diomedes

Diomedes, filho de Tadeu, e neto de Eneu, rei de Cálidon, foi educado na escola do centauro Quíron, com vários heróis da Grécia. Comandou os etólios no cerco de Troia, e distinguiu-se por tantas belas ações, que foi considerado como o mais bravo do exército, depois de Aquiles e de Ájax, filho de Telamon. Homero o representa como o favorito de Palas-Minerva. Com o auxílio dessa deusa, mata vários reis com as próprias mãos, e sai vitorioso dos combates singulares com Heitor, Eneias e os outros príncipes troianos. Com Ulisses apodera-se das flechas de Filoctetes, em Lemnos, dos cavalos de Reso e rouba o Paládio.

Fere Marte e a própria Vênus, que vinha em socorro de seu filho Eneias, e que só conseguiu salvá-lo cobrindo-o com uma nuvem. A deusa ficou tão despeitada que, para vingar-se, inspirou à sua mulher, Egialeia, violenta paixão por um outro. Diomedes, informado dessa afronta, a muito custo consegue escapar aos embustes que ela lhe preparou ao seu regresso, refugiando-se no templo de Juno, e indo estabelecer-se na Itália. Aí, o rei Dano, tendo-lhe cedido uma parte de seus Estados e lhe dado sua filha em casamento, fundou a cidade de Arpi ou de Agiripa.

Depois de morto, foi venerado como um deus, e teve um templo ou um bosque sagrado nas margens do Tímavo.

Conta-se que durante a travessia da Grécia para a Itália, muitos de seus companheiros, tendo injuriado Vênus, cuja perseguição os obrigava a se expatriar, foram de repente transformados em aves, abriram voo, e começaram a dar voltas em torno do navio. Acrescenta Plínio que essas aves, chamadas "pássaros de Diomedes", recordando a sua origem, acariciavam os gregos e fugiam dos estrangeiros.

Idomeneu

Idomeneu, rei de Creta, filho de Deucalião e neto do segundo Minos, conduziu ao cerco de Troia as tropas de Creta, com uma esquadra de oitenta navios, e se distinguiu por algumas ações de valor. Depois da tomada da cidade, este príncipe, carregado de despojos troianos, voltava a Creta, quando foi assaltado por uma tempestade na qual pensou morrer.

No perigo iminente em que se achou, fez um voto a Netuno de lhe imolar — se conseguisse chegar a seu reino — o primeiro ser vivo que se apresentasse a ele na praia de Creta. A tempestade cessou, e ele entrou feliz no porto, onde o filho, advertido de sua chegada, foi a primeira pessoa que lhe apareceu.

Pode-se imaginar a surpresa e ao mesmo tempo a dor de Idomeneu quando se deu conta. Em vão os sentimentos de pai lutaram em seu favor; um zelo cego de superstição o arrebatou, e resolveu imolar seu filho ao deus do mar. Muitos autores antigos dizem que esse horrível sacrifício foi consumado, e muitos modernos seguiram essa tradição. Outros afirmam que o povo, tomando a defesa do jovem príncipe, retirou-o das mãos do pai furioso.

Seja como for, tomados de horror pela bárbara ação de seu rei, os cretenses sublevaram-se unanimemente contra ele, e o obrigaram a abandonar seus Estados. Ele se retirou para as costas da grande Hespéria, isto é, para a Itália, onde fundou Salento. Em sua nova cidade, fez observar as sábias leis do seu antepassado Minos, e mereceu dos novos súditos as honras heroicas depois da morte.

Protesilau

Protesilau, filho de Íficlos, príncipe da Tessália, acabara de desposar Laodâmia, filha de Acasto, sucessor de Pélias, da família de Jasão, quando rebentou a Guerra de Troia. Deixou sua jovem esposa desde o dia seguinte ao das núpcias, para tomar parte na expedição. Se bem que um oráculo houvesse predito a morte ao primeiro guerreiro grego que descesse em terreno inimigo, ele se devotou para a salvação do exército. Não ousando ninguém descer à terra, desembarcou ele de seu navio e foi morto por Heitor.

Laodâmia ficou inconsolável. Para iludir sua dor, fez construir uma estátua que lhe lembrasse o esposo. Um dia, Acasto, seu pai, querendo afastar-lhe esse triste espetáculo, atirou a estátua ao fogo; Laodâmia, tendo-se aproximado das chamas, jogou-se sobre elas e morreu.

Em seu regresso de Troia, os gregos, para glorificar o devotamento de Protesilau, instituíram as Protesileias, festas ou jogos que se celebravam em Fílace, lugar do nascimento do herói.

Calcas

Calcas, filho de Testor, um dos argonautas, recebeu de Apolo a ciência do presente, do passado e do futuro. O exército dos gregos que se reunia para o cerco de Troia, escolheu-o para seu grande sacerdote e adivinho. Tendo visto subir a uma árvore uma serpente que, depois de haver devorado nove pequenos pássaros em um ninho, com sua mãe, foi, em seguida, transformada em pedra, predisse que o cerco duraria dez anos. Foi ele quem aconselhou o sacrifício de Ifigênia, para obter os ventos favoráveis à frota retida no porto de Áulis; foi ainda quem, para fazer cessar a peste, flagelo terrível que dizimava o exército sob os muros de Troia, aconselhou ao rei Agamenon que devolvesse Criseide a seu pai Crises, sacerdote de Apolo.

Nada se resolvia de importância sem que se pedisse primeiramente a opinião de Calcas. Depois da ruína de Troia, voltou ele à pátria com Anfiarau, e foi a Cólofon na Jônia. Seu destino era morrer assim que encontrasse um adivinho mais hábil que ele. Morreu, com efeito, de desgosto no bosque de Claros, consagrado a Apolo, por não haver conseguido decifrar os enigmas de um outro adivinho chamado Mopso.

Palamedes

Palamedes, filho de Náuplio, rei da Ilha de Eubeia, discípulo de Quíron, tinha acompanhado os demais príncipes gregos ao cerco de Troia. Foi vítima, por muitos motivos, do temível ódio de Ulisses: em primeiro lugar, foi ele quem descobriu e revelou aos gregos a loucura simulada desse herói; foi ele ainda quem, diante de Troia, acusou Ulisses de perfídia e imprevidência, deixando o exército sem mantimentos, quando havia ido à Trácia, sob o pretexto de comprá-los. Enfim, Palamedes desaprovava essa guerra longa e ruinosa feita pela Grécia aos troianos.

Por sua vez, Ulisses acusou-o perfidamente de traição. Para dar crédito à sua acusação, fez ocultar na tenda de Palamedes uma soma considerável, e declarou que ele a recebeu de Príamo; falsificou uma carta desse rei, para fornecer provas, e Palamedes, condenado à morte pelo Conselho de Guerra, foi injustamente lapidado.

Pirro, ou Neoptólemo

Pirro, ou Neoptólemo, filho de Aquiles e de Deidamia, foi educado na corte de seu avô materno, Licomedes, rei de Ciros, até a morte de seu pai. Tendo um oráculo declarado que a cidade de Troia não podia ser tomada, se não houvesse entre os sitiantes algum descendente de Éaco, os gregos mandaram procurar Pirro, que então tinha apenas dezoito anos.

Apenas chegado a Troia, foi encarregado de acompanhar Ulisses e Diomedes a Lemnos, a fim de persuadir Filoctetes a vir com as flechas de Hércules unir-se ao exército dos gregos.

Quando da tomada da cidade, Pirro, à frente de seus soldados, invadiu o palácio de Príamo, matou sob os olhos do rei seu filho Polites, também matou Príamo, sem atenção pela sua velhice, precipitou do alto das muralhas o jovem Astíanax, filho de Andrômaca e de Heitor, e finalmente exigiu que lhe entregassem Polixena, para imolar aos manes de seu pai.

Na partilha dos escravos coube-lhe Andrômaca, viúva de Heitor, a quem ele amou a ponto de por ela esquecer Hermíona, sua esposa, e que foi causa de sua morte, pois esta mulher, desprezada e ciumenta, excitou contra ele Orestes, por quem era cegamente amada.

Um dia, em que Pirro tinha ido a Delfos para acalmar Apolo, contra o qual fizera imprecações por ocasião da morte de Aquiles, Orestes fez correr o boato de que ele tinha ido àquela cidade para pilhar os tesouros do templo. Os delfianos tomaram as armas, e Pirro caiu sob seus golpes ao pé do altar.

À Ftiátida, reino de Peleu, acrescentou Épiro, onde sua dinastia continuou. Dos três filhos que teve de Andrômaca, Molosso foi o único que reinou depois dele.

HERÓIS TROIANOS DA GUERRA DE TROIA

Príamo

Príamo, filho de Laomedonte, neto de Ilo, bisneto de Tros, tendo tomado o partido de Hércules contra seu pai, que lhe tinha faltado à promessa, recebeu do herói a coroa como prêmio de sua equidade.

Este príncipe reedificou Troia, que tinha sido arrasada por Hércules, e estendeu os limites de seu reino, que se tornou muito florescente. Mas sua velhice foi entristecida pelo cerco de Troia, a ruína da cidade e a perda de seus filhos. Foi morto em seu palácio, no meio dos seus deuses, por Pirro. Não lhe serviu de nada abraçar-se ao altar de Júpiter-Protetor: o filho de Aquiles arrancou-o brutalmente e lhe passou a espada através do corpo.

Teve grande número de filhos de diversas mulheres; de Hécuba teve Heitor, Páris, Deífobo, Heleno, Polites, Antifo, Ilíone, Polidoro, Troilo, Creusa, Laódice, Polixena e Cassandra. Homero o representa como um príncipe justiceiro, mas de uma condescendência cega para com seu filho Páris, raptor de Helena, e causa de todas as suas desgraças.

Hécuba

Hécuba, filha de Dimas, ou de Cisseo, rei da Trácia, irmã de Teano e mulher de Príamo, teve, diz Homero, cinquenta filhos. Passou pela dor de vê-los quase todos perecer durante o cerco ou depois da ruína de Troia. Ela própria só conseguiu evitar a morte para tornar-se escrava do vencedor. Muito tempo foi procurada, sem ser encontrada. Finalmente, Ulisses surpreendeu-a entre os túmulos de seus filhos, e dela fez sua escrava.

Antes de partir, ela engoliu as cinzas de Heitor para subtraí-las aos inimigos, e viu morrer Astíanax, seu neto, cujos funerais acompanhou. Segundo alguns poetas, também assistiu imolar sua filha Polixena sobre o túmulo de Aquiles.

Conduzida para casa de Polimestor, rei da Trácia, a quem Príamo confiara Polidoro, o mais moço de seus filhos, juntamente a grandes tesouros, ela descobre o corpo de seu desgraçado filho, introduz-se com o cadáver no palácio do assassino, e o põe entre as mulheres troianas que lhe furam os olhos com agulhas, enquanto ela própria mata os dois filhos do rei. Os guardas e o povo furioso perseguem as troianas a pedradas. Hécuba morde enraivecida aquelas que lhe atiram, e, metamorfoseada em cadela, povoa a Trácia de uivos que emocionam não somente os gregos, mas a própria Juno, a mais cruel inimiga dos troianos.

Teano, filha de Cisseo, irmã de Hécuba e mulher de Antenor, era grande sacerdotisa de Minerva em Troia. Quando Hécuba e as mulheres troianas foram implorar o socorro da deusa, a bela Teano, diz Homero, pôs as oferendas sobre os joelhos de Minerva, e as acompanhou com preces que foram recusadas.

Segundo uma tradição, foi ela quem entregou o Paládio aos gregos.

Antenor

Antenor, príncipe troiano, marido de Teano e cunhado de Príamo, teve, segundo a tradição, uma florescente família de dezenove filhos, entre os quais se contam: Arquíloco, morto em combate por Ájax, filho de Télamo; Anteu, que Páris matou por inadvertência; Laódoco, sob cuja semelhança Minerva aconselhou a Pândaro que lançasse uma flecha, para impedir o combate singular de Páris e de Menelau; finalmente Atamante, Aquelau e outros.

Foi acusado de traição à pátria, não só por haver recebido em sua casa os embaixadores gregos que foram reclamar a entrega de Helena, mas também porque, tendo reconhecido, em Troia, Ulisses disfarçado, não o denunciou aos troianos.

Depois da tomada da cidade, embarcou com seus partidários, veio à Itália, abordou na costa dos vênetos, e fundou uma cidade de seu nome, que depois foi chamada Pádua.

Heitor

Heitor, filho de Príamo e de Hécuba, esposo de Andrômaca, pai de Astíanax, o mais forte e o mais valente dos troianos, defendeu energicamente sua pátria contra o exército dos gregos. Saiu gloriosamente de muitos combates contra os mais temíveis guerreiros, tais como Ájax, Diomedes e outros.

Os oráculos haviam predito que o império de Príamo não poderia ser destruído enquanto vivesse o corajoso Heitor. Durante o retraimento de Aquiles, ele atacou a fogo os navios inimigos e matou Pátroclo, que queria se opor às suas audácias. O desejo de vingança reconduz Aquiles ao combate. A vista do terrível guerreiro, Hécuba e Príamo tremem pelos dias do seu filho, e lhe pedem insistentemente que desista de entrar em combate; mas ele é inexorável, e ligado ao seu destino, aguarda o rival.

Apolo o abandona. Minerva, sob a figura de seu irmão Deífobo, engana-o e o entrega à morte. Depois de lhe haver tirado a vida, Aquiles o expõe ao covarde furor dos gregos, amarra ao seu carro o cadáver do vencido e o arrasta indignamente muitas vezes ao redor da cidade. Enfim, Apolo censura os deuses por sua injustiça. Tétis e Iris são encarregadas por Júpiter, uma de obrigar Aquiles a entregar o corpo, e a outra de ordenar a Príamo que lhe de presentes capazes de apaziguar sua cólera. Príamo vem, suplicante, beijar a mão sanguinolenta do assassino de seu filho e se humilhar a seus pés.

O corpo é entregue, e Apolo que protegera Heitor durante a vida, a pedido de Vênus toma os mesmos cuidados após sua morte, e impede que o corpo do herói seja desfigurado pelos maus tratos de Aquiles.

Nas medalhas, vê-se Heitor no seu carro puxado por dois cavalos; com uma das mãos, segura uma lança, e, na outra, o Paládio.

Andrômaca

Andrômaca, filha de Eécion, rei da Cilícia, foi a mulher de Heitor. Privada de seu marido, morto por Aquiles, em combate singular, viu depressa reduzir-se a cinzas a cidade de que Heitor era o principal apoio, e coube, em partilha, ao filho do seu assassino, Pirro, que a levou ao Épiro, onde a desposou.

Enfim, teve por terceiro esposo Heleno, irmão do seu primeiro marido, e tornado rei do Épiro. Ainda que tendo subido com ele ao trono, não deixava de se entregar à tristeza, lembrando-se do seu querido Heitor ao qual fez construir em um país estrangeiro um magnífico monumento.

Do seu primeiro marido teve Astíanax; Molosso, Pielo e Pérgamo do segundo, e Cestrino do último.

Cita-se Andrômaca como o modelo das esposas e das mães. Seu caráter e suas desgraças inspiraram a grandes poetas, por exemplo Eurípides, Virgílio, Racine, depois de Homero, o maior de todos.

Páris

Páris, chamado também Alexandre, era filho de Príamo, rei de Troia, e de Hécuba. Antes do seu nascimento, os adivinhos consultados anunciaram que a criança esperada causaria um dia o incêndio de Troia.

Por causa dessa predição, desde que Páris nasceu, Príamo entregou-o a um dos seus criados para que se desfizesse dele; Hécuba, mais terna, arrebatou-lhe e o confiou a uns pastores do Monte Ida, rogando-lhes que tomassem conta da criança.

Em pouco tempo o jovem pastor se distinguiu por sua boa fisionomia, por seu espírito e por sua destreza, e se fez amar pela ninfa Enona, com quem se casou.

Nas núpcias de Tétis e de Peleu, tendo a Discórdia atirado sobre a mesa o fatal pomo de ouro, com a inscrição: "A mais bela", Juno, Minerva e Vênus disputaram-no e pediram juízes para a contenda. A questão era delicada, e Júpiter, receando comprometer o seu julgamento, enviou as três deusas ao Monte Ida, em companhia de Mercúrio, para que fossem julgadas por Páris.

Tendo o pomo sido adjudicado a Vênus, Juno e Minerva, misturando o seu ressentimento, juraram vingar-se, e trabalharam de comum acordo para a ruína dos troianos.

Entretanto, Páris, por ocasião dos jogos fúnebres em que ganhara os prêmios, fez-se reconhecer por Príamo, mostrando-lhe as faixas com

Obra de Georg Franz Ebenhech (1710 –1757), exposta no Parque Sanssouci, Alemanha. Representa o momento em que Páris rapta Helena.

que havia sido exposto. Esse rei, não dando mais crédito ao oráculo, recebeu-o com alegria, e o fez conduzir ao palácio. Mais tarde, enviou-o à Grécia, sob pretexto de sacrificar a Apolo, mas, na realidade, para recolher a herança de sua tia Hesíone. Nessa viagem, Páris apaixonou-se por Helena e raptou-a.

Durante a travessia da Grécia para a Ásia, Nereu lhe predisse as desgraças que se seguiriam a esse rapto.

Durante o cerco de Troia, combateu ele contra Menelau, foi salvo por Vênus, recusou entregar Helena, segundo os termos da convenção que precedera o combate, feriu Diomedes, Macáon, filhos de Esculápio, Antíloco, filho de Nestor, Palamedes, e matou Aquiles.

Páris era notável pela sua beleza, mas não deixava de ser altivo, audacioso e valente, pelo menos se nos reportamos a Homero. Entretanto, seu irmão Heitor, e os capitães gregos exprobam às vezes sua beleza, e lhe dizem que ele é mais apto para os jogos de Amor do que para os de Marte.

Polixena

Polixena, filha de Príamo e de Hécuba, foi amada por Aquiles, que a viu durante um armistício; e pediu-a em casamento a Heitor. O príncipe troiano prometeu-lhe, caso ele quisesse trair os gregos; mas uma condição tão vergonhosa não podia senão excitar a indignação de Aquiles, sem, entretanto diminuir o seu amor. Quando Príamo foi reclamar o corpo de seu filho, levou consigo a princesa para ser mais favoravelmente recebido.

Diz-se que, na verdade, o príncipe grego renovou o seu pedido, e consentiu mesmo em ir secretamente desposar Polixena, em presença de sua família, num templo de Apolo que ficava entre a cidade e o acampamento dos gregos. Páris e Deífobo, seu irmão, dirigiram-se para aí com Príamo, e no momento que Deífobo abraçava Aquiles, Páris feriu-o mortalmente.

Polixena, desesperada ante a morte de um príncipe que amava, e vendo que era a causa inocente, dirigiu-se para o acampamento dos gregos, onde foi recebida honrosamente por Agamenon.

Sobre o desgraçado fim dessa princesa há duas versões bem diferentes. Segundo uns, tendo fugido durante a noite, dirigiu-se ao túmulo do seu esposo e rasgou o seio. Uma outra tradição mais conhecida conta que Polixena foi imolada pelos gregos sobre a sepultura de Aquiles. É esta a que seguiram Eurípides, em sua tragédia *Hécuba*, e Ovídio em suas *Metamorfoses*.

Laocoonte

Laocoonte, filho de Príamo e de Hécuba, segundo uns, ou irmão de Aquiles, segundo outros, exercia na cidade de Troia as funções de sacerdote de Netuno e de Apolo.

Fatigados por um cerco e uma série de combates que duravam dez anos, os gregos recorreram a um estratagema para penetrar em Troia, tão bem defendida. Construíram, segundo instruções de Palas-Minerva, um enorme cavalo, com tábuas de pinheiro, artisticamente unidas no conjunto, e fizeram correr a notícia de que era uma oferta que consagravam àquela deusa, para obter um feliz regresso à pátria. Encheram de soldados os flancos desse enorme cavalo, e fingiram que se afastavam. Os troianos, vendo esse colosso sob seus muros, resolveram apoderar-se dele e colocá-lo na cidadela.

Sabendo disso, Laocoonte corre quase em fúria, esforça-se para dissuadir os seus concidadãos, aponta-lhes como um ardil ou uma máquina de guerra o colosso abandonado pelos gregos, e atira um dardo contra os flancos do cavalo. Os troianos, em sua cega confiança, viram nessa ação uma impiedade, e ficaram ainda mais persuadidos quando duas horríveis serpentes, vindas do mar, dirigiram-se ao altar em que Laocoonte costumava fazer sacrifícios, atiraram-se sobre os seus dois filhos, Antifalo e Timbreu, envolveram-nos em seus anéis, prenderam também Laocoonte que fora em socorro dos filhos, e só deixaram as três vítimas depois de havê-las sufocado e dilacerado com as suas dentadas peçonhentas.

Os troianos, então, fazem entrar na cidade o colosso fatal e colocam-no no templo de Minerva. Na noite seguinte, enquanto toda a cidade estava mergulhada em profundo sono, um traidor, transfuga do exército grego, chamado Sinon, abre os flancos do cavalo, deixa uma saída aos soldados, e então Troia é tomada e entregue às chamas.

O episódio de Laocoonte, uma das mais belas passagens da Eneida, de Virgílio, inspirou a célebre obra-prima da escultura, da qual o Louvre possui uma reprodução. É atribuída a três excelentes artistas de Rodes: Polidoro, Atenodoro e Agesandro, que juntos a talharam, em um só bloco de mármore. Foi achada em Roma, nos banhos de Tito, em 1506.

Heleno

Heleno, filho de Príamo e de Hécuba, o mais esclarecido adivinho de Troada, e o único filho desse rei que sobreviveu à ruína da pátria, iniciado na arte da adivinhação por Cassandra, sua irmã, predizia o futuro pela trípode, pelo loureiro lançado ao fogo, pela astrologia, e finalmente, pela inspeção do voo dos pássaros e a inteligência de sua linguagem.

No fim do cerco de Troia, ofendido por não haver podido obter Helena em casamento, retirou-se para o Monte Ida. Ulisses, de acordo com Calcas, surpreendeu-o à noite, e conduziu-o prisioneiro ao acampamento dos gregos. Foi então que este adivinho lhes disse que jamais eles destruiriam a cidade de Troia, sem a presença e o auxílio de Filoctetes.

Tendo-se tornado escravo de Pirro, filho de Aquiles, soube conquistar a sua amizade com predições úteis a este príncipe. Em reconhecimento, Pirro não somente cedeu a Heleno a viúva de Heitor, como esposa, mas ainda o deixou como sucessor ao reino do Épiro. O próprio filho de Pirro, Molosso, só reinou depois da morte de Heleno, e ainda assim partilhando os estados com Cestrino, filho deste príncipe.

Cassandra

Cassandra, filha de Príamo e de Hécuba, foi amada por Apolo, que lhe concedeu o dom da profecia. Depois, o deus se arrependeu, e não podendo tirar-lhe o dom de predizer, desacreditou as suas predições e a fez passar por louca. Seus prognósticos, suas advertências só conseguiam torná-la odiosa.

Tendo predito reveses a Príamo, a Páris, e a toda a cidade, foi encerrada em uma torre, onde não cessava de deplorar as desgraças de sua pátria. Seus gritos e suas lágrimas aumentaram quando soube da partida de Páris para a Grécia, mas todo mundo riu das suas ameaças. Ela se opôs, mas sem sucesso, à entrada do cavalo de pau na cidade.

Na noite da tomada de Troia, Cassandra refugiou-se no templo de Palas-Minerva, onde Ájax, filho de Olleu, ultrajou-a da maneira mais indigna. Agamenon, a quem ela coube por sorte, sensível ao seu mérito e beleza, levou-a para a Grécia. Em vão predisse ela a este príncipe a sorte que lhe estava reservada; sua predição teve o costumado efeito, e Clitemnestra mandou massacrá-la, juntamente aos dois gêmeos que Cassandra tivera de seu marido.

Micenas e Armicleia pretendiam encerrar o seu túmulo. Leuctres construiu-lhe um templo e lhe consagrou uma estátua, sob o nome de Alexandra.

Anquises

Anquises, descendente de Tros, o fundador de Troia, por Assáraco e Cápis, teve a rara fortuna de agradar a uma deusa, e Vênus anunciou-lhe que lhe daria um filho que seria educado pelas ninfas até cinco anos, idade em que o entregaria em suas mãos. Este filho devia ser Eneias.

Anquises não pôde calar a sua felicidade; Júpiter, para o punir da sua indiscrição, atirou-lhe o raio que entretanto apenas lhe fez uma insignificante ferida. Depois da tomada de Troia, Anquises custou muito a se resolver a abandonar a cidade; um trovão, que ele tomou por um augúrio favorável, determinou a partida.

Eneias conduziu-o até os navios, e ele embarcou com os seus deuses penates e o que tinha de mais precioso. Viveu até a idade de oitenta anos, e foi enterrado no Monte Ida, segundo Homero, e, segundo Virgílio, em Drepane, na Sicília, onde ele morreu e onde seu filho lhe erigiu uma sepultura.

Sarpédon

Filho de Júpiter e de Laodamia, filha de Belerofonte, Sarpédon reinava nesta pequena parte da Lícia, banhada pelo Xanto, e tornava os seus estados florescentes por sua justiça e seu valor. Veio em socorro de Príamo com numerosas tropas e foi um dos mais intrépidos defensores de Troia.

Era de uma altura gigantesca. Um dia, avançou contra Pátroclo que fazia fugir os troianos, e quis combatê-lo. Júpiter, vendo seu filho prestes a sucumbir em luta com o adversário, foi tomado de compaixão: ele sabia que o destino tinha condenado Sarpédon a morrer naquele momento; ficou entretanto em dúvida se devia arrancá-lo à morte, defraudando dessa vez os decretos do destino. Ante as admoestações de Juno, determinou-se a ceder; mas fez cair, no mesmo instante, sobre a Terra uma chuva de sangue, para honrar a morte do filho tão querido.

Depois que Sarpédon morreu, os gregos não puderam levar senão suas armas para os navios. Apolo, por ordem de Júpiter, foi pessoalmente levantar o corpo do guerreiro no campo de batalha, lavou-o nas águas do Rio Escamandro[34], perfumou-o de ambrosia, revestiu-o de roupas imortais e o depôs entre as mãos do Sono e da Morte, que o levaram imediatamente a Lícia, para o meio do seu povo.

---

34 Um rio que deságua no Helesponto, conhecido também como Xanto ou "Rio Amarelo" (conforme mencionado na obra de Tassilo Orpheu Spalding). (N. do R.)

EMIGRAÇÃO TROIANA

Eneias

Eneias, descendente do sangue dos reis de Troia, filho de Anquises e de Vênus, neto de Assáraco, foi educado pelo famoso Quíron, como se fosse um príncipe da Grécia. Dele aprendeu todos os exercícios que podem contribuir a formar um herói. Depois de haver tomado lições com esse hábil mestre, casou-se com Creusa, filha de Príamo.

Quando Páris raptou Helena, Eneias previu as tristes consequências dessa violação da hospitalidade, e aconselhou restituir aquela que devia causar a perda de sua pátria. Apesar de ter condenado a guerra, combateu com coragem. Acima dele, Homero não coloca senão Heitor, e não obstante a sua simpatia pelos gregos, só faz curvar Eneias ante Aquiles e Diomedes; Eneias não foge, mas é arrastado do combate, ora por Apolo, ora por Vênus.

Na noite em que Troia sucumbiu, tenta ele valentemente deter e repelir os inimigos nas ruas da cidade; mas suplantado pelo número, e vendo que tudo está perdido, sem esperança, carrega sobre os ombros seu pai Anquises, juntamente aos deuses penates, e tendo pela mão seu filho Ascânio, retira-se para o Monte Ida com todos os troianos que pode reunir, entre os quais o velho Aletes, Ilioneu, Abas, Orontes e um amigo, o fiel Acates.

Nessa fuga precipitada perdeu sua mulher, Creusa. Regressou imediatamente na esperança de encontrá-la; ela, porém, lhe apareceu como uma sombra e lhe revelou que fora raptada por Cibele.

Depois de haver construído uma frota de vinte navios e costeado a Trácia, uma parte da Grécia, arribou no Épiro, onde encontrou Heleno que lhe predisse a série de suas provações. Fez-se de novo à vela, arrostou várias tempestades, abordou a África e foi recebido em Cartago por Dido, que Vênus dispôs em seu favor. Amado por essa princesa, o herói se esqueceu algum tempo nos prazeres da sua corte: Mercúrio, porém, veio arrancá-lo dessa armadilha que o ódio de Juno preparara à sua glória; e da Sicília, aonde o levara a celebração das honras fúnebres em honra de Anquises, morto nessa ilha no ano precedente, chegou à Itália, consultou a Sibila de Cumes, desceu aos Infernos, viu nos Campos Elísios, os heróis troianos e seu pai, do qual soube o seu destino e o da sua posteridade.

Retornado dos Infernos, veio acampar à margem do Tibre, onde Cibele mudou os seus navios em ninfas. O cumprimento de vários oráculos o advertiu de que as suas expedições tinham terminado. Latino, rei do país, acolheu-o favoravelmente; mas a violência de Turno rompeu a paz que acabava de ser jurada, arrastou o velho monarca a uma guerra que terminou pela morte de Turno. Eneias, depois de tê-lo morto em combate singular, desposou Lavínia, filha de Latino, e fundou a cidade de Lavinium, que os romanos consideram como berço do seu império.

Depois de quatro anos de um reinado tranquilo, os rútulos, ligados aos etruscos, recomeçaram a guerra. Travou-se uma sangrenta batalha, depois da qual Eneias desapareceu, dizem, no Numício, curso d'água que deságua no Mar Tirreno. Tinha ele trinta e oito anos. Mas esse desenlace não parecendo digno de tal herói, pretendeu-se e revelou-se que Vênus, sua mãe, o arrebatara ao céu, depois de ter lavado o seu corpo nas águas de um ribeiro. Elevou-se um monumento a Eneias nas margens do Numício, e os romanos o veneraram sob o nome de Júpiter-Indígete.

Latino

Latino, rei do Lácio, era filho de Fauno e da ninfa Marica. Teve de sua mulher, Amada, um filho, morto na flor da idade. Não lhe restava senão uma filha, Lavínia, jovem princesa pedida em casamento por diversos príncipes da Itália, e sobretudo por Turno, rei dos rútulos, a quem Amada, sua tia, favorecia. Mas espantosos prodígios haviam retardado essa união.

Um dia em que a princesa queimava perfumes sobre o altar, o fogo atingiu a sua cabeleira, prendeu-se aos seus vestidos, espalhou em torno dela turbilhões de chama e de fumo, sem que ela experimentasse o menor mal. Os adivinhos consultados auguraram que seu destino seria brilhante, mas fatal ao seu povo; e Fauno proibiu a Latino de casar sua filha com um príncipe do Lácio, anunciando um estrangeiro cujo sangue misturado com o seu devia elevar até o céu a glória do nome latino.

Foi nessa ocasião que Eneias abordou à Itália e veio pedir asilo a Latino. O rei recebeu-o bem, e lembrando-se do oráculo de Fauno fez aliança com Eneias, oferecendo-lhe sua filha em casamento. Os latinos se opuseram e forçaram seu príncipe à guerra. O troiano, tendo vencido, tornou-se dono da princesa e herdeiro de Latino.

Viúva de Eneias, e vendo seu trono ocupado por Ascânio, Lavínia não deixou de recear pelos seus dias. Foi-se esconder nas florestas, onde deu à luz a um filho que teve o nome de Silvio. A ausência da princesa fez murmurar o povo, Ascânio viu-se obrigado a procurá-la e a lhe ceder a cidade de Lavínia.

Evandro

Evandro foi o chefe de uma colônia de arcadianos que veio estabelecer-se na Itália, nos arredores do Monte Aventino. Este príncipe trouxe para ali, com a agricultura, o uso das letras, e conquistou por esse meio, e ainda mais por sua sabedoria, a estima e o respeito dos aborígines que, sem o terem tomado como rei, lhe obedeciam como a um amigo dos deuses.

Evandro recebeu Hércules em sua casa, e quis ser o primeiro a venerá-lo como uma divindade, mesmo durante a vida; elevou-se às pressas um altar diante de Hércules, e Evandro imolou, em sua honra, um novilho. Desde então, esse sacrifício foi renovado todos os anos sobre o Monte Aventino.

Pretende-se que foi Evandro quem levou para a Itália o culto da maior parte das divindades dos gregos, quem instituiu os primeiros Salianos, os Lupercos e os Lupercais. Construiu em Ceres o primeiro templo no Monte Palatino.

Virgílio supõe que ele vivia ainda no tempo de Eneias, com quem fez aliança e a quem ajudou com as suas tropas. Segundo o mesmo poeta, Evandro enviou o seu filho Palas a socorrer os troianos de Eneias. Esse jovem e belo guerreiro, depois de se fazer notar por suas façanhas, morreu no campo de batalha. Sua morte e funerais, descritos na Eneida, formam quadros do mais patético interesse.

Evandro, depois de morto, foi colocado, pelo reconhecimento de seus súditos, entre os imortais; recebeu todas as honras divinas. Alguns mitólogos estão persuadidos de que era a Evandro que se honrava em Saturno, e que seu reino foi a Idade de Ouro na Itália.

Ascânio ou Iulo

Ascânio, ou Iulo, era filho único de Eneias e de Creusa, filha de Príamo. Na noite da tomada de Troia, Eneias e Anquises, estando indecisos quanto ao partido que deviam tomar, viram esvoaçar uma leve chama sobre a cabeça de Ascânio, sem lhe queimar os cabelos, o que lhes pareceu um presságio favorável, o que os decidiu a procurar um novo estabelecimento em países estrangeiros. Na Itália, Ascânio sucedeu a seu pai e construiu Longa Alba, da qual fez a capital de seu reino.

Niso ou Euríalo

Dois jovens guerreiros troianos, Niso, filho de Hirtaco, e Euríalo, filho de Ofeltes, tinham seguido Eneias à Itália. Eram unidos por uma amizade indissolúvel. Uma tarde, na ausência de Eneias, Niso, o mais velho dos dois, estando de guarda à porta do campo, provocado pelos rútulos, concebe o projeto de transpor as linhas inimigas para ir em busca do herói, seu chefe. Euríalo aprova o seu amigo, e apesar de sua idade, não o quer deixar partir só: recomenda sua mãe a Iulo, e os dois jovens guerreiros partem juntos. Depois de terem massacrado um grande número de rútulos adormecidos, encontraram um destacamento latino conduzido por Volcente. Niso escapa, Euríalo é alcançado e vai perecer; Niso retorna e pede inutilmente para morrer em lugar do seu jovem amigo. Euríalo é degolado, e Niso não sucumbe senão depois de ter vingado sua morte com a de Volcentes. Tal é o resumo da admirável narração de Virgílio, no nono livro da *Eneida*.

LENDAS POPULARES

Dido

Dido, filha de Belo, rei de Tiro, tinha casado com um sacerdote de Hércules chamado Sicarbas, ou Siqueu, o mais rico de todos os fenícios. Depois da morte de Belo, Pigmalião, seu filho, subiu ao trono. Este príncipe, cego pela paixão das riquezas, surpreendeu um dia Siqueu, quando estava fazendo sacrifícios aos deuses, e o assassinou junto do altar. Escondeu durante muito tempo este crime, iludindo sua irmã com uma esperança inútil. Mas a sombra de Siqueu, privada das honras da sepultura, apareceu em sonhos a Dido, mostrou-lhe o altar ao pé do qual tinha sido imolado e a aconselhou a fugir e levar consigo os tesouros de há muito ocultos em lugar que lhe indicou.

Dido, ao despertar, dissimulou a sua dor, preparou a fuga, assegurou-se dos navios que estavam no porto, neles recebeu todos quantos odiavam ou temiam o tirano, e partiu com as riquezas de Siqueu e as do avaro Pigmalião. A flotilha abordou primeiro a Ilha de Chipre, onde Dido raptou cinquenta moças que ofereceu aos seus companheiros. De lá, levou sua colônia para a costa da África, e aí construiu Cartago.

Para determinar o âmbito de sua nova cidade, ela comprou o tanto de terreno que a pele de um boi cortada em tiras pudesse envolver, o que lhe forneceu bastante espaço, para nele construir uma cidadela que foi chamada Birsa, isto é, em grego, "couro de boi".

Ela foi pedida em casamento por Iarbas, rei da Mauritânia; mas o amor que ela conservava pelo seu primeiro marido a fez rejeitar essa aliança. No receio, porém, de, pelas armas do príncipe e pelos desejos dos seus súditos, ser obrigada a casar, pediu três meses para refletir. Durante esse intervalo fez os preparativos dos seus funerais, e chegado que foi o termo fatal, apunhalou-se. Esse ato de extrema energia deu-lhe o nome de Dido, isto é, mulher de resolução, em lugar do de Elisa, que tivera até então.

Virgílio, por um anacronismo de mais de trezentos anos, aproximou Dido de Eneias por quem fê-la apaixonar-se, e por ela ser detido em Cartago.

Quando o herói se afastou, ela chamou sua irmã Ana, anunciou-lhe que se não podia consolar com a sua partida, depois subiu à sua fogueira fúnebre e suicidou-se.

Enquanto a frota dos troianos singrava em direção da Sicília e da Itália, Enéias pôde perceber na praia as chamas que consumiam aquela a quem abandonara para obedecer ao destino.

Pigmalião

Pigmalião, filho de Belo, rei de Tiro, irmão de Dido e de Ana, e que assassinou Siqueu, seu cunhado, para se apoderar dos seus tesouros, não deve ser confundido com um outro Pigmalião, famoso estatuário da Ilha de Chipre.

Este aqui, revoltado contra o casamento por causa do mau comportamento das propétidas, de que era diariamente testemunha, votou-se ao celibato. Apaixonou-se porém, por uma estátua de marfim, obra do seu cinzel, e obteve de Vênus, à força de preces, animá-la. Tendo sido seu pedido atendido, desposou-a, tendo dela um filho chamado Pafos, que foi mais tarde o fundador de uma cidade à qual deu o seu nome.

As propétidas, mulheres de Chipre, tinham negado a divindade de Vênus, que as puniu acendendo nos seus corações uma chama de impudor. Acabaram por perder de todo a vergonha, e foram insensivelmente transformadas em rochedos.

Midas

Midas, filho de Górgias e de Cibele, reinou na parte da Grande Frígia onde corre o Pactolo. Baco, tendo vindo a esse país, acompanhado de sátiros e de Sileno, o bom velho parou junto de uma fonte na qual Midas tinha derramado vinho para atraí-lo. Alguns camponeses que aí o encontraram embriagado, depois de orná-lo com grinaldas, levaram-no à presença de Midas. Este príncipe, instruído nos mistérios por Orfeu e Eumolpo, recebeu amavelmente o velho Sileno, reteve-o durante dez dias que passaram em prazeres e banquetes, e o entregou a Baco.

O deus, encantado de rever o seu preceptor, disse ao rei da Frígia que lhe pedisse tudo quanto desejasse. Midas lhe pediu que todo o objeto que suas mãos tocassem se convertesse em ouro. Baco concedeu.

As primeiras experiências de Midas o deslumbraram; mas os próprios alimentos se transformavam em ouro, e ele se viu pobre no meio dessa enganadora abundância, que o condenava a morrer de inanição, e foi obrigado a pedir a Baco que lhe retirasse o dom fatal, que de bom só tinha a aparência. Baco, comovido ante o seu arrependimento, disse-lhe que fosse mergulhar no Pactolo. Midas obedeceu, e, perdendo a virtude de transformar em ouro tudo quanto tocasse, comunicou-a ao rio, no qual, desde então, rola uma areia de ouro.

Ovídio acrescenta a essa primeira fábula uma outra que se relaciona com as de Pã e Apolo: "Pã, aplaudindo-se um dia, em presença de algumas jovens ninfas, por causa da beleza de sua voz e os doces sons de sua flauta, teve a temeridade de preferi-los à lira e aos cantos de Apolo, e levou sua vaidade a ponto de desafiar o deus. Midas, amigo de Pã, escolhido como juiz entre os dois rivais, deu a vitória ao seu amigo. Apolo, para se vingar, fez-lhe crescer orelhas de burro. Midas tinha grande cuidado em ocultar essa deformidade, e cobria-a com uma tiara magnífica. O barbeiro que cuidava dos seus cabelos percebeu as estranhas orelhas, mas não ousou falar. Fatigado, porém, com o peso de tal segredo, dirigiu-se a um lugar afastado, fez um buraco na terra, aproximou a boca e disse em voz baixa que o seu senhor tinha orelhas de asno; depois tapou o buraco e retirou-se. Algum tempo mais tarde, nasceram ali umas canas, que dentro de um ano secaram; agitadas pelo vento elas repetiam as palavras do barbeiro, e disseram a todo o mundo que Midas tinha orelhas de burro".

Báucis e Filemon

Báucis, mulher pobre e idosa, vivia, com seu marido Filemon, quase tão velho como ela, em uma pequena cabana. Júpiter, sob a forma de um simples mortal, e acompanhado de Mercúrio, quis visitar a Frígia. Os dois viajantes chegaram a um burgo, perto do qual viviam Filemon e Báucis; fingindo sucumbir de fadiga, bateram a todas as portas pedindo hospitalidade. Nenhum habitante quis recebê-los. Saíram do povoado e foram bater à cabana dos dois velhos, que se prontificaram em lhes prodigalizar seus cuidados.

Tudo era pobre e antigo em casa de Filemon e Báucis, mas sua generosidade, seu bom coração, suprindo a fortuna, puseram tudo quanto tinham à disposição dos deuses. Para os recompensar,

Júpiter convidou-os a segui-lo até o alto de uma montanha; e eles o acompanharam docilmente, apesar da sua idade e da pesada marcha. Lá em cima, olharam para trás e viram todo o burgo e os arredores submergidos, exceto sua pequena cabana que foi transformada em um maravilhoso templo. Então Júpiter disse a seus hóspedes piedosos e humanos que lhe exprimissem um desejo, prometendo satisfazer imediatamente tudo quanto pedissem. Os dois esposos desejaram unicamente ser os sacerdotes do templo, e não morrer um sem o outro.

Seus desejos foram satisfeitos. Chegados à mais extrema velhice, encontravam-se um dia, um junto do outro diante do templo. De repente, Filemon percebeu que Báucis se metamorfoseava em árvore, em uma magnífica tília, e Báucis, por sua vez, ficou admirada ao ver que Filemon se transformava em um soberbo carvalho. Dirigiram-se então os mais ternos adeuses, que cessaram pouco a pouco como um doce murmúrio nos seus ramos e sob sua folhagem.

Esta simples e graciosa lenda é bem conhecida pela narrativa, em verso, de La Fontaine.

Hero e Leandro

Hero, sacerdotisa de Vênus, morava em Sestos, cidade situada às margens do Helesponto, do lado da Europa; em frente estava Ábidos, do lado da Ásia, onde habitava o jovem Leandro. Este, tendo-a visto em uma festa de Vênus, apaixonou-se por ela, fez-se amar, e para ir vê-la atravessava, a nado, o Helesponto, cujo trajeto entre esses dois lugares era de oitocentos e setenta e cinco passos.

Hero acendia, todas as noites, um facho no alto de uma torre, para o guiar no seu caminho. Depois de muitas visitas, o mar tornou-se tempestuoso; sete dias se passaram; Leandro, impaciente, não pôde esperar o bom tempo, e atirou-se a nado; faltou-lhe a força, e as ondas atiraram seu corpo à margem de Sestos. Hero, não querendo sobreviver ao amante, precipitou-se no mar.

Medalhas representam Leandro precedido por um Cupido que voa, tendo um facho na mão, para guiá-lo na perigosa travessia. Essa lenda inspirou ao gramático grego Museu um pequeno poema épico, bela e graciosa obra-prima.

Píramo e Tisbe

Píramo, jovem assírio, estava apaixonadamente enamorado da jovem e bela Tisbe, que experimentava por ele os mesmos sentimentos. Moravam na mesma cidade, quase na mesma casa, e entretanto não se podiam ver nem se entreter juntos livremente, tanto seus pais punham obstáculos às suas conversas e encontros. Projetaram um encontro fora da cidade, sob uma amoreira branca.

Era noite, e havia luar. Tisbe, envolta em um véu, foi a primeira a chegar ao local combinado. Mas foi atacada por uma leoa que tinha a goela ensanguentada, da qual se livrou tão precipitadamente, que deixou cair o véu. A fera, encontrando-o no seu caminho, fê-lo em pedaços e o ensanguentou.

Píramo chegou mais tarde, apanhou o véu, que horrorizado reconheceu, e julgando que Tisbe havia sido devorada, matou-se com a própria espada. Nesse ínterim, Tisbe, abandonando o lugar em que se refugiara, voltou ao local; mas, tendo encontrado Píramo expirando, apanhou a espada fatal, e a atravessou no coração.

Conta-se que a amoreira ficou manchada com o sangue dos amantes, e que as suas amoras, brancas até então, ficaram sendo vermelhas. Este tema foi aproveitado em verso por La Fontaine.

Cicno

Cicno, filho de Estênelo, rei da Ligúria, unido pelos laços do sangue a Faetonte, do lado materno, tendo sabido da morte do seu amigo, abandonou seus estados para o ir chorar às margens do Erídano, porque era inconsolável em sua dor. Durante todo o dia, e muitas vezes durante a noite, procurava a solidão, ao longo do rio, exalando os seus queixumes em cantos melancólicos aos quais se uniam o doce marulho das águas e a agitação dos álamos. Assim chegou à velhice sem conseguir consolar-se. Os deuses tiveram piedade dele; mudaram em penas os seus cabelos brancos, e o metamorfosearam em cisne.

Sob essa forma, Cicno ainda se lembra do raio de Júpiter que fez perecer seu amigo; lança tristes queixumes, não ousa abrir o voo, rasteja a terra e habita o elemento oposto ao fogo.

Os Pigmeus

Os pigmeus, povo fabuloso que se dizia ter existido na Trácia, eram homens muito pequeninos. Tinham no máximo um côvado de altura: suas mulheres eram mães de família na idade de três anos, e aos oito já estavam muito velhas. Suas cidades e casas eram construídas com cascas de ovos; no campo, retiravam-se em buracos que faziam na terra; cortavam o trigo com machadinhas, como se se tratasse de abater uma floresta.

Um exército desses pequenos homens atacou Hércules que adormecera depois da derrota do gigante Anteu, e, para vencê-lo, tomou as mesmas precauções que tomaria para formar um cerco: as duas alas desse pequeno exército apoiam-se sobre a mão do herói; e, enquanto que o corpo de batalha se coloca sobre a esquerda, e que os arqueiros fazem o assédio dos pés, a rainha, com os seus súditos mais bravos, dá o assalto à cabeça. Hércules desperta e, rindo do projeto desse formigueiro, envolve-os todos na sua pele de leão e os conduz a Euristeu.

Os pigmeus tinham declarado a guerra aos grous[35] que todos os anos vinham da Citia atacá-los: nossos guerreiros montados sobre perdizes, ou segundo outros, sobre cabras e carneiros de uma altura proporcionada à sua, armavam-se com todas as armas para combater seus inimigos.

Os gregos que, nas suas fábulas, admitiam a existência dos gigantes, isto é, de homens de uma altura extraordinária, imaginaram, para fazer contraste, esses homenzinhos de um côvado, a que chamaram "pigmeus", da palavra *pigme*, medida de 18 dedos, aproximadamente 338 milímetros.

A ideia desses homenzinhos talvez tenha vindo aos gregos, de certos povos da Etiópia, chamados "pequinos". Esses povos eram de uma altura muito menor que a ordinária; como os grous, se retiravam todos os invernos ao seu país, eles se reuniam para fazer-lhes medo e impedi-los de devastar os campos.

Homero, na *Ilíada*, compara os troianos aos grous que se baseiam sobre os pigmeus, prova manifesta de que essa fábula era popular na Grécia

---

35 Grous são aves de pernas longas. (N. do R.)

desde tempos os mais remotos. De resto, muitos vasos gregos representam os combates de pigmeus e grous.

Giges

Giges era um pastor de Candaulo, rei da Lídia. Passeando um dia no campo, percebeu uma profunda escavação que se produzia na terra em consequência de chuvas torrenciais. Teve a curiosidade de entrar nesse buraco, onde fez uma estranha descoberta. Diante dele estava um enorme cavalo de bronze, em cujos flancos portas se erguiam. Giges, tendo-as aberto, viu no interior do cavalo o esqueleto de um gigante que tinha no dedo um anel de ouro. Tomou esse anel, colocou-o no seu dedo, e sem dizer uma palavra sobre essa aventura, foi reunir-se aos outros pastores da vizinhança.

Quando se encontrou em sua companhia, notou que todas as vezes que fazia girar o engaste do seu anel por dentro, do lado da palma da mão, tornava-se invisível para todos, mas não deixava de ver nem de ouvir tudo quanto se passava ao redor. Logo, porém, que punha o engaste para fora, no seu lugar ordinário, voltava a ser visível.

Tendo-se assegurado por muitas experiências da maravilhosa propriedade do seu anel, dirigiu-se à corte, e como era ambicioso, matou o rei Candaulo, casou com a rainha e usurpou a realeza.

Mílon de Crotona

Mílon de Crotona, filho de Diótimo, foi um dos mais célebres atletas da Grécia. Diz-se que seis vezes foi vencedor na luta dos Jogos Olímpicos, na primeira vez ainda na classe das crianças. Apresentou-se uma sétima vez em Olímpia, mas não pôde combater por falta de antagonista. Nos outros jogos da Grécia, em todos obteve o mesmo êxito.

Era de uma força extraordinária, e para se ter uma ideia, contam-se dele coisas espantosas. Segurava uma romã na sua mão, e, pela simples aplicação dos dedos, sem esmagar nem apertar o fruto, mantinha-a tão bem que ninguém conseguia arrancá-la dele. Punha o pé sobre uma chapa besuntada de óleo, e, por conseguinte, muito escorregadia, e fosse qual fosse o esforço que se fizesse, não era possível abalá-lo nem fazê-lo soltar o pé. Envolvia a cabeça em uma corda à guisa de uma fita; depois retinha a respiração; nesse estado violento, o sangue subindo à cabeça, inchava-lhe de tal maneira as veias, que a corda se rompia. Colocava o braço direito atrás das costas, a mão aberta, o polegar levantado, os dedos juntos, e nenhum homem conseguia separar-lhe o dedo mínimo dos outros.

O que se conta da sua voracidade é quase incrível: vinte libras de carne, outras tantas de pão e sete canadas e tanto de vinho mal chegavam para saciá-lo. Um dia, tendo percorrido toda a extensão com um estádio, levando nos ombros um touro de quatro anos, matou-o de um soco e comeu-o todo em um só dia. Teve uma vez ocasião de belo uso de suas forças. Um dia, em que escutava as lições de Pitágoras, o teto da sala, onde o auditório estava reunido, ameaçando cair, ele o susteve sozinho e deu tempo aos auditores de se retirarem, e se salvou depois deles.

A confiança que tinha nas suas forças terminou por lhe ser fatal. Tendo encontrado em seu caminho um velho carvalho caído e entreaberto por algumas cunhas de pau empurradas à viva força, resolveu acabar de o fender com as suas mãos; mas com o esforço que fez as cunhas se soltaram, as duas partes da árvore se reuniram, as suas mãos ficaram presas como em um torno: não conseguiu retirá-las e foi devorado pelos lobos.

No grupo de mármore, obra de Puget, que está no Louvre, Mílon de Crotona é devorado por um leão, fantasia do escultor.

Rômulo e Remo

Silvio Procas, duodécimo rei de Alba longa deixou dois filhos, dos quais o mais moço, Amúlio, apoderou-se do trono, em prejuízo de Númitor, seu irmão mais velho. A fim de assegurar a coroa sobre a sua cabeça e a de seus filhos, Amúlio, em uma caçada, matou Lauso, filho de Númitor, e obrigou ao mesmo tempo Reia Sílvia a consagrar-se ao culto de Vesta, esperando privá-la da posteridade, desde que assim o casamento lhe seria interdito.

Entretanto, o deus Marte tornou Reia Sílvia, mãe de dois gêmeos, Rômulo e Remo. Amúlio, tendo sido informado, prendeu essa vestal, e mandou expor no Tibre os dois recém-nascidos colocados no mesmo berço. O rio tinha extravasado; logo as águas se retiraram, e as crianças ficaram em seco, num local selvagem. Uma loba, que acabara de perder os seus filhos, ouviu os vagidos de Rômulo e Remo, e os amamentou com um cuidado maternal.

Um pastor da vizinhança, Fáustulo, tendo notado as idas e vindas da loba, seguiu-a, encontrou as crianças, tomou-as e deu-as a guardar, em uma cabana, à sua mulher Aca Larêntia. Os dois irmãos cresceram entre os pastores, percorrendo os bosques e as montanhas, entregando-se à caça e lutando às vezes contra os ladrões que roubavam o seu gado. Ora, um dia Remo caiu entre as suas mãos e foi conduzido por eles à presença do rei Amúlio. Diante dele, acusaram-no de haver devastado os rebanhos de Númitor.

Em vez de castigar Remo, Amúlio mandou-o ao próprio Númitor que era o interessado em se vingar do culpado. O jovem prisioneiro se parecia com Sílvia, sua mãe. Por causa dessa evidente semelhança com sua filha, Númitor hesitava em fazer justiça. Nesse meio tempo, Rômulo, posto a par da sua origem e de sua família pelo pastor Faustulo, dirigiu-se a Alba, libertou seu irmão, matou o rei Amúlio, e tendo-se feito reconhecer, estabeleceu o seu avô Númitor no trono.

Pouco tempo depois, Rômulo e Remo imaginaram fundar uma cidade no local em que tinham sido expostos e recolhidos. Consultaram os auspícios para saber qual dos dois daria o nome à nova cidade. Dirigiram-se a uma colina e observaram o espaço. Remo viu seis abutres sobre o Monte Aventino; depois Rómulo viu doze sobre o Monte Palatino. A propósito levantou-se entre eles uma violenta disputa que, segundo uma tradição, terminou pela morte de Remo.

Mas a lenda mais comum admite que Remo terminou por ceder nessa ocasião, e permitiu a Rômulo dar em parte seu próprio nome à cidade de Roma. Mais tarde o plano dessa cidade foi traçado por um simples rego, e desde esse momento, Rômulo, por um edito solene, proibiu a quem quer que fosse de transpor o que ele já chamava as suas muralhas. Remo zombou dessa proibição, e, por pilhéria, saltou por cima do fosso. Imediatamente Rômulo, furioso, matou seu irmão, e sem piedade exclamou: "Assim morra de hoje em diante todo aquele que tente ultrapassar à força as minhas muralhas!"

Assassino de seu irmão, mas persistindo nos seus ambiciosos projetos, Rômulo construiu a cidade, e fez virem os pastores e os bandidos dos arredores, acolheu em um asilo inviolável os aventureiros, os escravos fugitivos, fez-se proclamar rei por esse amontoado de gente sem eira nem beira, e estabeleceu uma forma de governo. Mas, nessa multidão, desprezada pelas populações vizinhas, não havia mulheres. Para obtê-las, Rômulo recorreu ao artifício: fez anunciar por toda parte uma grande representação, jogos extraordinários que se realizariam na cidade. Os sabinos dirigiram-se para lá com suas mulheres filhos; e, durante a festa, a um sinal dado, os companheiros de Rômulo raptaram as sabinas.

Este ultraje ocasionou inicialmente sangrentas guerras que teriam continuado durante longos anos, se os sabinos, pela mediação das sabinas raptadas, não tivessem preferido a paz e a união com os romanos de maneira que não fizessem senão que um povo com eles. Tácio, seu rei, partilhou o próprio trono com Rômulo.

Depois de haver constituído um verdadeiro e sábio governo em Roma, e de se haver cercado de um colégio de áugures e de sacerdotes, de um exército e de um senado, Rômulo desapareceu subitamente em uma assembleia do Campo de Marte, durante uma tempestade entre relâmpagos e trovões. Presume-se que tenha sido assassinado pelos seus novos súditos. Diz-se mesmo que os senadores o levaram em pedaços sob as dobras das suas roupas. Entretanto, um certo Próculo afirmou, sob juramento, que tinha visto Rômulo subir ao céu, e que o rei lhe ordenara que se lhe tributassem as honras divinas. Imediatamente construiu-se um templo, onde foi ele venerado sob o nome de Quirino, e criou-se para o seu culto um sacerdote especial chamado Flaminio Quirinal.

Hersília, uma das sabinas raptadas pelos romanos, e depois mulher de Rômulo, foi também depois de morta, colocada entre as divindades. Era venerada no mesmo templo de Quirino, sob os nomes de Hora ou Horta. Seu culto tinha alguma semelhança com o de Hebe, e era invocada para proteger a mocidade romana. Passava por inspirar aos moços o amor da virtude e das ações gloriosas. Seus santuários não se fechavam nunca, símbolo da necessidade em que está o homem, dia e noite, de ser excitado a fazer o bem. Também era chamada Estímula.

ALGUMAS DIVINDADES ALEGÓRICAS

Harpócrates

Harpócrates, o deus do silêncio, tinha, segundo a crença, uma origem egípcia; pretendia-se que era filho de Ísis e de Osíris, e é confundido por certos mitólogos com Hórus. Na Grécia e em Roma, sua estátua era frequentemente colocada à entrada dos templos, o que significava que é preciso venerar os deuses em silêncio, ou que os homens, não tendo da divindade senão um conhecimento imperfeito, só lhe devem falar com respeito. Os antigos usavam muitas vezes nos seus sinetes a figura de Harpócrates, para indicar que se deve guardar o segredo das cartas.

Representavam-no como um homem jovem e nu, ou vestido com um trajo rojando o chão, ornado de uma mitra à moda egípcia, ou levando na cabeça um cesto, segurando em uma mão uma cornucópia, e, na outra, ora uma flor de lótus, ora uma aljava. O símbolo que principalmente o distingue é o dedo indicador sobre a boca, para recomendar o silêncio e a discrição. O mocho, emblema da noite, é algumas vezes colocado aos pés da sua estátua.

Entre as árvores, o pessegueiro e o lótus eram-lhe especialmente consagrados, porque, diz Plutarco, a folha do pessegueiro tem a forma de uma língua e o seu fruto a de um coração, símbolo do perfeito acordo que deve existir entre os dois órgãos.

Lara, ou Muta, ou Tácita

Roma possuía também a deusa do silêncio, que era venerada sob os nomes de Lara, Muta ou Tácita. Seu culto tinha sido recomendado pelo rei Numa Pompílio, que julgara essa divindade necessária ao estabelecimento do seu novo Estado.

Lara era uma náiade do Álmon, regato que se atira no Tibre, abaixo de Roma. Júpiter, apaixonado por Juturna, não tendo podido encontrá-la, porque ela fugira e se atirara no Tibre, chamou todas as náiades do Lácio, e lhes suplicou que impedissem a ninfa de se esconder nas suas ribeiras. Todas prometeram o seu serviço. Lara, vendo-se só, foi declarar a Juturna e a Juno os desígnios de Júpiter. O deus, irritado, fez cortar-lhe a língua e ordenou a Mercúrio que a conduzisse aos infernos; em caminho, porém, Mercúrio sensibilizado ante a beleza dessa ninfa, fez-se amar por ela, e dessa união nasceram dois filhos, que, por causa de sua mãe foram chamados Lares.

A festa dessa deusa do silêncio celebrava-se em Roma no dia 18 de fevereiro. Ofereciam-lhe sacrifícios para impedir a maledicência. Os romanos reuniram a sua festa à dos Mortos, seja porque ela passava por ser a mãe dos Lares, seja porque, tendo a língua cortada, era o emblema da morte, por seu eterno silêncio.

Pluto

Pluto, deus das riquezas, era colocado no número dos deuses infernais, porque a fortuna é retirada do seio da terra, morada dessas divindades. Nasceu de Ceres e de Jásio, na Ilha de Creta. Este deus, na sua mocidade, tinha uma excelente vista; mas tendo declarado a Júpiter que não queria andar senão com a Virtude e com a Ciência, o pai dos deuses, ciumento das pessoas de bem, cegara-o para tirar-lhe os meios de discernir. Tal é, pelo menos, a lenda de Aristófanes, autor da comédia intitulada Pluto. Acrescenta Luciano que, depois que ficou cego, este deus, que ainda por cima é coxo, vai quase sempre com os maus.

Representa-se ordinariamente Pluto sob a figura de um velho que segura uma bolsa na mão. Segundo os antigos, chegava a passos lentos, e regressava com asas, porque as riquezas se adquirem pouco a pouco e são depressa dissipadas.

Ate e os Lites, ou Preces

Ate, filha de Júpiter, deusa malfazeja, odiosa aos mortais e aos deuses, não tem outra ocupação além da de perturbar o espírito dos homens para entregá-los à desgraça. Juno, tendo enganado Júpiter com Hércules de quem teve Euristeu, o deus voltou contra Ate todo o seu ressentimento, considerando-a como autora de todo mal. Segurou-a pelos cabelos, atirou-a à terra e jurou que ela nunca mais entraria nos céus. Desde então, percorre ela o mundo com uma celeridade incrível e se apraz nas injustiças e calamidades dos homens.

As Lites, isto é, as Preces, são as irmãs de Ate, e, como ela, filhas de Júpiter, Homero descreveu-as sob uma engenhosa alegoria: "Elas são coxas, cheias de rugas, sempre com os olhos baixos, atitude humilde e abatida; caminham depois de Ate, ou a Injúria; porque a Injúria altiva, confiante nas suas próprias forças, e de pé ligeiro, adianta-se sempre a elas e percorre a terra para ofender os homens; e as humildes preces seguem-na para curar os males que ela fez. Aquele que as respeita e as ouve recebe grandes auxílios; mas aquele que as repele experimenta por sua vez sua cólera temível".

Têm elas uma grande ascendência sobre o coração de seu pai, senhor dos homens e dos deuses.

A Boa-Fé

A Boa-Fé, deusa dos romanos, tinha o seu culto estabelecido no Lácio em uma época muito remota, dizem até que talvez anterior ao reinado de Rômulo. O rei Numa, por conselhos da ninfa Egéria, elevou-lhe um templo no Monte Palatino, e mais tarde teve ela um outro no Capitólio, perto do de Júpiter. Tinha sacerdotes e sacrifícios que lhe eram próprios. Representavam-na sob a figura de uma mulher vestida de branco, com as mãos juntas. Nos sacrifícios que lhe faziam, sempre sem efusão de sangue, seus sacerdotes deviam estar velados com um tecido branco e envolver a mão com o mesmo pano.

Duas mãos unidas eram o símbolo da Boa Fé.

Um antigo deus dos sabinos, *Dius Fidius* ou simplesmente *Fidius*, cujo culto passou a Roma, era também considerado como o deus da boa-fé. Os romanos juravam por esta divindade. A fórmula do juramento *Me Dius Fidius* e, por abreviação *Medi Edi*, significava: "Que *Dius Fidius* me proteja".

A Fraude, ou Má-Fé

A Fraude ou Má-Fé era uma divindade monstruosa e infernal. Representavam-na como uma cabeça humana de fisionomia agradável, o corpo salpicado de diversas cores, e o resto em forma de serpente com cauda de escorpião.

Este monstro vivia no Cócito. Fora d'água só aparecia a cabeça; o resto do corpo estava mergulhado no rio, para indicar que os enganadores mostram sempre as belas aparências e escondem com cuidado a armadilha que preparam.

Também a representaram sob os traços de uma mulher de duas cabeças, metade moça, metade velha, nua até a cintura. Na mão direita tem dois corações, e, na esquerda, uma máscara. Sob uma saia curta aparecem a cauda de um escorpião e as garras de um abutre.

A Inveja

Os gregos tinham feito da Inveja um deus, porque a palavra *ftonos*, que, na sua língua, exprime inveja, é masculina; os romanos fizeram-na uma deusa. O seu nome, Invídia, é derivado de um verbo que significa "olhar com maus olhos". Para garantir os seus filhos do "mau olhado", isto é, da influência do gênio maléfico, os gregos recorriam a práticas supersticiosas, e o mesmo acontecia com os romanos.

Representava-se essa divindade sob os traços de um velho espectro feminino, com a cabeça cercada de cobras, os olhos vesgos e fundos, a tez lívida, uma horrível magreza, serpentes nas mãos e uma outra que lhe rói o coração. Algumas vezes, põe-se a seu lado uma hidra de sete cabeças. A Inveja é um monstro que o mais brilhante mérito não pode sufocar.

A Calúnia

Os atenienses tinham feito da Calúnia uma divindade. O grande pintor Apeles, tendo sido caluniado pelos seus invejosos, junto a Ptolomeu, rei do Egito, esclareceu o espírito desse príncipe, oferecendo-lhe uma das suas obras-primas, admirável e surpreendente alegoria, da qual vai aqui a descrição:

A Credulidade, com as longas orelhas de Midas, está sentada no trono; cercam-na a Ignorância e a Suspeita. A Credulidade estende a mão à Calúnia, que se dirige para ela, com o rosto chamejante. Esta figura principal ocupa o meio do quadro; com uma das mãos, segura uma tocha, e, com a outra, arrasta a Inocência pelos cabelos. Esta é representada sob os traços de um jovem e belo menino, que levanta as mãos ao céu e o toma como testemunha dos injustos maus tratos que experimenta. Adiante da Calúnia, caminha a Inveja, cujo principal emprego é servir-lhe de guia; ela oferece auxílio da Fraude e do Artifício, o que designa a sua monstruosidade. A uma certa distância distingue-se o Arrependimento, sob a figura de uma mulher de luto, as roupas esfarrapadas, os olhos lavados de lágrimas, na atitude de desespero, e voltando os olhos para a Verdade, que se percebe ao longe e que avança lentamente sobre os passos da Calúnia.

Os pintores modernos têm representado a Calúnia tal como uma Fúria, olhos flamejantes, segurando uma tocha na mão e torturando a

Inocência, sob a figura de um efebo que protesta levantando as mãos e os olhos para o céu.

A Fama

A Fama era a mensageira de Júpiter. Os atenienses elevaram-lhe um templo e consagravam-lhe um culto regular. Entre os romanos, Fúrio Camilo construiu-lhe um templo.

Os poetas representam-na como uma deusa enorme que tem cem bocas e cem orelhas. Tem longas asas, que, por baixo, são guarnecidas com olhos. Os artistas modernos pintam-na com a roupa arregaçada, com asas nas costas e uma trombeta na mão.

Belona

Na fábula de Marte, já se viu que Belona, sua irmã ou sua mulher, atrela e conduz com o Terror e o Medo o carro desse deus. Considera-se geralmente Belona como filha de Ceto e de Forco, família de monstros à qual pertenciam as greias e as górgonas. Essa deusa personifica a guerra sangrenta e furiosa.

Possuía um templo em Roma, no qual o Senado dava audiência aos embaixadores. À porta desse templo, existia uma pequena coluna chamada a guerreira, à qual se atirava uma lança, sempre que rebentava uma guerra. Mas o seu templo famoso era em Comana, na Capadócia; lá, seu culto era celebrado por uma multidão de sacerdotes de todas as idades e dos dois sexos. Mais de seis mil pessoas eram empregadas no serviço do templo.

Independentemente de suas funções junto ao deus Marte, esta deusa com fronte de bronze, segundo a expressão de Homero, tem seu carro, seu cortejo particular e ela própria se desempenha da sua terrível missão. Armada à antiga, capacete na cabeça, lança na mão, montada em seu carro que desbarata tudo que encontra no caminho, precedida do Pavor e da Morte, ela se atira na batalha ou na refrega; sua cabeleira eriçada de serpentes assobia ao redor do rosto inflamado, enquanto a Fama voa ao redor, chamando ao som da trombeta a Derrota e a Vitória.

A Paz

A Paz, filha de Júpiter e de Têmis, teve um templo, e estátuas entre os atenienses; foi, porém, mais venerada ainda entre os romanos, que lhe consagraram, na Via Sacra, o maior e mais magnífico templo que existiu em Roma. Começado por Agripina, foi terminado por Vespasiano; ali encerrava os ricos despojos que este imperador e seu filho haviam retirado do templo em Jerusalém.

Representa-se essa deusa sob os traços de uma mulher de fisionomia doce e benigna, tendo em uma das mãos uma cornucópia, e na outra um ramo de oliveira. Algumas vezes, empunha um caduceu, um facho derrubado e espigas de trigo. Faziam-lhe sacrifícios sem efusão de sangue. Aristófanes dá à Paz, por companheiras, Vênus e as Graças.

A Discórdia

A Discórdia, deusa maléfica, foi expulsa do céu por Júpiter, porque não cessava de perturbar e semear a discórdia entre os habitantes do Olimpo. Descida à terra, tem ela o criminoso prazer de semear por onde passa as querelas e as dissenções, nos estados, nas famílias, nos lares. Foi ela que, não tendo sido convidada para as bodas de Tétis e de Peleu, lançou entre as deusas o pomo fatal, causa da famosa disputa da qual Páris foi o juiz, e que terminou na ruína de Troia.

Os poetas lhe dão uma cabeleira eriçada de serpentes e amarrada por fitas sangrentas, o rosto lívido, os olhos ferozes, uma boca espumante, uma língua que destila um infecto veneno. Tem as roupas em farrapos e de diferentes cores; ora empunha uma tocha, ora segura um punhal.

Já foi representada também tendo uns rolos de papel na mão onde se leem estas palavras: guerra, confusão, disputa. Sob essa imagem, bem se pode reconhecer a Chicana, cujo templo é o Palácio da Justiça, e cujos ministros fiéis são procuradores, os tabeliães e os advogados.

A Concórdia

A Concórdia era, assim como a Paz, com quem às vezes é confundida, filha de Júpiter e de Têmis. Era invocada para a união das famílias, dos cidadãos, dos esposos, etc. Suas estátuas representam-na coroada de grinalda, tendo em uma das mãos duas cornucópias entrelaçadas, e na outra um feixe de varas ou uma romã, símbolo de união. Quando se quer exprimir que ela é o fruto de uma negociação, lhe é dado um caduceu.

Entre os romanos, possuía muitos templos; no maior, o do Capitólio, o Senado muitas vezes realizava suas assembleias.

A Justiça

A Justiça está no céu, perto do trono de Júpiter. Nas artes representam-na sob a figura de Têmis ou de Astreia. Pintavam-na sob os traços de uma virgem de olhar severo, mas sem ser feroz; seu rosto tinha uma expressão ao mesmo tempo de tristeza e de dignidade.

A Prudência

A Prudência, deusa alegórica, distinta de Métis, é a primeira esposa de Júpiter, era muitas vezes representada como uma mulher com duas caras, uma olhando o passado e a outra o futuro. Os modernos dão-lhe um só rosto, e como emblema, um espelho cercado por uma serpente; a esse atributo acrescentam alguns um capacete, uma grinalda de folhas de amoreira, um veado que rumina, e uma flecha com um pequenino peixe chamado "rêmora". Perto dela, veem-se uma clepsidra, uma ave noturna, e um livro, etc., todos símbolos da circunspeção.

A Velhice

A Juventude, como se sabe, é confundida com Hebe, da qual tem os traços. Quanto à Velhice, triste divindade, é filha de Érebo e da Noite. Tinha um templo em Atenas e outro em Cádis. Representam-na sob a figura de uma velha mulher, coberta de uma túnica negra ou da cor das folhas mortas. Na mão direita, segura uma taça, e com a esquerda apoia-se sobre um bastão. A seu lado, coloca-se muitas vezes uma clepsidra quase esgotada.

A Fome

A Fome, divindade, é filha da Noite. Virgílio coloca-a à porta dos Infernos, e outros à margem do Cócito. Geralmente representam-na agachada em um campo árido, onde algumas árvores desfolhadas fazem apenas uma sombra triste e rara; com as unhas, arranca plantas estéreis.

Os lacedemônios tinham em Calcíecon, no templo de Minerva, um quadro da Fome, cuja visão era pavorosa. Estava representada sob a figura de uma mulher macilenta, pálida, abatida, de magreza extrema, com as fontes reentrantes, a pele da testa seca e estirada, os olhos apagados, metidos para dentro, plúmbeas as maçãs do rosto, os lábios lívidos, enfim, os braços e as mãos descarnados, ligados por trás das costas. Ovídio também fez uma descrição da Fome que não é menos horrível.

Não se pode descrever a Fome sem fazer uma referência à fábula de Erisícton, filho de Dríope e avô materno de Ulisses. Desprezava ele os deuses e nunca lhes oferecia sacrifícios. Teve mesmo a temeridade de profanar a golpes de machado uma antiga floresta consagrada a Ceres e cujas árvores eram habitadas por dríades. A deusa encarregou à Fome de punir essa impiedade. O monstro penetrou no fundo das entranhas do desgraçado enquanto ele dormia.

Em vão Erisícton apelou para os recursos de sua filha Metra, amada por Netuno e que obtivera desse deus o dom de tomar todas as formas da natureza; o infortunado pai, presa de uma fome devoradora, que nada podia acalmar, acabou por se devorar a si mesmo.

A Pobreza

A Pobreza, divindade alegórica, é filha do Luxo e da Ociosidade. Também a fazem nascer do Deboche, porque os debochados incorrigíveis caminham para uma ruína certa. Segundo Teócrito, a Pobreza, em grego pênia, é a mão da indústria e de todas as Artes. É ela quem desperta a atividade dos homens, fazendo-lhes sentir as suas privações e as vantagens do bem-estar. Representam-na como uma mulher pálida, inquieta, malvestida, respingando em um campo já ceifado.

A Volúpia

A Volúpia é uma deusa personificada sob os traços de uma bela mulher cujas faces são coloridas do mais vivo encarnado; suas cores são devidas ao artifício; seus olhares lânguidos denotam uma grande moleza, e à sua atitude falta a modéstia. Está estendida em um leito de flores e segura na mão uma bola de vidro que tem asas.

A Verdade

A Verdade, filha de Saturno ou do Tempo; é mãe da Justiça e da Virtude. Píndaro lhe dá por pai o soberano dos deuses. Representam-na sob a figura de uma mulher sorridente, mas modesta: está nua, tendo na mão direita um sol que ela fixa, na esquerda um livro aberto com uma palma; sob um dos pés, o globo terrestre. Algumas vezes lhe dão um espelho, e muitas vezes este espelho é ornado de flores. Mais raramente, representam-na em toda a sua nudez, saindo de um poço.

A Virtude

A Virtude, filha da Verdade, era mais que uma deusa alegórica. Os romanos erigiram-lhe um templo. Tinham eles elevado também um à Honra, e era preciso passar por um para chegar ao outro, ideia engenhosa pela qual queriam fazer compreender que a honra só reside nas ações virtuosas.

A Virtude é representada sob a figura de uma mulher simples e modesta, vestida de branco e cujo porte impõe respeito. Está assentada sobre uma pedra quadrada, e apresenta, ou traz consigo, uma coroa de loureiro. Algumas vezes, empunha uma lança ou um cetro; dão-se-lhe também asas desdobradas, para significar que ela se eleva acima do vulgar por seus generosos esforços. O cubo sobre o qual ela repousa indica sua solidez.

A Persuasão

A deusa da Persuasão, em grego *Pitho*, em latim *Suada* ou *Suadela*, era considerada como filha de Vênus. Ordinariamente se encontra em seu cortejo, ou a seu lado, com as Graças.

Tendo Teseu persuadido todos os povos da Ática a se reunirem em uma mesma cidade, introduziu, nessa ocasião, o culto da deusa. Hipermnestra, filha de Danao, depois de sair vitoriosa da causa contra seu pai, que a perseguia em juízo por ter ela salvado a vida do esposo contra as suas ordens, dedicou um santuário à mesma deusa.

Pito tinha também, no templo de Baco, em Mégara, uma estátua da lavra de Praxíteles. Egiáleo, filho de Adrasto, rei de Argos e de Mégara, construíra-lhe um templo, porque, numa época de peste, Apolo e Diana, irritados contra essa última cidade, tinham-se deixado abrandar pelas preces de sete rapazes e sete moças.

Fídias representara a deusa Pito sobre a base do trono de Júpiter Olímpico, no momento em que ela coroa Vênus. Em um baixo-relevo antigo, conservado em Nápoles, vê-se a deusa em um grupo que representa Vênus e Helena sentadas com Páris e um gênio alado, com o Amor de pé. Páginas atrás está reproduzido, em parte, este grupo.

Em Roma, Suada, deusa da persuasão e da eloquência, presidia também aos casamentos.

Nas artes, a Persuasão é representada sob a figura de uma mulher de fisionomia feliz. Seu penteado simples termina por um ornato em forma de língua humana; sua roupa modesta é cercada por uma renda de ouro, e ela se ocupa em atrair a si um animal estranho, cujas três cabeças são de macaco, de gato e de cão.

A Sabedoria

Os antigos representaram a Sabedoria sob a figura de Minerva, com um ramo de oliveira na mão, emblema da paz interior e exterior. Seu símbolo habitual era a coruja, símbolo também de Minerva.

Os lacedemônios davam à Sabedoria a aparência de um homem jovem, com quatro mãos, quatro orelhas, símbolo de atividade e docilidade; de lado, uma aljava e uma flauta na mão direita, para exprimir que ela deve encontrar-se nos trabalhos e mesmo nos prazeres.

A Gratidão

A Gratidão, ou Reconhecimento, é representada sob a figura de uma mulher que segura em uma das mãos um ramo de favas ou de tremoços[36], e na outra uma cegonha, ave que, segundo a tradição, cuida de seus pais durante a velhice deles.

Mnemósine (ou Memória)

Mnemósine, ou a deusa Memória, amada por Júpiter e mãe das nove musas, é representada por uma mulher que segura o queixo, atitude de meditação. Alguns antigos pintaram-na sob os traços de uma mulher de idade quase madura; tem uma cabeleira ornada por pérolas e pedrarias, e segura a ponta da orelha com os dois primeiros dedos da mão direita.

A Vitória

Os gregos faziam da Vitória uma poderosa divindade. Era filha do Estige e de Palante, ou Palas, que por sua vez era filha de Crius e Euríbia. Os sabinos chamavam-lhe Vacuna.

---

36   Planta da família das papilionáceas que produz grãos comestíveis. (N. do R.)

A deusa Vitória possuía vários templos na Grécia, na Itália e em Roma. Representam-na ordinariamente com asas, segurando em uma das mãos uma coroa de loureiro, e na outra uma palma. Algumas vezes, está sobre um globo. Quando os antigos queriam designar uma vitória naval, representavam-na de pé sobre a proa de um navio.

A Amizade

A Amizade, divindade alegórica, era venerada entre os gregos e os romanos. Na Grécia, suas estátuas eram vestidas de uma roupa afivelada, tinham a cabeça descoberta, o peito nu até a altura do coração, onde pousava a mão direita, segurando com a esquerda um ramo seco, em torno do qual crescia uma vinha carregada de uvas.

Os romanos a representavam sob a figura de uma jovem simplesmente vestida com uma roupa branca, a garganta seminua, coroada de mirto e de flores de romeira entrelaçadas, com estas palavras sobre a fronte: inverno e verão. Na franja da sua túnica liam-se estas outras palavras: a morte e a vida. Com a mão direita, indicava ela o lado do corpo aberto até o coração, onde se lia: De perto e de longe. Pintavam-na com os pés descalços.

A Saúde

Já se viu que a Saúde, ou Higeia, filha de Esculápio e de Lampétia, era venerada entre os gregos como uma das mais poderosas divindades. Os roma-nos adotaram o culto dessa deusa, adorada sob o nome de Salus. Consagraram-lhe inúmeros templos em Roma e instituíram um colégio de sacerdotes, encarregados de servi-los. Só esses sacerdotes tinham o direito de ver a estátua da deusa; pretendiam também que só eles podiam pedir aos deuses a saúde dos particulares e a salvação do Estado, porque o Império Romano, considerado como um grande corpo, era posto sob a proteção dessa divindade.

Representavam-na sob a figura de uma pessoa jovem sentada em um trono, coroada de ervas medicinais, segurando uma pantera com a mão direita e uma serpente com a esquerda. A seu lado estava um altar, ao redor do qual uma serpente fazia um círculo, de maneira que a cabeça excedesse a altura da construção.

A Esperança

A Esperança, divindade alegórica, era principalmente reverenciada pelos romanos, que lhe elevaram muitos templos. Segundo os poetas, ela era irmã do Sono, que suspende nossas dores, e da Morte, que as termina. Píndaro dá-lhe o nome de nutriz dos velhos. Representam-na sob os traços de uma jovem ninfa, com a fisionomia muito serena, sorrindo com graça, coroada de flores novas, e tendo na mão um ramalhete dessas mesmas flores. Tem por emblema a cor verde, pois a fresca e abundante verdura é presságio de uma bela colheita. Os modernos dão-lhe como atributo uma âncora de navio: este símbolo não se encontra sobre nenhum monumento antigo.

A Piedade

A Piedade presidia, ela própria, o culto que se lhe tributava, à ternura dos pais pelos filhos, aos cuidados respeitosos dos filhos pelos pais e à afeição do homem para com os seus semelhantes. Ofereciam-lhe sacrifícios, mormente entre os atenienses; em Roma era muito venerada.

Pintaram-na quase sempre sob a figura de uma mulher sentada, coberta com um grande véu, segurando na mão direita uma cornucópia, e pousando a esquerda sobre a cabeça de uma criança; a seus pés está uma cegonha.

Manius Ancilius Glabrion construiu em Roma um templo à Piedade, em hora daquela célebre donzela que alimentou o pai na prisão; é o assunto de um quadro de Andrea del Sarto, conhecido pelo nome de *Caridade Romana*.

Os Jogos e os Risos

Os Jogos, em latim *Joci*, são os deuses que presidem a todos os divertimentos, de qualquer natureza, tanto do corpo como do espírito. Representam-nos como crianças com asas de borboleta, nus, rindo, brincando sempre, mas com graça. Com os Risos e os Amores formam a corte de Vênus, e jamais abandonam sua soberana.

O deus dos risos e da alegria era principalmente venerado em Esparta. Licurgo consagrara-lhe uma estátua. Os lacedemônios consideravam-no como o mais amável de todos os deuses e aquele que melhor sabia suavizar as penas da vida. Os tessalianos celebravam sua festa com um vivo prazer e decente alegria.

OS ORÁCULOS

O desejo de conhecer o futuro e de saber a vontade dos deuses, eis a origem dos oráculos. Além do de Delfos, de Cumes, de Claros, de Dídimo ou de Mileto, que proferia Apolo, e os de Dodona e Amon, reservados a Júpiter, Marte possuía um na Trácia, Mercúrio em Patras, Vênus em Pafos, Minerva em Micenas, Diana na Cólquida, Pa na Arcádia, Esculápio em Epidauro, e em Roma, Hércules em Gades, Trofônio na Beócia, e assim por diante.

Os oráculos se manifestavam de diversas maneiras. Para obtê-los, ora eram necessárias muitas formalidades preparatórias, jejuns, sacrifícios, lustrações, etc.; ora o consultante recebia uma resposta imediata, ao chegar. A ambiguidade era um dos caracteres mais comuns dos oráculos, e o duplo sentido só lhes podia ser favorável.

A Pítia (ou Pitonisa)

Os gregos davam o nome de pitonisas a todas as mulheres que tinham a profissão de adivinhas, porque o deus da adivinhação, Apolo, era cognominado Pítio, quer por haver matado a serpente Píton, quer por ter estabelecido o seu oráculo em Delfos, cidade primitivamente chamada Pito.

A Pítia ou pitonisa propriamente dita era sacerdotisa do oráculo de Delfos. Sentada sobre o trípode ou cadeira alta com três pés, acima do abismo hiante de onde brotavam as pretensas exalações proféticas, ela divulgava os seus oráculos somente uma vez por ano, pelo começo da primavera.

No começo não houve senão uma Pítia; mais tarde, quando o oráculo mereceu inteiro crédito, elegeram-se muitas, que se substituíam umas às outras e podiam sempre dar a resposta, se sobreviesse um caso importante ou excepcional.

Antes de se sentar na trípode, a Pítia se banhava na fonte de Castália, jejuava três dias, mascava folhas de loureiro, e, com religioso recolhimento, cumpria várias cerimônias. Terminados tais preâmbulos, Apolo prevenia, ele próprio, sua chegada ao templo que tremia até os alicerces. Então a Pítia era conduzida à trípode pelos sacerdotes. Era sempre em transportes frenéticos que ela desempenhava suas funções; dava gritos, uivos, e parecia estar como que possuída pelo deus. Pronunciado o oráculo, caía numa espécie de aniquilamento, que durava algumas vezes muitos dias. "Muitas vezes, diz Lucano, a morte imediata foi o preço ou a pena do seu entusiasmo".

A Pítia era escolhida com cuidado pelos sacerdotes de Delfos, que, eles próprios, eram encarregados da interpretação ou redação de seus oráculos. Exigia-se que ela tivesse nascido legitimamente, que tivesse sido educada simplesmente e que essa simplicidade transparecesse em seus hábitos. Não devia conhecer nem essências, nem tudo quanto o luxo refinado faz imaginar às mulheres. Era de preferência escolhida em uma casa pobre onde tivesse vivido na mais completa ignorância de todas as coisas. Provado que soubesse falar e repetir o que o deus lhe ditasse, sabia ela o suficiente.

Nem sempre o oráculo era desinteressado. Mais de uma vez, por instigação dos seus ministros e pela boca de sua sacerdotisa, Apolo se fez cortesão da riqueza ou do poder. Os atenienses, por exemplo, acusaram a Pítia de "filipizar", isto é, de se ter deixado corromper pelo ouro de Filipe da Macedônia.

O costume de consultar a Pítia remontava aos tempos heroicos da Grécia. Diz-se que foi Femonoe a primeira sacerdotisa do oráculo de Delfos que fez o deus falar em versos hexâmetros, e acrescenta-se que ela vivia sob o reinado de Acrísio, avô de Perseu.

As Sibilas

A Sibila era também uma mulher adivinha ou versada na adivinhação. Mas esta palavra tem maior extensão que o de Pítia, e aplica-se, por consequência, a um grande número de profetisas. As Sibilas, cujo nome em grego dórico significa "vontade de Júpiter", não foram, provavelmente, na sua origem, senão sacerdotisas desse deus, mas logo o seu ministério se estendeu a todas as divindades e se exerceu mesmo em países distanciados da Grécia.

A mais célebre dentre elas é a Sibila de Cumes, onde Apolo tinha o seu santuário em um antro quase tão misterioso como o de Delfos. Divulgava ela os seus oráculos com a exaltação de uma pitonisa, e além disso algumas vezes os escrevia, mas sobre uma folha volante. Assim foram redigidos os famosos *Livros Sibilinos*, contendo os destinos de Roma e cuja aquisição foi feita por Tarquínio Prisco.

Estes livros, confiados à guarda de dois sacerdotes particulares chamados "duúmviros", eram consultados nas grandes calamidades; para isso, porém, era preciso um decreto do senado; e aos duúmviros, sob pena de morte, era vedado mostrá-los a ninguém,

A Adivinhação

Em todos os tempos, entre todos os povos, o homem, inquieto pelo futuro, procurou meios de o conhecer ou de o prever, não só nas grandes circunstâncias, mas, por assim dizer, no dia-a-dia, a marcha ordinária de sua vida. Assim, na Grécia, não menos que em Roma, não se limitaram a procurar o futuro nos oráculos das Pítias ou das Sibilas; puseram-se a inventar de mil outras maneiras, e surgiu a adivinhação.

Essa pretendida ciência, cuja origem se presta a tantas conjecturas e comentários, tinha florescido na antiga Ásia, no Egito e sobretudo na Caldeia. Fazia parte da teologia dos gregos, e, em Roma, foi colocada entre as instituições do Estado. Possuía suas máximas, suas regras precisas e nitidamente formadas.

Distinguiam-se duas espécies de adivinhação: uma artificial, outra natural.

Chamava-se adivinhação artificial a um prognóstico ou a uma indução fundada sobre sinais exteriores, ligados com futuros acontecimentos; e adivinhação natural, a que pressagiava as coisas por um movimento puramente interior e uma impulsão do espírito, independentemente de qualquer sinal exterior. Por uma parte supunha-se que a divindade que preside a marcha dos acontecimentos, manifesta com antecipação a sua vontade por fenômenos sensíveis, no céu, nos astros, no ar, sobre a terra, nos animais, nas plantas, nas entranhas das vítimas, na fisionomia dos homens e até nas linhas da mão. Por outra parte, atribuía-se à alma, não sempre sem razão, o dom de previdência natural, mas exagerava-se essa qualidade adivinhadora, considerando-a como uma guarda interior do corpo, desprendendo-se às vezes dos seus laços, e vindo, ora no êxtase, ora nos sonhos, desvendar ao homem os segredos do futuro.

Na Grécia, os adivinhos, os intérpretes dos sonhos, os sacerdotes ou arúspices encarregados da inspeção das vítimas, gozavam de uma grande consideração, e tinham autoridade. Estavam adidos ao serviço dos templos e dos altares, e acompanhavam mesmo os exércitos nas suas expedições. Mas era em Roma, principalmente, que suas funções se revestiam de um caráter oficial.

Os Augúrios

O augúrio, adivinhação que consistia primitivamente na observação do canto e do voo dos pássaros, e na maneira por que comiam, estendeu-se em seguida à interpretação dos meteoros e dos fenômenos celestes. Em Roma, os ministros oficialmente prepostos a essa adivinhação, tinham o nome de áugures.

O colégio dos áugures, introduzido, segundo se diz, por Rômulo, foi, a princípio, composto de três, depois de quatro e, enfim, de nove membros, dos quais quatro eram patrícios e cinco plebeus. Estes ministros eram tidos em grande consideração; uma lei de Doze Tábuas proibia mesmo, sob pena de morte, desobedecer aos áugures.

Não se empreendia negócio algum importante sem consultá-los. Parece, entretanto, que já no fim da República, sua autoridade caíra um pouco no descrédito, e os romanos esclarecidos diziam sem dúvida, com Cícero, que não se podia conceber como um áugure podia olhar para outro sem rir.

A ciência augural estava contida em livros que os adivinhos eram obrigados a estudar ou a consultar. Esta ciência se reduzia a doze capítulos ou artigos principais, de conformidade com os doze signos do zodíaco.

De todos os meteoros que serviam para interpretar o agouro, os mais importantes eram o trovão e os relâmpagos; se vinham do oriente eram reputados felizes; se passavam do norte para o oeste, eram o contrário. Os ventos eram também indícios de bons ou maus agouros. Dentre as aves, aquelas cujo canto e cujo voo mereciam mais atenta observação, eram a águia, o abutre, o milhafre, o mocho, o corvo e a gralha.

Compreender os auspícios era principalmente observar os pássaros. Esta observação era sujeita a formalidades religiosas, e se se tratava de um negócio de Estado, só podia ser feita por um áugure qualificado. Este, em presença dos magistrados, elevava a sua vareta mágica, e com ela traçava no céu um círculo imaginário, determinando assim o espaço e o prazo dentro dos quais os sinais deviam ser observados. Se o augúrio era favorável, o negócio era empreendido sem hesitação; se era desfavorável, devia ser adiado até o momento julgado propício por um novo áugure. Foram vistos, mais de uma vez, os exércitos saírem de Roma para uma campanha, e voltarem imediatamente sob o pretexto de esperar novos auspícios.

Para que o comandante de um exército tivesse sempre à sua disposição os meios de consultar os deuses por intermédio das aves, fazia-se ele acompanhar de áugures conduzindo em gaiolas os frangos sagrados. Tais áugures, chamados "pulários", tinham como única função alimentar essas aves domésticas e as observar a toda hora do dia.

A fé nos áugures sustinha a coragem do soldado romano, e o desprezo dos auspícios era, a seus olhos, sinal certo de uma derrota. Durante a Primeira Guerra Púnica, o Cônsul Ápio Cláudio Pulcher, estando prestes a enfrentar uma batalha naval contra a frota cartaginesa, consultou primeiro os auspícios. O pulário veio anunciar-lhe que os frangos sagrados se recusavam a sair da gaiola e mesmo não queriam comer. "Pois bem", disse o cônsul, "atire-os ao mar; ao menos beberão". Essa frase, repetida aos soldados supersticiosos, abateu-lhes a coragem e a esquadra foi derrotada.

O que fazia aumentar a consideração de que gozavam os áugures era que, independentemente de sua ciência, que os aclarava sobre muitas coisas, eram algumas vezes admiravelmente favorecidos pelo acaso: sirva de exemplo Ácio Návio. Vivia ele no tempo de Tarquínio, o Antigo. Opôs-se ao desejo desse rei, que queria aumentar o número de centúrias de cavaleiros, alegando que para isso só podia ser autorizado pelos augúrios. O rei, ferido por tal oposição e querendo humilhá-lo, propôs-lhe que adivinhasse se o que estava pensando no momento podia executar-se. "Isto se pode fazer", disse Ácio Návio. "Ora", tornou Tarquínio, "eu estava pensando se com uma navalha podia cortar esta pedra de afiar". "Vós o podeis", respondeu o áugure. Imediatamente fez-se a experiência, e os romanos, movidos de admiração, erigiram uma estátua a Ácio Návio.

Dava-se o nome de arúspices aos ministros encarregados especialmente de examinar as entranhas das vítimas, para delas tirar presságios. Eram, em geral, escolhidos entre as melhores famílias de Roma.

Os Presságios e as Sortes

Distinguiam-se os presságios dos áugures no fato de que estes últimos se compreendiam por meio de sinais rebuscados e interpretados segundo as regras da arte augural; ao passo que os presságios, que se ofereciam fortuitamente, eram interpretados por cada particular, de um modo mais vago e mais arbitrário. Pode-se reduzir estes a sete classes, a saber: 1º) as palavras fortuitas; 2º) os estremecimentos de quaisquer partes do corpo, principalmente do coração, dos olhos, das sobrancelhas; 3º) os zunidos dos ouvidos; 4º) os espirros de manhã, do meio-dia e da tarde; 5º) as quedas imprevistas; 6º) o encontro de certas pessoas estranhas, desconhecidas ou contrafeitas, bem como o encontro de certos animais; 7º) os nomes e prenomes. Pode-se acrescentar a isso a observação da luz de uma lâmpada, ou o uso pueril de contar as pétalas de certas flores, ou as sementes de um fruto, e outros.

Não bastava observar simplesmente os presságios; era preciso aceitá-los e agradecer à divindade, se eram favoráveis. Se, pelo contrário, eram desagradáveis, rogava-se aos deuses que modificassem seus efeitos.

Em Roma, nos tempos de calamidades, e, em geral, todas as vezes que um presságio tinha parecido desfavorável, invocava-se o deus Averrunco, na persuasão de que ele tinha o poder de desviar os males ou de lhes por fim. Este sobrenome, de uma palavra latina que significa "desviar", dava-se mesmo muitas vezes aos outros deuses quando se lhes pedia que conjurassem uma desgraça.

Em todas as circunstâncias, havia o recurso aos presságios; era, porém, no começo de um negócio importante, nas primeiras horas do dia, no primeiro dia do mês e principalmente de um ano, que eram observados com mais atenção; daí o uso das palavras de bom agouro nos encontros, nas saudações, nos anelos e até na linguagem mais comum da conversação.

Não somente os romanos evitavam as palavras de mau agouro, mas tinham o cuidado de não evocar qualquer desgraça por certos gestos, ou olhares. Os espíritos crédulos atribuíam a tal ou qual pessoa o poder de fascinar e de lançar uma sorte, o mais das vezes má.

A *Sorte*, para os antigos, é a parte da existência, ou melhor, a parte de bens e de males devolvidos a cada ser vivo pelo Destino. Sendo esta palavra feminina em latim, os romanos tinham feito da deusa Sors uma filha de Saturno, e rendiam-lhe as mesmas homenagens que ao Destino. Era ela representada sob os traços de uma jovem, com adornos requintados, tendo sobre o peito um pequeno cofre quadrado, destinado a conter o necessário para tirar as sortes.

Geralmente tiravam-se as sortes por meio de dados; em alguns templos, os próprios interessados os atiravam, do que se originou a expressão tão comum aos romanos e mesmo aos gregos: "a sorte caiu", ou "está lançado o dado".

Este gênero de adivinhação era praticado em muitos lugares da Grécia, e principalmente em Dodona. Duas pequenas cidades da Itália, Preneste e Antium, tinham o privilégio de conter as sortes; de Roma ia-se lá muitas vezes interrogá-las. Para tal fim também se ia à Sicília, ao templo dos irmãos Palicos. Estes irmãos gêmeos eram filhos de Júpiter e da ninfa Talia. Essa ninfa, temendo o ressentimento de Juno, pediu ao senhor do Olimpo que a escondesse nas entranhas da terra. Pouco depois, nasceram do solo duas crianças que foram chamadas Palicos e postas no número dos deuses. Perto do seu templo havia um pequeno lago de água fervente e sulfurosa, sempre cheio, sem jamais transbordar; era considerado como o berço em que nasceram os dois irmãos. Durante muito tempo, perto desse lago, os gregos iam fazer os seus juramentos solenes; mais tarde, o templo dos Palicos tornou-se asilo para os escravos maltratados pelos senhores; finalmente o lago foi utilizado para se tirarem as sortes. Nele se lançavam fórmulas escritas em bilhetes que sobrenadavam ou iam ao fundo, segundo o presságio fosse ou não favorável.

AS CERIMÔNIAS E OS JOGOS

Sacerdotes e Sacerdotisas

Em sua origem, o sacerdócio pertencia aos chefes das famílias, ou patriarcas; em seguida, passou aos chefes das nações. Antigamente, entre os gregos, os príncipes se encarregavam de quase todas as funções sacerdotais: ao lado de sua espada, levavam, encerrado em uma bainha, o cutelo do sacrificador. Mais tarde, houve famílias inteiras exclusivamente consagradas à intendência dos sacrifícios e do culto de certas divindades. Tal era, por exemplo, a família dos Eumólpidas, de Atenas, que deu o hierofante ou o soberano sacerdote de Ceres a Elêusis, durante mil e duzentos anos.

Entre os romanos, a instituição dos sacerdotes tinha um caráter ao mesmo tempo político e religioso. O sacerdócio era uma espécie de magistratura encarregada de administrar, ou ao menos, de velar tanto os negócios do Estado com os da religião. Os sacerdotes, eleitos pelo povo, foram primitivamente escolhidos entre os patrícios; mas a igualdade religiosa não tardou a se estabelecer, e os plebeus entraram em todos os colégios sacerdotais. Tinha-se em conta, entretanto, para as ditas eleições sacerdotais a honorabilidade e a ilustração das famílias.

É preciso distinguir duas classes de sacerdotes romanos. Alguns não estavam ligados a nenhum deus particular, mas ofereciam sacrifícios a todas as divindades; tais eram os pontífices, os áugures, os quindecênviros, os áuspices, aqueles que eram chamados "irmãos arvais"; os curiões, os septênviros chamados também "epulões"; os feciais; outros ainda aos quais se dava o nome de "companheiros" ou "assessores"; e enfim, o "rei dos sacrifícios". Os outros sacerdotes tinham, cada um, sua divindade particular; estes eram os flamínios, os sálios, os lupercos, os galos, e, finalmente, as vestais.

As sacerdotisas mais conhecidas são as que divulgavam oráculos ou que se consagravam ao culto de Baco e de Vesta; eram muito numerosas, principalmente na Grécia. Em certos lugares eram escolhidas entre as jovens; tais eram, entre outras, a sacerdotisa de Netuno, na Ilha de Caláuria, a do templo de Diana em Egira, em Acaia, e a de Minerva, em Tegeu, na Arcádia. Em outras partes, como no templo de Juno, em Messênia, as sacerdotisas eram mulheres casadas.

Os Sacrifícios

Em Roma, a Lei das Doze Tábuas ordenava que só se podiam empregar nos sacrifícios ministros castos e isentos de toda mancha. O sacrificador, vestido de branco e coroado de folhagem, começava sempre a cerimônia por votos e preces. Primitivamente só se ofertavam aos deuses frutos da terra; o rei Numa Pompílio tinha, aliás, baixado a propósito uma rigorosa prescrição; mas depois dele, introduziu-se em Roma o uso de imolar animais, e a efusão de sangue era considerada como muito agradável à divindade.

Os animais destinados ao sacrifício chamavam-se vítimas ou hóstias. Deviam ser sadios, e cada deus tinha as suas vítimas preferidas. Logo que se começava o sacrifício, um arauto ordenava silêncio; afastavam-se os profanos, e os sacerdotes atiravam sobre a vítima uma pasta feita de farinha de trigo e de sal; esta pasta era chamada em latim *mola*: daí veio o nome imolar, para exprimir a consumação do sacrifício, se bem que, na origem, esta cerimônia fosse apenas preliminar.

Depois dessa consagração, o sacerdote provava o vinho, dava-o também a experimentar às pessoas presentes, e o derramava entre os cornos da vítima. Era a esta cerimônia que se dava o nome de libação. Em seguida, acendia-se o fogo, e quando o incenso estava queimado, os servidores chamados "popes", *seminus*, conduziam a vítima diante do altar; um outro, chamado "cultrário", feria-a com um machado e degolava-a imediatamente; o sangue era recebido em taças, e a vítima colocada sobre a mesa sagrada; ali era esfolada e procedia-se à dissecação. Algumas vezes, o animal era inteiramente queimado, e então o sacrifício se chamava holocausto; mas na maioria das vezes, fazia-se a partilha com os deuses. A parte que tocava a cada assistente nem sempre era comida imediatamente, e essa partilha dava muitas vezes ocasião a banquetes acompanhados de novas e copiosas libações. Enfim, terminado o sacrifício, os sacrificados purificavam as mãos, e despediam a assistência com a fórmula *Licet* ou *Ex templo*, isto é: "Podem retirar-se".

Nos seus sacrifícios, os gregos observavam, mais ou menos, as mesmas cerimônias e os mesmos usos dos romanos. Douravam os cornos da grande vítima, e se contentavam em coroar as pequenas com as folhas da planta ou da árvore consagrada à divindade em honra da qual se sacrificava. Na cerimônia da imolação, a pasta de trigo era substituída por alguns punhados de cevada assada, com mistura de sal.

O que se chamava hecatombe era, na origem, um sacrifício de cem bois, oferecido sobre cem altares de relva, por cem sacrificadores. Mais tarde, porém, designou-se sob este nome o sacrifício de cem vítimas de qualquer espécie, oferecidas juntas e com a mesma cerimônia.

Fastos

Em Roma, dava-se o nome de fastos às tábuas ou calendários nos quais estavam indicados, dia por dia, as festas, os jogos, as cerimônias do ano, sob a divisão de dias fastos e nefastos, permitidos e proibidos, isto é, dias destinados aos negócios e dias destinados ao repouso. Atribui-se essa divisão à sábia política do rei Numa. Em geral, os dias nefastos eram aqueles que tinham sido assinalados por algum acontecimento desastroso. Nesses dias, todos os tribunais eram fechados, e era interdito fazer justiça.

Os pontífices, únicos depositários dos fastos, inscreviam também nas tábuas ou registros, por ordem cronológica, tudo quanto se passava de notável durante o ano. O poder desses pontífices terminou por ser perigoso, porque, sob pretexto de dias fastos e nefastos, podiam eles adiantar ou atrasar o julgamento dos negócios mais notáveis e frustrar os mais importantes desígnios dos magistrados e particulares. Durante quase quatrocentos anos exerceram este poder.

Distinguiam-se os grandes fastos, ou aqueles que a lisonja consagrou mais tarde aos imperadores; os pequenos fastos, ou fastos puramente de calendário; os fastos rústicos, que marcavam as festas do campo; as efemérides ou histórias sucintas de cada dia; e, finalmente, os fastos públicos, em que se marcava tudo quanto concernia à guarda de Roma.

O que se chamava de fastos consulares era a lista contendo os nomes dos cônsules e outros magistrados, com a data exata da sua entrada e de sua saída do cargo. Esta lista era feita em tábuas de mármore ou de bronze, conservadas nos templos com os arquivos do Estado.

Na Grécia, calculava-se a duração do tempo por períodos de quatro anos, chamados "Olimpíadas", porque cada período se abria e se fechava pelos Jogos Olímpicos, celebrados nos arredores de Pisa, no Peloponeso. A primeira Olimpíada começa no ano 776 antes de Jesus Cristo.

Em Roma o tempo se avaliava por períodos de cinco anos, chamados "Lustros". Cada lustro começava por um recenseamento e uma purificação do povo, chamada "lustração", e nessa oportunidade se celebravam as *suovetaurilias*, tríplice sacrifício, o mais solene de todos, de um porco, de um carneiro e de um touro. Era oferecido ao deus Marte.

Os Jogos Públicos

Na Grécia e em Roma, os jogos públicos tiveram, desde a origem, um caráter essencialmente religioso. Foram instituídos na Grécia nos tempos heroicos, quer para apaziguar a cólera dos deuses, quer para obter o seu favor ou agradecer-lhes os benefícios. Na opinião do povo, tendo a divindade todas nossas paixões, deixava-se desarmar ou conquistar por efeito do prazer e dos divertimentos.

Em Roma, nas grandes calamidades, oferecia-se a certos deuses um banquete solene, costume oriundo da Grécia e, primitivamente, do Egito. Para esta cerimônia, desciam-se as estátuas do seu lugar ordinário e colocavam-nas em macios coxins recobertos de suntuosos tapetes: em frente delas erguiam-se mesas carregadas de iguarias e perfumadas com flores. À tarde, as mesas eram desfeitas, no dia seguinte o festim recomeçava, e isso durante muitos dias. E o que se chamava "lectistérnio".

Sensíveis aos prazeres da mesa, os deuses, segundo a crença popular, não deviam ser menos sensíveis aos divertimentos públicos em que o homem, para variar o espetáculo, multiplicava seus esforços e dispendia de qualquer maneira todos os recursos de sua atividade e de seus talentos.

Entre os gregos, o sacrifício solene pelo qual começavam regularmente todos os jogos indicava bem o motivo da sua instituição; mas os exercícios de que se compunham estabeleciam entre as diferentes cidades, designadas para neles tomarem parte uma rivalidade de que o sentimento religioso parecia excluído. Esses grandes espetáculos não eram, na realidade, senão um concurso nacional em que cada cidade, zelosa da vitória, prometia o triunfo ou as mais belas recompensas ao vencedor.

Sob o ponto de vista político, esses jogos só podiam dar felizes resultados. Independentemente dos laços que constituíam entre todos os povos da mesma raça, imprimiam uma direção salutar à educação da mocidade. Os exercícios físicos, a corrida, a luta, o pugilato, o tiro ao alvo, o manejo da lança e do arco, a dança mesmo, eram muito reputados em todos os ginásios de todas as cidades. O atleta admitido ao concurso não era nem escravo nem mercenário; antes de tudo tinha que ser homem livre, e, portanto, só os cidadãos se apresentavam a disputar o prêmio. A juventude se esforçava, pois, em adquirir todas as qualidades requisitadas para se apresentar ao concurso, e assim ficava mais apta para resistir ao inimigo no campo de batalha, quando tinha obtido nos jogos algumas vitórias, ou mesmo aplausos.

Não era proibido aos estrangeiros vir a esses jogos e disputar os prêmios; sua participação dava mesmo mais importância à disputa, e era para o vencedor um novo título de glória vencer antagonistas remotos e vindos de longe.

Contavam-se na Grécia quatro jogos solenes: os Ístmicos, os Nemésios, os Píticos e os Olímpicos. Os dois primeiros se celebravam periodicamente, a cada três anos; para os Jogos Píticos, assim como para os Olímpicos, o período era de quatro anos. Tinham-se escolhido para a sua celebração, planícies mais ou menos espaçosas, situadas no istmo, perto de Corinto, na orla da floresta de Nemeia, perto de Argos, na vizinhança de Delfos, e, enfim, em Olímpia, na Élida. Sua celebração, sempre na primavera, se fazia em honra de Netuno, de Hércules, de Apolo e de Júpiter.

Nesses torneios nacionais tudo se passava regularmente, segundo um programa previamente estabelecido. Para se fazer uma ideia geral quanto a isto, basta lançar um rápido olhar sobre a organização e execução dos Jogos Olímpicos, na época mais florescente da história da Grécia.

Os eleanos, encarregados do controle dos jogos, designavam a cada povo o seu lugar no âmbito da planície, e classificavam atletas e concorrentes por categorias. Designava-se certo número de juízes para presidir os diversos exercícios, manter a ordem e impedir toda fraude ou trapaça. O defraudador era sujeito a uma forte multa, e sua cidade responsável por ele.

Depois do sacrifício oferecido a Júpiter, abriam-se os jogos pelo pentatlo, reunião de cinco exercícios, a saber: luta, corrida, salto, disco, dardo ou pugilato. Nesse primeiro concurso, era preciso ganhar nos cinco exercícios para ter a vitória; uma só derrota bastava para perdê-lo. Em seguida, vinha a corrida a pé; alguns corredores, não tendo tomado parte no pentatlo, apresentavam-se a esse concurso. Toda essa parte do programa era executada no mesmo dia.

Um ou vários dias eram consagrados à corrida dos cavalos e de carros, e aqui as condições do concurso eram numerosas e variadas; os carros eram algumas vezes atrelados a três e mesmo a quatro cavalos, que era preciso conduzir com uma só mão, fazendo-os contornar destramente a raia, pois esse era o intuito.

Finalmente, no intervalo das lutas e das corridas, realizavam-se os concursos de dança, de música, de poesia e de literatura. As representações cênicas também tinham seu lugar, e a duração total dos jogos era de cinco dias.

Em Olímpia o vencedor obtinha como recompensa uma coroa de carvalho; nos outros jogos recebia, em Delfos, uma coroa de louros, e uma de aipo silvestre em Corinto e em Argos. O atleta coroado nos Jogos Olímpicos entrava triunfalmente na sua cidade por uma brecha feita nas muralhas.

Antes do combate, o atleta se friccionava com azeite, e entrava na arena inteiramente nu. Era proibido às mulheres, sob pena de morte, assistir aos Jogos Olímpicos, e mesmo atravessar o Alfeu durante todo o tempo de sua celebração. Essa proibição foi tão fielmente observada que uma só vez uma mulher transgrediu a lei, e ainda assim era ela uma espartana, chamada Calipatira, que, tendo preparado o filho para a peleja, quis, sob um disfarce de homem, ser testemunha da sua vitória. O caso foi julgado excepcional, e, levada a julgamento, a infratora foi absolvida.

Em Roma, assim como na Grécia, os jogos públicos se celebravam durante a bela estação, entre os equinócios da primavera e do outono. Eram muito numerosos e, na aparência, sempre celebrados em honra de alguma divindade. A política, porém, tinha neles tanta parte como a religião. Os magistrados, organizadores desses jogos, preocupavam-se menos de honrar os deuses, que em ganhar os sufrágios do povo. Para criar e variar os divertimentos, serviam-se largamente do tesouro público, e muitas vezes mesmo, por ambição, dependiam nesse gênero de espetáculo a sua própria fortuna.

Distinguiam-se em Roma, os jogos *solenes*, que se efetuavam em época fixa, os *honorários* ou eventuais, os *votivos*, isto é, votados pelo senado por ocasião de algum fato extraordinário, os *imperativos*, ou ordenados pelos ministros do culto depois de presságios ameaçadores ou felizes.

Esses jogos se realizavam ao ar livre: compreendiam todas as espécies de lutas, de corridas a pé, a cavalo e em carro. Algumas vezes, a luta se tornava um verdadeiro combate de morte entre os adversários; algumas vezes também os combatentes eram expostos a animais ferozes. Não eram, como nos jogos da Grécia, homens livres os que iam à arena disputar o prêmio da destreza, da elegância, da graça, da agilidade e da coragem: o povo romano, que guardava para si os exercícios do Campo de Marte, não tinha sob os olhos, no circo, senão escravos, mercenários e gladiadores. Também, nesses jogos, a satisfação do povo se limitava a seguir as peripécias de uma luta sanguinolenta. O fragor da vitória não transpunha as portas do anfiteatro; o entusiasmo não dominava os corações; e desses trucidamentos bárbaros a adolescência não retirava lição alguma de nobre e sadia moralidade.

Nascimento (o dia do)

O dia do nascimento era particularmente celebrado entre os romanos. Esta solenidade se renovava todos os anos, e sempre sob os auspícios do gênio que se invocava como uma divindade que presidia ao nascimento de todos os homens.

Levantava-se um altar de relva cercado de ervas sagradas, sobre o qual era costume, entre as famílias ricas, sacrificar um cordeiro. Cada particular os tentava nesse dia tudo quanto tinha de magnífico. A casa era ornada de flores e de coroas, a porta ficava aberta aos parentes e amigos que tinham o dever de levar presentes.

O dia do nascimento dos sacerdotes era sobretudo consagrado pela piedade; o dos príncipes, por sacrifícios, por distribuição de víveres aos pobres, pela alforria dos escravos, pela liberdade dos prisioneiros, finalmente por espetáculos e regozijos públicos.

Essas honras também tiveram o seu contraste: o nascimento daqueles que a tirania prescrevia era posto no número dos dias aziagos, assim como o dos próprios tiranos.

Funerais

Em Atenas, assim como em Roma, era costume perfumar os corpos antes de sepultá-los. A inumação foi o modo primitivo de sepultura. Consistia em atirar ao menos um pouco de pó sobre o morto, a fim de que ele pudesse atravessar os rios infernais, e punham-lhe mesmo na boca uma pequena moeda destinada a pagar a passagem. Esse costume, bem estabelecido entre os romanos, persistiu até uma época muito avançada da República.

A cerimônia se realizava à noite, e as pessoas que faziam parte do cortejo seguiam o esquife, levando na mão uma espécie de tocha ou uma grossa corda acesa (*funis*) de onde parece que se origina o vocábulo "funerais". Em todos os tempos, os escravos e os cidadãos foram enterrados assim, sem aparato.

Mas entre as famílias opulentas, os funerais se celebravam com pomposa solenidade. Realizavam-se em pleno dia, e o esquife ou leito fúnebre sobre o qual repousava o morto, era acompanhado por um longo cortejo de parentes, de amigos e de clientes, que um mestre-de-cerimônias colocava na seguinte ordem: na frente marchava uma banda de músicos, tocando uma longa flauta; em seguida, vinham as carpideiras, mulheres pagas, que entoavam cantos fúnebres, soluçavam e celebravam os louvores do defunto; eram seguidas do vitimário que devia imolar sobre a pira os animais favoritos do morto: cavalos, cães, gatos, pássaros, etc.; depois dele, vinha a rica liteira onde descansava o cadáver sobre um leito de perfumes, de flores e de ervas aromáticas. Se o defunto possuía ancestrais ilustres, suas imagens, seus bustos precediam a liteira ou o esquife; se havia obtido condecorações, honras particulares, suas insígnias o seguiam, conduzidas pelos mais caros clientes. Finalmente, caminhava o cortejo, e o carro vazio do morto fechava a marcha.

Um costume bizarro exigia que, à frente do préstito, imediatamente atrás do esquife, houvesse um jogral, encarregado de, pelo seu andar, atitude e gestos, representar a pessoa daquele que se conduzia à fogueira fúnebre.

Essa fogueira, feita de madeira tosca, formava uma construção quadrada, sobre a qual se depositava o cadáver, quer encerrado no seu caixão, quer exposto sobre a liteira. Um membro da família ateava o fogo. Enquanto o corpo se consumia, a oração fúnebre ao morto era pronunciada diante da assistência muda e recolhida.

As cinzas, cuidadosamente encerradas em uma urna, eram solenemente conduzidas, ora à câmara sepulcral, chamada *columbarium*, ora a um túmulo particular, algumas vezes sob uma simples estela ou coluna, outras vezes em um faustoso monumento.